CHRIS FRITH

Comment le cerveau crée notre univers mental

Traduit de l'anglais (États-Unis)
par Mathias Pessiglione

Odile Jacob

Ouvrage publié originellement
par Blackwell Publishing Ltd.
sous le titre : *Making up the Mind*

15, rue Soufflot, 75005 Paris

www.odilejacob.fr

ISBN : 978-2-7381-2452-4

Pour Uta

PRÉFACE

Il y a dans ma tête un incroyable appareil pour économiser du travail. Bien mieux qu'une calculatrice ou un lave-vaisselle, mon cerveau me libère de la corvée assommante et répétitive de reconnaître les choses du monde qui m'entoure et m'épargne la nécessité de penser à contrôler mes mouvements. Je peux me concentrer sur les choses importantes de la vie : me faire des amis et échanger des idées. Naturellement, mon cerveau ne fait pas que me libérer des tâches ennuyeuses. Il crée aussi le « moi » qui s'exprime dans le monde social. C'est encore lui qui me permet de partager ma vie mentale avec mes amis et par ce moyen de créer quelque chose de plus grand que ce dont n'importe qui serait capable à lui seul. Ce livre explique comment le cerveau peut accomplir ces tours de magie.

REMERCIEMENTS

Ce sont les financements du Medical Research Council (MRC) et du Wellcome Trust qui ont rendu possible mon travail sur l'esprit et le cerveau. Le MRC m'a permis de travailler sur la neuropsychologie de la schizophrénie en soutenant l'unité de psychiatrie de Tim Crow au Centre de recherche clinique de l'hôpital de Northwick Park à Harrow, Middlesex. En ce temps-là, on se contentait d'inférences indirectes sur les relations entre l'esprit et le cerveau, mais tout a changé dans les années 1980 avec l'avènement des scanners cérébraux. Le Wellcome Trust a permis à Richard Frackowiak de créer le Laboratoire d'imagerie fonctionnelle et a financé mes recherches sur les corrélats cérébraux de la conscience et des interactions sociales. L'étude simultanée du cerveau et de l'esprit transgresse les disciplines traditionnelles, de l'anatomie à la philosophie en passant par la neurobiologie computationnelle et l'anthropologie. J'ai toujours eu la chance de travailler dans des équipes multidisciplinaires – et multinationales.

J'ai beaucoup bénéficié des interactions avec mes collègues et amis de l'University College London, en particulier Ray Dolan, Dick Passingham, Daniel Wolpert, Tim Shallice, Jon Driver, Paul Burgess et Patrick Haggard. Aux premiers stades de ce livre, j'ai eu de nombreuses et fructueuses discussions sur l'esprit et le cerveau avec mes amis d'Aarhus, Jakob Hohwy et Andreas Roepstorff, et de Salzbourg, Josef Perner et Heinz Wimmer. Martin Frith et John Law ont débattu avec moi, depuis aussi longtemps que je me souvienne, de la plupart des sujets couverts par ce livre. Eve Johnstone et Sean Spence m'ont généreusement donné des avis experts sur les phénomènes psychiatriques et sur leur signification pour les sciences du cerveau.

L'impulsion la plus déterminante pour l'écriture de ce livre me vient peut-être des discussions hebdomadaires au sein du « groupe du petit déjeuner », actuel et passé. Sarah-Jayne Blakemore, Davina Bristow, Thierry Chaminade, Jenny Coull, Andrew Duggins, Chloë Farrer, Helen Gallagher, Tony Jack, James Kilner, Hakwan Lau, Emiliane Macaluso, Eleanor Maguire, Pierre Maquet, Jen Marchant, Dean Mobbs, Mathias Pessiglione, Chiara Portas, Geraint Rees, Johannes Schultz, Sukhi Shergill et Tania Singer m'ont tous aidé à donner forme à ce livre. Je leur en suis profondément reconnaissant.

Karl Friston et Richard Gregory ont lu des parties de ce livre et m'ont beaucoup aidé par leurs conseils perspicaces. Je suis reconnaissant à Paul Fletcher qui dès les premiers moments m'a encouragé à créer le professeur de littérature qui apporte la contradiction au narrateur. Philip Carpenter est allé bien au-delà de son devoir pour formuler des commentaires incisifs.

Je suis par-dessus tout reconnaissant à ceux qui ont lu tous les chapitres et fait des commentaires détaillés. Shaun Gallagher et deux lecteurs anonymes ont fait de nombreuses suggestions utiles. Rosalind Ridley m'a forcé à penser plus attentivement mes conclusions et à être plus précis dans ma terminologie. Alex Frith m'a aidé à éliminer le jargon et les discontinuités.

Utah Frith a été intimement impliquée dans toutes les étapes de ce projet. Sans son exemple et ses conseils, ce livre n'existerait pas.

ABRÉVIATIONS

BOLD : *blood oxygen level dependent* (signal dépendant de l'oxygénation sanguine)
EEG : électroencéphalogramme
IRM : imagerie par résonance magnétique
TEP : tomographie par émission de positrons

PROLOGUE

LES VRAIS SCIENTIFIQUES SE MOQUENT DE L'ESPRIT

L'angoisse du psychologue dans les soirées mondaines

Comme toutes les tribus, les scientifiques ont leur hiérarchie. Les psychologues sont quelque part tout en bas. C'est ce que j'ai appris au cours de ma première année à l'université, où j'étudiais les sciences expérimentales. On nous avait annoncé que, pour la première fois, les étudiants pourraient débuter leur licence de sciences expérimentales par un cours de psychologie. J'ai couru voir mon tuteur pour lui demander s'il était au courant de cette nouvelle possibilité. « Oui, m'a-t-il répondu, mais je ne pensais pas qu'un de mes étudiants serait assez corniaud pour vouloir étudier la psychologie. » C'était un physicien.

Ce commentaire ne m'a pas découragé, peut-être parce que je n'étais pas sûr de savoir ce que « corniaud » voulait dire. J'ai délaissé la physique pour la psychologie. J'étudie la psychologie depuis ce temps-là, mais je n'ai jamais oublié ma place dans la hiérarchie. La question revient inévitablement lors des mondanités académiques : « Et vous, qu'est-ce que vous faites ? » Je réfléchis à deux fois avant de répondre : « Je suis psychologue. »

Bien sûr, la psychologie a beaucoup évolué depuis une trentaine d'années. Nous avons emprunté bien des outils aux autres disciplines. Nous étudions le cerveau autant que le comportement. Et nous abusons des ordinateurs pour analyser nos données et pour trouver des métaphores sur la façon dont le cerveau fonctionne[1]. D'ailleurs, mon badge universitaire n'affiche pas « psychologie », mais « neuroscience cognitive ».

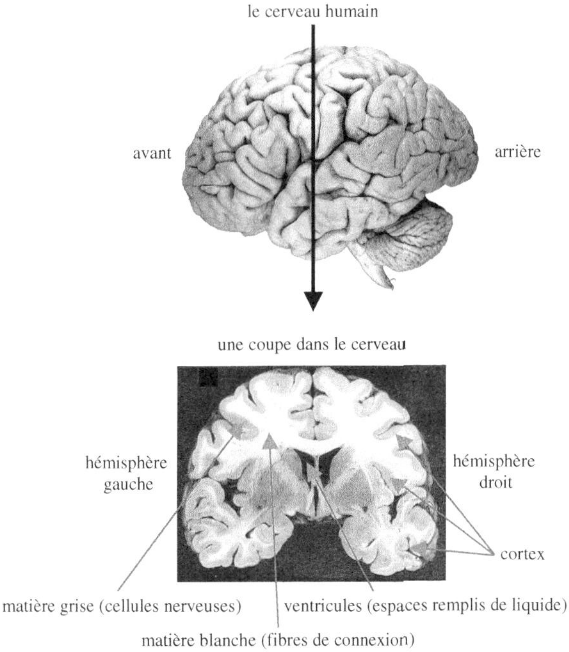

Figure 1. Cerveau entier et coupe *post mortem*.
En haut : photographie d'un cerveau entier vu de côté. En bas : photographie d'une coupe effectuée le long du plan indiqué par la flèche. La couche extérieure du cerveau (le cortex), constituée de matière grise, est densément plissée de façon à contenir une large surface dans un petit volume. Le cortex contient environ cent milliards de cellules nerveuses.

« Mais qu'est-ce que vous faites exactement ? », me demande-t-on. Il me semble que c'est le nouveau directeur du département de physique. Malheureusement, la réponse : « Je suis un neuroscientifique cognitiviste » ne fait que retarder le débat. Dès que j'essaie d'expliquer ce que je fais vraiment, il s'exclame : « Ah vous êtes psychologue », avec ce regard caractéristique qui pour moi veut dire : « Est-ce que vous ne feriez pas mieux de faire de la science ? »

Le professeur de littérature se joint à la conversation et commence à parler de psychanalyse. L'une de ses nouvelles étudiantes « a des difficultés à accepter Freud ». Je n'ai pas envie de gâcher la soirée en suggérant que Freud était avant tout un conteur d'histoires, dont les spéculations à propos de l'esprit humain étaient largement erronées.

Il y a quelques années, l'éditeur du *British Journal of Psychiatry*, sans doute par erreur, m'a adressé un article freudien. J'ai été immédiatement frappé par une différence subtile avec les papiers que j'avais l'habitude d'évaluer. Comme dans tout article scientifique, on trouvait des quantités de « références ». Les références renvoient aux articles déjà publiés sur le même sujet. Nous citons ces références en partie pour reconnaître le travail de nos prédécesseurs, mais surtout pour appuyer les conclusions du nôtre. « Ne me croyez pas sur parole. Vous trouverez mes méthodes entièrement justifiées dans Box & Cox (1964)[2]. » Rien de tel dans cet article freudien. Les références n'avaient rien à voir avec des preuves. Elles ne concernaient que les idées. En suivant ces références, vous pouviez remonter le cours des idées, depuis les disciples de Freud jusqu'au maître lui-même. Il n'y avait aucune preuve de ce que les idées du maître étaient justes.

« Freud a peut-être eu une grande influence sur la critique littéraire, dis-je au professeur de littérature, mais ce n'était pas un scientifique. Il ne s'intéressait pas aux preuves. J'étudie la psychologie scientifiquement. » « Alors, répondit-elle, vous chaussez les mâchoires de la raison mécanique pour déchiqueter notre humanité[3]. » Des deux côtés du fossé culturel, j'obtiens la même réponse : « Les scientifiques ne peuvent pas étudier l'esprit. » Mais quel est donc le problème ?

Science dure et science molle

Dans la hiérarchie des sciences, les étages du haut portent l'étiquette « durs », tandis que ceux du bas sont « mous ». Le mot « dur » ne signifie pas que la science y est plus difficile. Il renvoie au sujet de recherche et au type de mesures qui peuvent être effectuées. Les objets durs, comme les diamants, ont des arêtes bien définies et peuvent être mesurés précisément. Les choses molles, comme les crèmes glacées, ont des contours mal définis et peuvent changer d'une mesure à l'autre. Les sciences dures, comme la physique ou la chimie, étudient des choses tangibles qui peuvent être mesurées très précisément. Par exemple, la vitesse de la lumière (dans le vide) est exactement 299 792 458 mètres par seconde. Un atome de phosphore est 31 fois plus lourd qu'un atome d'hydrogène. Ces nombres sont très importants. À partir des masses atomiques des différents éléments, on a pu construire un tableau périodique qui a fourni les premières clés pour comprendre la structure de la matière.

La biologie a longtemps été plus molle que la physique et la chimie, mais la situation a radicalement changé avec la découverte que les gènes sont constitués d'une séquence particulière de paires de bases dans les molécules d'ADN. Par exemple, le gène du prion chez le mouton a 960 paires de bases, qui commencent par CTG CAG ACT TTA AGT GAT TCT TAC GTG GGC, etc.

Face à la précision de ces mesures, je dois admettre que la psychologie est très molle. Le chiffre le plus célèbre en psychologie est 7, soit le nombre d'items qui peuvent être maintenus en mémoire de travail[4]. Mais même ce chiffre a besoin de qualifications. Le titre de l'article original de George Miller, paru en 1956, était « Le chiffre magique : sept plus ou moins deux ». Ainsi, la meilleure mesure jamais réalisée par des psychologues peut fluctuer d'environ 30 %. Le nombre d'items qu'on peut retenir en mémoire de travail change d'un moment à l'autre et varie selon les personnes. Je retiendrai notamment moins d'items si je suis fatigué ou anxieux. En tant que locuteur anglais, je peux retenir davantage de nombres qu'un locuteur gallois[5]. « Vous vous attendiez à quoi ? », demande le professeur de littérature. « Vous ne pouvez pas épingler l'esprit humain comme un papillon sous sa vitre. Chacun d'entre nous est différent. »

Cette remarque manque l'essentiel. Bien sûr, chacun de nous est différent. Mais l'esprit a aussi des propriétés qui sont communes à l'ensemble des êtres humains. Ce sont ces propriétés fondamentales que les psychologues essaient de découvrir. Les chimistes ont eu affaire au même problème avec les roches qu'ils étudiaient avant la découverte des éléments chimiques au XVIIIe siècle. Chaque roche était différente. Par rapport aux sciences dures, les psychologues ont eu relativement peu de temps pour savoir ce qu'il faut mesurer et comment le mesurer. La psychologie n'existe que depuis un siècle en tant que discipline scientifique. Je suis sûr qu'à terme, les psychologues auront découvert ce qu'il faut mesurer, et auront développé des instruments pour le mesurer très précisément.

Science dure objective ; science molle subjective

Ce sont là des mots optimistes justifiés par ma foi dans le progrès inexorable de la science[6]. Le problème est que, en ce qui concerne la psychologie, cet optimisme n'est peut-être pas justifié. Il y a quelque chose de fondamentalement différent dans les objets que nous essayons de mesurer.

Les mesures réalisées par les sciences dures sont objectives. Elles peuvent être vérifiées. « Vous ne croyez pas que la vitesse de la lumière est de 299 792 458 mètres par seconde ? Voici les appareils. Mesurez-la vous-même. » Une fois que les appareils ont pris leur mesure, les chiffres sont imprimés ou affichés sur des écrans d'ordinateur que tout le monde peut lire. Mais les appareils de mesure utilisés en psychologie sont les psychologues eux-mêmes ou bien des volontaires extérieurs. Ces mesures sont subjectives. Elles ne peuvent pas être vérifiées.

Voici une expérience de psychologie très simple. Je programme mon ordinateur pour qu'il affiche une série de points noirs qui défilent en continu du haut vers le bas de l'écran. Je regarde celui-ci fixement pendant une minute ou deux. Puis je presse la touche « *esc* » pour arrêter le défilement. Objectivement, les points noirs ne bougent plus. Si je place la pointe de mon stylo sur l'un d'eux, je peux vérifier qu'il ne bouge absolument plus. Mais subjectivement j'ai la forte impression qu'ils se déplacent lentement vers le haut[7]. Si vous entriez dans la pièce à ce moment-là, vous verriez les points immobiles sur l'écran. Je vous dirais qu'ils semblent se déplacer vers le haut, mais comment pourriez-vous le vérifier ? Ce mouvement ne se produit que dans mon esprit.

Bien sûr, n'importe qui peut faire l'expérience de cette illusion de mouvement. Si vous regardiez les points défiler pendant une minute ou deux, vous verriez ensuite les points arrêtés se déplacer. Mais le mouvement serait alors dans votre tête à vous, et je ne pourrais pas le vérifier. Il y a comme celle-ci beaucoup d'expériences que nous ne pouvons pas partager. Par exemple, je pourrais vous dire que, chaque fois que je me trouve dans une soirée, le visage du professeur avec qui j'ai discuté de Freud me revient en mémoire. De quel genre d'expérience s'agit-il ? Ai-je vraiment en tête une image de son visage ? Est-ce que je me rappelle l'événement proprement dit, ou seulement de l'avoir raconté ? De telles expériences ne peuvent pas se vérifier. Comment peuvent-elles être étudiées scientifiquement ?

Un véritable scientifique veut pouvoir vérifier personnellement les mesures rapportées par quelqu'un d'autre. *Nullius in verba*, tel est le credo de la Société royale de Londres. « Ne croyez pas les gens sur parole, aussi autoritaires qu'ils puissent être[8]. » Si j'avais suivi ce principe, alors j'aurais dû accepter qu'une étude scientifique de votre vie mentale soit impossible, parce qu'elle repose sur votre récit de votre propre expérience.

Pendant un certain temps, les psychologues ont prétendu être de véritables scientifiques parce qu'ils étudiaient seulement le comportement. Ils ne mesuraient alors que des choses objectives comme les mouvements, les réponses et les temps de réaction[9]. Or étudier le comportement ne peut pas suffire. Cela revient à exclure tout ce qui est intéressant dans l'expérience humaine. Nous savons tous que notre vie mentale est aussi réelle que notre existence dans le monde physique. Être rejeté par la personne qu'on aime fait aussi mal que poser la main sur un four brûlant[10]. L'entraînement mental peut apporter des améliorations dans la performance qui se mesurent objectivement. Par exemple, si vous imaginez jouer un morceau de piano, votre jeu va s'en trouver amélioré. Alors pourquoi devrais-je me défier de votre récit si vous me dites que vous avez imaginé jouer du piano ? Les psychologues ont maintenant repris l'étude des expériences subjectives : percept, souvenir, intention. Le problème demeure cependant : les phénomènes mentaux que nous étudions ont un statut complètement différent des phénomènes matériels que les autres scientifiques étudient. Le seul moyen de savoir ce que vous avez à l'esprit, c'est d'écouter ce que vous me dites. Vous pouvez par exemple appuyer sur un bouton chaque fois que vous voyez la lumière rouge. Vous me dites précisément quelle teinte de rouge vous percevez. Mais je n'ai aucun moyen de pénétrer votre esprit pour vérifier la rougeur de votre expérience.

Pour mon amie Rosalind, les chiffres ont une position particulière dans l'espace, et les jours de la semaine ont une couleur spéciale (voir figure 1, cahier hors texte). Mais peut-être ne s'agit-il que de métaphores ? Je n'éprouve pas de telles expériences. Pourquoi devrais-je croire mon amie lorsqu'elle me dit que ce sont des expériences perceptives directes, qui s'imposent immédiatement à elle ? Ses expériences subjectives constituent un exemple des choses qui appartiennent au monde de l'esprit et que je ne peux pas vérifier.

La science dure peut-elle sauver la science molle ?

La science dure devient de la grande science quand les instruments de mesure coûtent très cher. Les sciences du cerveau ont grandi lorsque les scanners se sont développés, durant le dernier quart du XXe siècle. Le coût d'un scanner est de l'ordre du million d'euros. Par pure chance, me trouvant au bon endroit au bon moment, j'ai pu utiliser ces machines au moment où elles sont devenues disponibles, au milieu des années 1980[11]. Les premières machines reposaient sur le principe bien établi des rayons X. Un scanner à rayons X vous montre les os de votre corps, parce que les os sont plus solides (plus denses) que la chair et la peau. Peu de rayons X vont traverser les os, mais beaucoup passeront à travers la chair. Ces variations de densité sont aussi présentes dans le cerveau. La boîte crânienne qui entoure le cerveau est très dense, tandis que le tissu cérébral, comme la chair, est bien moins dense. Au milieu du cerveau se trouvent des espaces (les ventricules) remplis de liquide, de sorte que ces espaces sont les moins denses de tous. La technique de tomographie axiale assistée par ordinateur a permis une avancée majeure. Il s'agit de mesurer les rayons X puis de résoudre un grand nombre d'équations mathématiques (ce qui nécessite un ordinateur puissant) pour construire une image tridimensionnelle du cerveau (ou de n'importe quelle autre partie du corps) montrant les variations de densité. Pour la première fois, il était possible de voir la structure interne du cerveau chez une personne vivante.

Quelques années plus tard apparut une technique encore meilleure, appelée imagerie par résonance magnétique (IRM). Cette technique n'utilise pas de rayons X, mais des ondes radio et un puissant champ magnétique[12]. Contrairement aux rayons X, l'IRM ne comporte pas de risque pour la santé. Le scanner IRM est bien plus sensible aux variations de densité que ne l'est le scanner aux rayons X. Les images qu'il produit permettent de distinguer les différents types de tissus cérébraux. Ces images du cerveau vivant sont de la même qualité qu'une photographie du cerveau prise *post mortem*, une fois retiré de sa boîte crânienne, fixé avec des réactifs chimiques, et coupé en tranches.

L'imagerie structurale du cerveau a eu un impact énorme sur la médecine. Les lésions cérébrales, qu'elles soient dues à un accident de la route, à une attaque vasculaire ou à la croissance d'une tumeur, peuvent avoir des

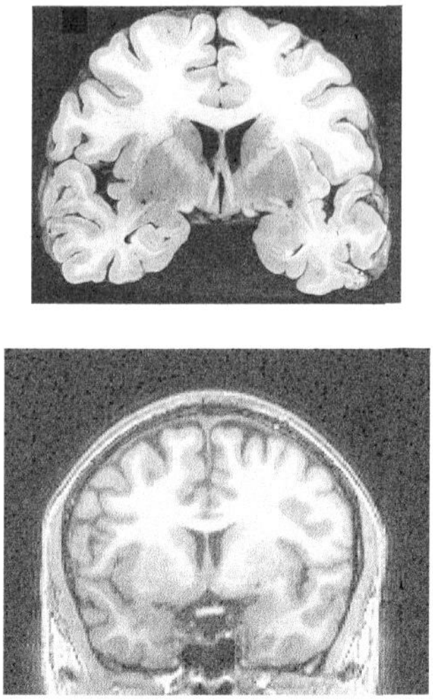

Figure 2. Comparaison entre une IRM structurale et une coupe *post mortem*.
La photographie du haut montre un cerveau mort qui a été retiré du crâne et coupé en tranches. L'image du bas a été acquise chez un volontaire vivant grâce à l'imagerie par résonance magnétique (IRM).

effets dramatiques sur le comportement. Comme par exemple une perte de mémoire ou un changement de personnalité. Avant l'apparition des scanners cérébraux, la seule façon de savoir où était la lésion était d'ouvrir le crâne et de regarder à l'intérieur. Ce qui se faisait généralement après le décès du patient, mais aussi parfois de son vivant, lorsque la neurochirurgie s'imposait. L'imagerie cérébrale permet maintenant de localiser précisément les lésions. Tout ce que le patient doit faire, c'est rester tranquillement allongé dans le scanner pendant environ dix minutes.

L'imagerie structurale du cerveau, c'est de la science dure autant que de la grande science. Les mesures fournies par ces techniques sont très précises et objectives. Mais en quoi sont-elles pertinentes pour la psychologie ?

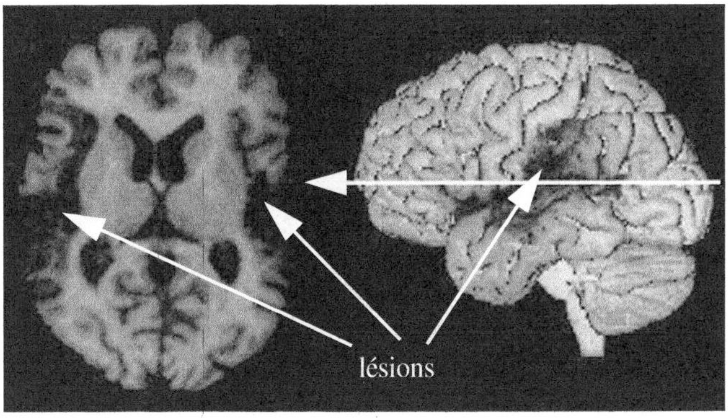

Figure 3. Exemple de scanner IRM révélant une lésion cérébrale.
Ce patient a eu le malheur de subir deux accidents vasculaires successifs, qui ont détruit son cortex auditif gauche et droit. Les lésions se voient clairement sur l'image par résonance magnétique.

Mesurer l'activité mentale

L'aide apportée à la psychologie n'est pas venue de l'imagerie *structurale* du cerveau. Elle est venue de l'imagerie cérébrale *fonctionnelle*, développée quelques années plus tard. Cette technique permet de détecter l'énergie consommée par le cerveau. Que vous soyez endormi ou éveillé, les 85 milliards de cellules nerveuses (les neurones) de votre cerveau s'échangent continuellement des messages. Cette activité consomme de l'énergie. En effet, le cerveau consomme environ 20 % de l'énergie dépensée par l'organisme, même s'il ne représente que 2 % du poids corporel. Les vaisseaux sanguins quadrillent l'ensemble du cerveau de façon à distribuer l'énergie sous forme d'oxygène. La distribution d'énergie est finement régulée, de sorte que les régions du cerveau les plus actives en reçoivent davantage. Si on prête attention à l'environnement sonore, les régions les plus

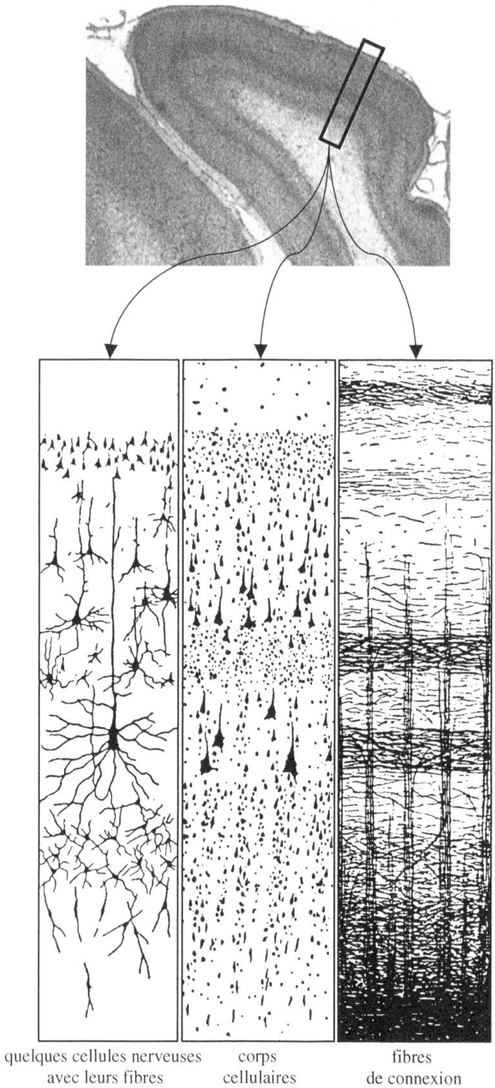

Figure 4. Cortex et cellules.
Sous le microscope, le cortex peut présenter trois différents types de cellules nerveuses.

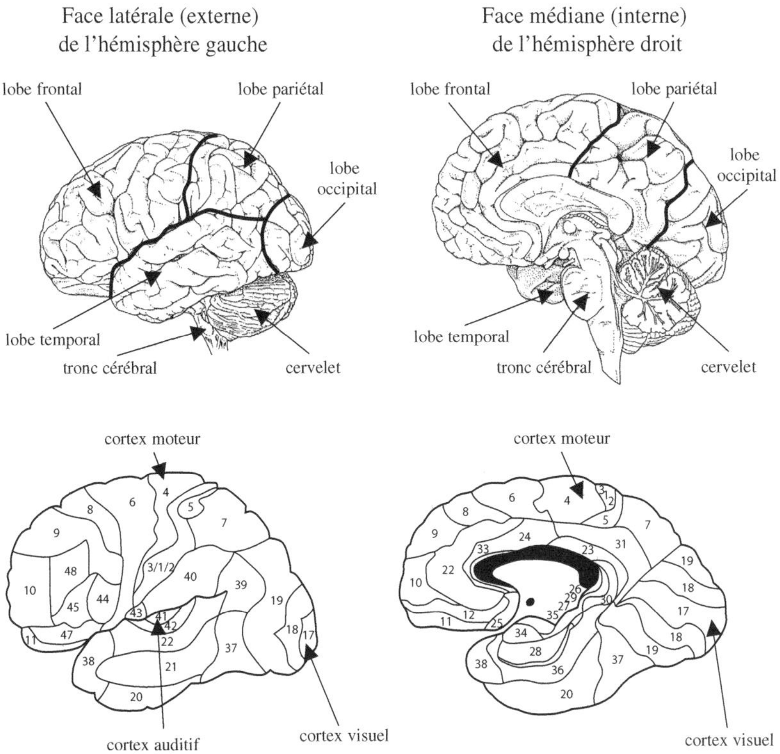

Figure 5. Régions cérébrales et subdivisions.
Les dessins du haut montrent les principales régions du cerveau. Les dessins du bas montrent les subdivisions du cortex selon Brodmann (le cervelet et le tronc cérébral ont été retirés). Les subdivisions de Brodmann sont fondées sur l'apparence du cortex au microscope. Les nombres sont arbitraires.

actives seront les deux zones situées sur les côtés du cerveau, où les neurones reçoivent directement les messages transmis par les oreilles (voir figure 2, cahier hors texte). Quand les neurones de ces régions sont actifs, elles reçoivent davantage de sang. La relation entre l'activité cérébrale et le débit sanguin était connue des physiologistes depuis une bonne centaine d'années, mais il était impossible de détecter les variations locales de débit sanguin avant que les scanners soient inventés[13].

Le principal inconvénient de l'imagerie cérébrale fonctionnelle est le manque de confort pour la personne qui est scannée. Vous devez rester allongé sur le dos pendant plus ou moins une heure, et éviter de bouger autant que possible. Il n'y a pas grand-chose à faire dans un scanner, à part penser, et même penser s'avère difficile en raison du bruit qu'il fait, comme si quelqu'un jouait du marteau-piqueur derrière votre tête. Dans l'une des études pionnières, utilisant une version primitive du scanner par tomographie à émission de positrons (TEP), les volontaires devaient s'imaginer quitter leur maison et tourner à gauche à chaque rue qu'ils rencontraient[14]. Cette activité purement mentale était suffisante pour activer un grand nombre de régions cérébrales.

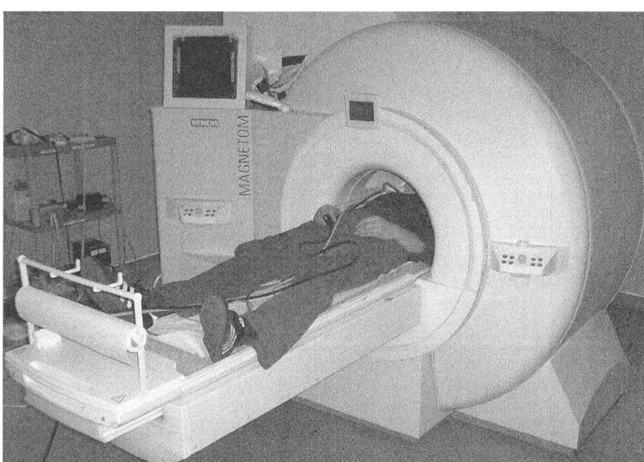

Figure 6. Un volontaire allongé dans un scanner IRM.

C'est ici que la grande science vient au secours de la molle psychologie. Le volontaire allongé dans le scanner imagine qu'il[15] marche dans la rue. En réalité, il ne marche

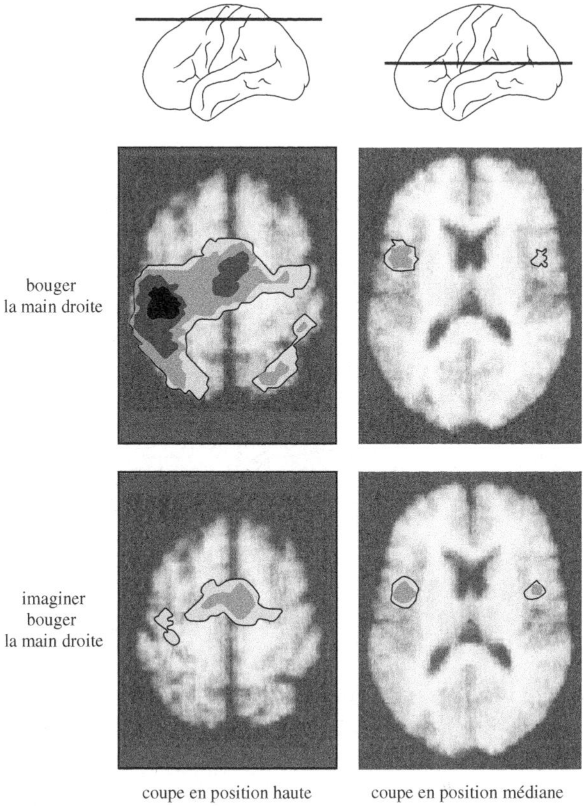

Figure 7. Images cérébrales des mouvements réels et imaginaires.
Les figures du haut montrent les positions (haute et médiane) des plans choisis pour révéler l'activité cérébrale. Les cartes du haut montrent l'activité obtenue quand vous bougez votre main droite, celles du bas quand vous imaginez la bouger.

pas et ne voit aucune rue. Ces événements ont seulement lieu dans sa tête. Je n'ai aucun moyen d'entrer dans son esprit pour vérifier qu'il est vraiment en train de faire ce qu'on lui a demandé de faire. Mais, grâce au scanner, je peux entrer dans son cerveau. Et je peux voir que son cerveau déploie un certain patron d'activité lorsqu'il s'imagine marcher dans la rue et tourner à gauche.

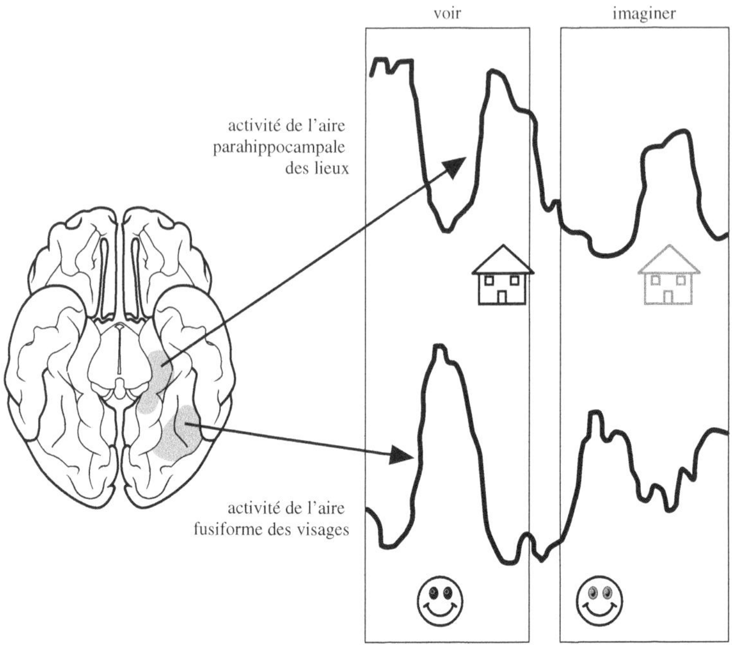

Figure 8. Imaginer des visages et des maisons.
Le dessin du cerveau, vu de dessous, indique en grisé les régions qui répondent différemment aux visages et aux lieux. Le dessin de droite montre que l'activité de l'aire des visages augmente quand vous voyez un visage ou quand vous imaginez voir un visage. Le même effet est également observé pour l'aire des lieux.

Naturellement, la plupart des études d'imagerie cérébrale sont bien plus objectives. De véritables stimuli lumineux sont projetés dans l'œil du volontaire, et celui-ci appuie sur des boutons pour témoigner qu'il effectue de véritables mouvements. Mais j'ai personnellement (avec quelques autres) toujours été davantage intéressé par l'activité cérébrale associée à des événements purement mentaux. Nous avons découvert que, lorsque le volontaire imagine appuyer sur un bouton, les régions cérébrales activées sont les mêmes que s'il appuie réellement sur le bouton. Nous pouvons vérifier qu'il n'y a pas le moindre mouvement du doigt ni la plus minuscule contraction musculaire. Nous en déduisons que le volontaire suit effectivement l'instruction d'imaginer qu'il appuie sur le bouton à chaque fois qu'il entend le signal. En mesurant l'activité cérébrale, nous avons une confirmation objective de ces événements mentaux. En utilisant un scanner cérébral, je pourrais probablement savoir si vous imaginiez bouger votre main ou votre pied. Toutefois je ne pourrais probablement pas, pour le moment, dire à quel doigt vous pensiez.

Je pourrais même faire mieux en étudiant la vision. Nancy Kanwisher et son groupe, au Massachusetts Institute of Technology (MIT), ont montré que lorsque vous regardez un visage (n'importe lequel), une certaine région du cerveau devient systématiquement active, tandis que lorsque vous regardez une maison (n'importe laquelle), c'est une autre région qui s'active[16]. Si vous demandez aux gens d'imaginer le visage ou la maison qu'ils viennent de voir, les mêmes régions s'activent à nouveau. Le lieu de l'activité cérébrale indique donc si la personne est en train de penser à un visage ou à une maison. Si je m'étends dans son scanner, le Dr Kanwisher pourra me dire à quoi je pense (tant que je pense seulement à des visages ou des maisons).

Le problème de la psychologie est donc résolu. Plus besoin de s'embêter avec ces molles et subjectives descriptions de la vie mentale. Au lieu de ça nous pouvons relever des mesures dures et objectives de l'activité cérébrale. Peut-être que je peux maintenant admettre que je suis psychologue.

De retour à la soirée, je ne peux me retenir de tout leur révéler au sujet de la grande science de l'imagerie cérébrale. Le physicien apprécie assez cette nouvelle tournure de la psychologie. Après tout, sans les physiciens, elle n'aurait pu advenir. Mais le professeur de littérature n'accepte pas que l'étude de l'activité cérébrale puisse vous dire quoi que ce soit de l'esprit humain.

« Autrefois vous considériez le cerveau comme un appareil photo. Maintenant vous le voyez comme un ordinateur.

Même si vous pouvez voir à l'intérieur de cet ordinateur, vous êtes toujours prisonnier de cette pauvre métaphore usée. Les ordinateurs sont certainement plus intelligents que les appareils photo. Peut-être que les ordinateurs peuvent reconnaître des visages et attraper des œufs avec leurs bras articulés[17]. Mais ils ne pourront jamais entrevoir de nouvelles idées et les transmettre à d'autres ordinateurs. Ils ne pourront jamais créer une culture des ordinateurs. Cela est bien au-delà des possibles de la raison mécanique. »

Je me retire pour remplir mon verre. Je n'argumente pas. Je ne suis pas philosophe. Je n'espère pas persuader les gens de la vérité par le pouvoir de l'argumentation. Les seuls arguments que j'accepte viennent d'expériences pratiques. Je dois montrer comment on peut réaliser l'impossible.

Comment le mental peut-il émerger du physique ?

Bien entendu, il est absurde de penser que nous pouvons simplement mesurer l'activité cérébrale et oublier l'esprit. L'activité cérébrale peut indiquer qu'une activité mentale se produit et, dans cette mesure, fournir un marqueur objectif de l'expérience subjective. Mais l'activité cérébrale n'est pas la même chose que l'expérience mentale. Avec un matériel approprié, je pourrais probablement trouver un neurone dans mon cerveau qui signale chaque fois que je fais l'expérience perceptive de la couleur bleue. Or, comme le professeur de littérature aurait plaisir à me le rappeler, cette activité n'est pas bleue. Ce que les expériences d'imagerie cérébrale révèlent si brillamment, c'est le fossé apparemment infranchissable entre la matière physique objective et l'expérience mentale subjective.

Les sciences dures s'intéressent aux objets matériels qui peuvent directement affecter nos sens. Nous pouvons voir la lumière. Nous pouvons sentir le poids d'une barre de fer. Les sciences dures impliquent souvent un lourd travail physique sur le matériel étudié. Marie Curie est le modèle romantique d'un tel scientifique, qui à ce qu'on raconte remuait des tonnes de minerai pour extraire un dixième de gramme de radium. C'est son dur travail physique qui a conduit à l'identification du radium, à l'utilisation médicale des rayons X et, finalement, au développement des scanners cérébraux. Bien entendu, des instruments spéciaux ont été développés pour nous aider à mesurer précisément des éléments aussi rares que le radium, des choses aussi petites que les paires de bases dans la séquence des gènes, ou des choses aussi rapides que la lumière. Mais ces instruments spéciaux sont, comme les verres grossissants, de simples extensions de nos sens. Ils nous aident à voir ce qui se tient réellement là. Aucun de ces instruments ne peut nous aider à voir ce qui se passe dans l'esprit. Les contenus de l'esprit ne sont pas réels.

Je peux lire vos pensées

Voici venir, dans cette soirée, la rencontre que je crains entre toutes. Cette fois la question vient d'un impudent jeune homme sans cravate, certainement un généticien moléculaire. « Vous êtes psychologue ? Alors vous pouvez lire dans mes pensées ? » Il doit être intelligent. Comment peut-il dire une chose aussi idiote ? Il doit dire ça pour m'embêter.

Très récemment, je me suis rendu compte que l'idiot c'était moi. Bien sûr que je peux lire dans les pensées des autres. Et il n'y a pas que les psychologues qui sachent le faire. Sans cela, comment pourrions-nous échanger des idées et créer une culture ? Mais comment nos cerveaux parviennent-ils à pénétrer ces mondes inaccessibles dissimulés dans l'esprit des autres ?

Je peux voir les bords de l'univers dans un télescope et je peux voir l'activité de votre cerveau avec un scanner, mais je ne peux pas « voir » dans votre esprit. Nous pensons tous que le monde mental est distinct de la réalité physique. Pourtant, dans notre vie quotidienne, nous nous préoccupons au moins autant des autres esprits que de la réalité physique. La plupart de nos interactions avec les autres se font entre les esprits, pas entre les corps. Vous découvrez certaines de mes pensées en lisant ce livre. En l'écrivant j'espère changer certaines idées dans votre esprit.

Comment le cerveau crée le monde

Mais alors quel est le problème des psychologues ? Nous essayons d'étudier la vie mentale et les événements mentaux, alors que la « vraie » science s'intéresse au monde physique. Le monde physique est complètement différent du monde mental. Nous avons un contact direct avec le monde physique à travers nos sens. Mais le monde mental est un domaine réservé à chacun d'entre nous et privé pour les autres. Comment un tel monde peut-il être étudié ?

Dans ce livre, je montrerai que la distinction entre monde mental et monde physique est artificielle. C'est une illusion créée par notre cerveau. Tout ce que nous savons, que ce soit à propos du monde physique ou du monde mental, nous vient de notre cerveau. Mais notre cerveau n'est pas plus directement connecté avec le monde physique des objets qu'avec le monde mental des idées. En nous dissimulant certaines des inférences inconscientes qu'il effectue, notre cerveau crée l'illusion que nous avons un contact plus direct avec les objets du monde physique. Et simultanément notre cerveau crée l'illusion que notre propre monde mental est isolé et privé. À travers ces deux illusions, nous nous percevons comme des agents, agissant indépendamment sur le monde. Mais, en même temps, nous pouvons partager notre expérience du monde. Au fil des millénaires, cette capacité à partager les expériences a créé la culture humaine qui, en retour, a modifié le fonctionnement du cerveau humain[18].

En dissipant ces illusions créées par notre cerveau, nous pouvons commencer à développer une science visant à expliquer comment le cerveau fabrique l'esprit.

« Ne vous attendez pas à ce que je vous croie sur parole, s'exclame le professeur de littérature, montrez-moi les preuves. »

Je lui promets que, tout au long de ce livre, ce que je dirai sera rigoureusement fondé sur des preuves expérimentales. Si vous voulez vérifier ces preuves, vous trouverez les sources aux dernières pages.

PREMIÈRE PARTIE

Voir à travers les illusions du cerveau

CHAPITRE PREMIER

LES RÉVÉLATIONS D'UN CERVEAU ABÎMÉ

Percevoir le monde physique

La chimie était ma plus mauvaise matière à l'école. Le peu de science que j'ai retenu des cours de chimie, c'est un truc utile pour les travaux pratiques. Si vous avez devant vous une rangée de coupelles remplies de poudres blanches que vous devez identifier, essayez de les goûter. Celle qui a un goût sucré, c'est l'acétate de plomb. Faites tout de même attention à ne pas trop en goûter.

C'est de cette façon que les gens ordinaires pratiquent la chimie, appliquée généralement aux pots rangés au fond du placard de la cuisine. Si à l'œil on ne peut pas dire ce que c'est, on essaie de le goûter. C'est ainsi qu'on s'informe du monde physique. On l'explore avec nos sens.

Il s'ensuit que, si nos sens sont altérés, notre capacité à explorer le monde sera réduite. Vous êtes probablement myope[1]. Si je vous demande d'enlever vos lunettes et de regarder autour de vous, vous ne pourrez probablement plus identifier les petits objets situés au-delà de quelques mètres. Cette observation n'est pas vraiment surprenante.

Ce sont les organes des sens (les yeux, les oreilles, la langue etc.) qui font le lien entre le monde physique et notre esprit. Comme une caméra vidéo, nos yeux et nos oreilles captent de l'information[2] sur le monde physique et la transmettent à notre esprit. Si nos yeux ou nos oreilles sont abîmés, l'information ne sera pas transmise proprement. Il sera alors bien moins aisé de se renseigner sur le monde.

Le problème devient plus intéressant si on se demande comment l'information passe des yeux[3] à l'esprit. Oublions pour l'instant la question de savoir comment l'activité électrique d'un photorécepteur se transforme en une expérience mentale de la couleur, et notons simplement que l'informa-

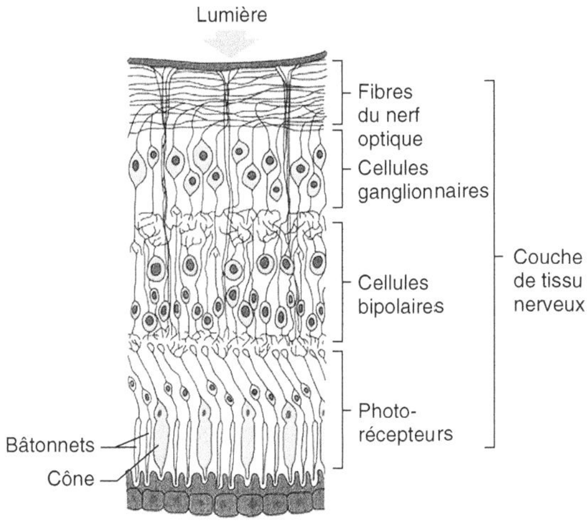

Figure 1.1. La rétine, où la lumière crée de l'activité neuronale.
La rétine, située à l'arrière de l'œil, contient un grand nombre de neurones spéciaux (les photorécepteurs) qui s'activent quand ils sont frappés par la lumière. Les cônes sont concentrés au milieu de la rétine (au niveau de la fovéa). Il existe trois types de cônes, qui sont activés par différentes longueurs d'onde de la lumière (correspondant au vert, au bleu et au rouge). Les bâtonnets sont répartis autour de la fovéa et répondent à de faibles lumières, quelle que soit la couleur. Toutes ces cellules envoient des signaux vers le cortex visuel, *via* le nerf optique.

tion va de mes yeux (ou mes oreilles ou ma langue, etc.) à mon cerveau. On en déduit qu'une altération de mon cerveau va réduire ma capacité à m'informer sur le monde physique.

L'esprit et le cerveau

Avant d'examiner en quoi les lésions du cerveau affectent notre expérience du monde, nous devons nous soucier davantage de la relation entre esprit et cerveau. Cette relation est réciproque. Comme nous l'avons découvert dans le prologue, si je décide de penser à un visage, une région spécifique des visages va s'activer dans mon cerveau. Dans cet exemple, connaître le contenu de mon esprit permet de prédire quelle région de mon cerveau sera active. Comme nous allons le découvrir dans un instant, les lésions du cerveau peuvent avoir des conséquences profondes sur l'esprit. En effet, savoir où est située la lésion cérébrale me permet de prédire ce que contient l'esprit du patient. Mais la relation entre cerveau et esprit n'est pas parfaite. Il ne s'agit pas d'une correspondance point à point. Il peut y avoir des changements d'activité dans mon cerveau sans que se produisent des changements dans mon esprit. En revanche, je suis persuadé qu'il ne peut pas y avoir de changements dans mon esprit sans qu'il y ait aussi des modifications de l'activité cérébrale[4]. Car je crois que tout ce qui arrive dans mon esprit (l'activité mentale) est causé par, ou au moins dépend de, l'activité cérébrale[5].

Donc, si ma conjecture est correcte, les événements devraient s'enchaîner de la façon suivante. La lumière frappe les récepteurs sensoriels de mes yeux, déclenchant l'envoi de messages vers mon cerveau. Ce mécanisme est relativement bien compris. Ensuite, l'activité de mon cerveau crée une expérience de la forme et de la couleur dans mon esprit. Ce mécanisme n'est absolument pas compris. Toutefois, quel que soit le mécanisme, nous pouvons conclure que mon esprit ne peut avoir de connaissance du monde physique que si elle est, d'une manière ou d'une autre, représentée dans mon cerveau[6]. Je ne peux connaître le monde qu'au travers de mon cerveau. Peut-être que la question à poser n'est pas : « Comment je sais (ou comment mon esprit sait) à quoi ressemble le monde physique ? » Au lieu de cela nous devrions nous demander : « Comment mon cerveau sait à quoi ressemble le monde physique[7] ? » En posant la question à propos du cerveau, et non à propos de l'esprit, je peux mettre pour un moment de côté le problème de savoir comment la connaissance du monde physique parvient jusqu'à mon esprit. Malheureusement cette astuce ne mène pas très loin. La première chose que je ferais si je voulais savoir ce que votre cerveau connaît du dehors, c'est vous demander, *à vous* : « Qu'est-ce que vous voyez ? » J'utiliserais ainsi votre esprit pour savoir ce qui est représenté dans votre cerveau. Comme nous allons le voir, cette méthode ne marche pas toujours.

Quand le cerveau ne sait pas

De tous les systèmes sensoriels du cerveau, celui que nous connaissons le mieux est le système visuel[8]. Le monde visuel est d'abord représenté dans les neurones logés à l'arrière de la rétine. Comme dans un appareil photo, l'image est retournée de sorte que le coin en haut à gauche de la rétine représente le coin en bas à droite de la scène visuelle. La rétine envoie des signaux au cortex visuel primaire (V1) situé à l'arrière du cerveau, *via* le thalamus, une station de relais située au milieu du cerveau. Les neurones acheminant le signal se croisent partiellement, de telle façon que la partie gauche de chaque œil est représentée dans la partie droite du cerveau et *vice versa*. L'image « photographique » est conservée jusqu'au cortex visuel primaire[9], de sorte que les neurones de la région supérieure gauche représentent la partie inférieure droite de la scène visuelle.

Les conséquences d'une atteinte du cortex visuel primaire dépendent de l'endroit précis de la lésion. Si le coin supérieur gauche du cortex visuel est atteint, la victime fera l'expérience d'une tache opaque couvrant la partie inférieure droite. Pour cette partie du champ visuel, elle sera aveugle.

Certaines personnes qui souffrent de migraines sentent durant de courtes périodes le champ visuel se vider par endroits, à cause d'une réduction temporaire de l'afflux sanguin dans le cortex visuel. Ces expériences perceptives commencent souvent par une petite tache, qui s'agrandit ensuite progressivement. Sur les bords de cette tache aveugle clignotent des lignes crénelées décrites comme des fortifications.

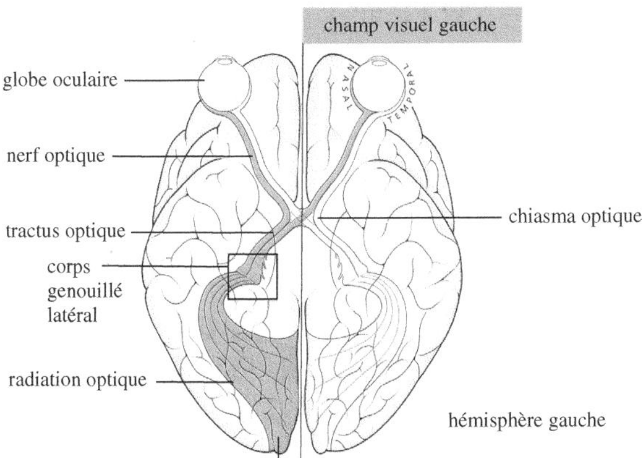

Figure 1.2. Comment l'activité neuronale se propage de la rétine au cortex. La lumière provenant de la moitié gauche du champ visuel est transmise vers l'hémisphère droit. Le cerveau est vu de dessous.

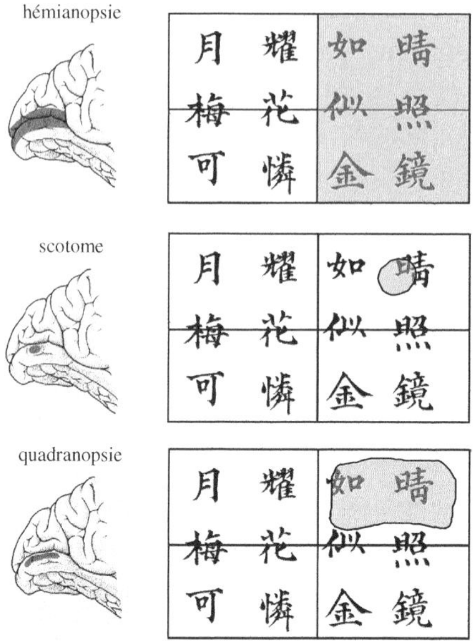

Figure 1.3. Comment les lésions du cortex visuel affectent l'expérience subjective.
Les lésions du cortex visuel entraînent une cécité dans des régions spécifiques du champ visuel. La perte complète du cortex visuel droit entraîne une cécité du champ visuel gauche (hémianopsie). La perte d'une petite région en bas à droite du cortex visuel entraîne une tache aveugle dans la partie supérieure gauche du champ visuel (scotome). La perte complète de la moitié basse du cortex visuel gauche entraîne une cécité de la moitié haute du champ visuel droit (quadranopsie).

Avant que l'information du cortex visuel ne parcoure les étapes ultérieures de traitement, la scène visuelle est décomposée en différents traits tels que la forme, la couleur et le mouvement. Ces diverses composantes sont ensuite transmises à différentes régions du cerveau. Dans certains cas assez rares, la lésion peut atteindre une région spécifiquement concernée par une seule de ces composantes, tandis que les autres régions restent intactes. Si l'aire de la couleur (V4) est altérée, alors le patient voit un monde vidé de ses couleurs (un phénomène appelé achromatopsie). Comme nous avons tous vu des films et des photographies en noir et blanc, cette expérience n'est pas trop difficile à imaginer. Il est plus difficile de concevoir le monde d'une personne atteinte dans l'aire visuelle des mouvements (V5). À chaque instant les objets, comme les voitures, apparaissent à une position différente, mais ils ne semblent pas bouger (ce qu'on appelle l'akinétopsie). Cette expérience doit en quelque sorte apparaître comme l'opposé de l'illusion de la cascade, que j'ai mentionnée dans le prologue. Dans cette illusion, dont nous pouvons tous faire l'expérience, les objets restent à la même place, mais on voit quand même un mouvement.

À l'étape suivante du traitement visuel, les informations relatives aux diverses composantes telles que la forme ou la couleur sont recombinées, de façon à reconnaître les objets présents dans la scène visuelle. Les régions qui opèrent ces traitements peuvent parfois être altérées alors que les régions traitant des étapes plus précoces restent intactes.

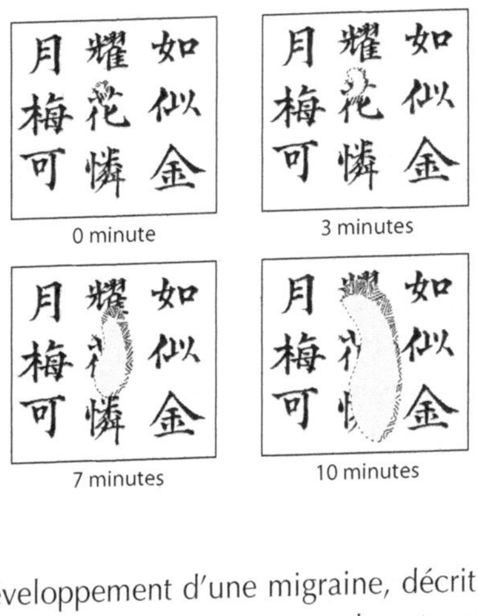

Figure 1. 4. Le développement d'une migraine, décrit par Karl Lashley. Au début de la migraine, une région aveugle apparaît près du milieu de son champ visuel et grossit ensuite lentement.

Certaines personnes portant ces altérations ont des difficultés à reconnaître les objets. Elles peuvent voir et décrire diverses caractéristiques de l'objet, mais elles ne savent pas ce que c'est. Ce trouble est appelé « agnosie », ou perte de connaissance[10]. L'information sensorielle élémentaire est disponible, mais elle ne peut plus être comprise. Certains patients ont un déficit spécifique des visages (c'est la prosopagnosie). Ils savent que c'est un visage, mais ils n'ont aucune idée de qui ça peut bien être. Ces patients ont une lésion de l'aire des visages que j'ai décrite dans le prologue.

Ces observations semblent toutes aller de soi. Les lésions du cerveau interfèrent avec la transmission d'informations venues du monde physique et captées par nos sens. La conséquence quant à ce que l'esprit peut connaître du monde est déterminée par le niveau de traitement qui est affecté. Or le cerveau parfois nous joue des tours.

Quand le cerveau sait, mais ne le dit pas

C'est le rêve de tout neuropsychologue[11] de rencontrer quelqu'un qui a une perception du monde si inhabituelle que nous sommes forcés de reconsidérer toutes nos idées sur la façon dont fonctionne le cerveau. Deux éléments sont indispensables pour une telle découverte. D'abord, vous devez être suffisamment chanceux pour rencontrer cette personne. Ensuite, vous devez être suffisamment intelligent pour reconnaître l'importance de ce qu'elle vous révèle.

« Je suis sûre que vous êtes aussi chanceux qu'intelligent », me dit le professeur de littérature. Ce n'est pas le cas. J'ai bien eu de la chance une fois, mais j'ai manqué d'intelligence. Jeune chercheur à l'Institut de psychiatrie au sud de

Londres, j'étudiais la façon dont les gens apprennent. On m'a présenté quelqu'un souffrant d'une sévère perte de mémoire. Durant une semaine, il est venu dans mon laboratoire[12] tous les jours, pour acquérir une simple habileté motrice. Ses résultats se sont améliorés de manière relativement normale ; après une semaine d'interruption, il pouvait encore reproduire les nouveaux gestes qu'il avait appris. Or en même temps sa perte de mémoire était si dramatique que chaque jour il prétendait ne jamais m'avoir vu et ne jamais avoir pratiqué ces gestes. « Comme c'est étrange », pensais-je. Mais je m'intéressais aux problèmes d'apprentissage moteur. Comme cet homme apprenait normalement les gestes que je lui enseignais, il ne m'intéressait pas. Bien d'autres ont, bien sûr, reconnu l'importance de tels patients. Ces patients ne se rappellent rien de ce qui leur est arrivé, même si c'est arrivé la veille. On suppose que c'est parce que les événements ne sont pas enregistrés dans leur cerveau. Mais, chez le patient que j'ai étudié, les expériences de la veille avaient clairement un effet à long terme sur son cerveau, puisque son habileté motrice était meilleure aujourd'hui qu'hier. Ce changement opéré dans son cerveau n'avait toutefois aucun effet sur son esprit conscient. Il ne pouvait rien se rappeler de ce qui s'était passé hier. Ces patients nous montrent que notre cerveau peut savoir des choses que notre esprit ne sait pas.

Mel Goodale et David Milner ne s'y sont pas trompés lorsqu'ils ont rencontré la patiente connue sous le nom de DF. Ils ont immédiatement reconnu l'importance de ce qu'ils observaient. DF a eu le malheur d'être intoxiquée par le monoxyde de carbone que dégageait un système de chauffage défectueux. La région cérébrale atteinte par l'intoxication était située dans la partie du système visuel s'occupant de la reconnaissance des formes. Cette patiente a une vague impression de lumière, d'ombre et de couleur, mais ne peut rien reconnaître parce qu'elle ne voit pas de quelle forme il s'agit. Goodale et Milner ont remarqué qu'elle semblait capable de se déplacer et d'attraper des objets bien mieux que ce qu'on pouvait attendre étant donné qu'elle était presque aveugle. Au fil des années, ils ont mené avec elle toute une série d'expériences. Celles-ci ont confirmé qu'il y a un grand écart entre ce que la patiente peut voir et ce qu'elle peut faire.

L'une des expériences de Goodale et Milner se déroule de la manière suivante. Vous tenez une baguette et demandez à DF son orientation. Elle ne peut pas dire si la baguette est horizontale, verticale ou inclinée. C'est comme si elle ne pouvait pas voir la baguette mais seulement essayer de deviner. Maintenant vous lui demandez d'attraper la baguette. Elle le fait normalement. Elle oriente son poignet de façon à ce que ses doigts aient la même inclinaison que la baguette. Elle peut l'attraper sans tâtonner quelle que soit son orientation. Cette observation montre que le cerveau de DF « sait » quel est l'angle d'inclinaison de la baguette, et peut utiliser cette information pour adapter le mouvement de la main. Mais DF ne peut pas utiliser cette information pour voir quelle est l'orientation de la baguette. Son cerveau sait quelque chose du monde physique que son esprit conscient ne sait pas.

On a trouvé très peu de patients souffrant exactement du même problème que DF. Il y a cependant beaucoup de patients à qui le cerveau joue des tours similaires. La dissociation la plus spectaculaire est probablement celle dont témoignent les patients atteints de « vision aveugle », un phénomène associé à la lésion du cortex visuel primaire. Comme nous l'avons déjà découvert, cette lésion conduit à une cécité sur une partie du champ visuel. Larry Weiskrantz fut le premier à montrer que, chez certains patients, cette région aveugle n'était pas si aveugle que ça[13]. Dans l'une de ses expériences, un point lumineux est lentement déplacé au travers de la partie aveugle du champ visuel et le patient doit simplement décrire ce qu'il voit. Du point de vue du patient, ce test est absolument stupide. Il ne voit rien. Alors on lui demande d'essayer de deviner : « Est-ce que la lumière se

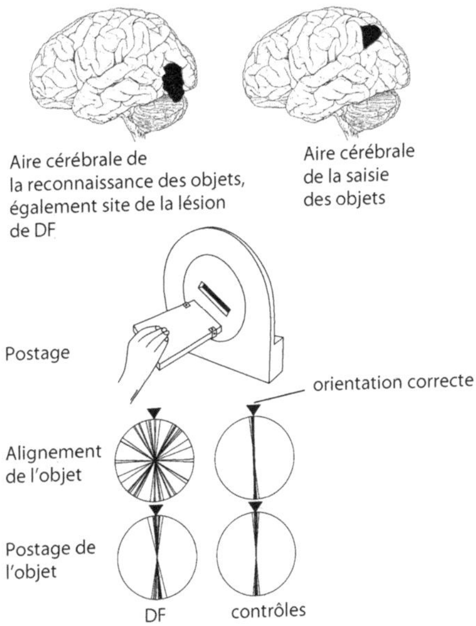

Figure 1.5. Action sans conscience.
DF a subi une lésion dans la partie de son cerveau responsable de la reconnaissance des objets, tandis que la partie nécessaire pour les saisir est intacte. Elle ne peut pas voir si l'inclinaison de la « lettre » est dans l'axe de l'ouverture de la boîte. Elle peut cependant orienter correctement la lettre et la poster.

déplace vers la gauche ou vers la droite ? » Cette question paraît également stupide, mais le patient suppose que cet éminent professeur d'Oxford sait ce qu'il fait. Le professeur Weiskrantz a découvert que certaines personnes pouvaient deviner le sens du mouvement bien plus souvent que si elles répondaient au hasard. Un des patients avait raison 80 % du temps, alors qu'il prétendait toujours ne rien voir. Ainsi, si je souffrais de vision aveugle, mon esprit n'aurait aucun contenu visuel et pourtant mon cerveau capterait des informations sur le monde visuel, de sorte que je serais capable de deviner avec succès. Quelle est donc cette connaissance dont je ne sais pas que je la possède ?

Quand le cerveau ment

Au moins dans les cas de vision aveugle la connaissance méconnue est-elle correcte. Quelquefois les lésions cérébrales peuvent amener à l'esprit des représentations du monde complètement fausses. Un jour une vieille dame sourde a été réveillée au milieu de la nuit par une musique tonitruante. Elle a cherché dans tout son appartement la source de cette musique, sans pouvoir la trouver. Elle a finalement réalisé que cette musique ne se trouvait que dans sa tête. Entendre cette musique inexistante est devenu pour elle une expérience quasiment continuelle. Quelquefois elle entendait une voix de baryton accompagnée d'une guitare, d'autre fois un chœur soutenu par un orchestre au complet.

Environ 10 % des personnes âgées souffrant de perte auditive ou visuelle font ainsi l'expérience d'hallucinations très frappantes. Les hallucinations visuelles associées au syndrome de Charles Bonnet[14] ne sont souvent que des taches ou des motifs colorés. Les patients disent voir des fils dorés finement entrelacés, des formes ovales remplies d'un encastrement de briques, ou des feux d'artifice explosant de mille couleurs éclatantes. Toutefois des visages ou des personnages peuvent également apparaître. Les visages sont en général affreusement distordus, avec des dents et des yeux proéminents. Lorsqu'il y a des personnages, ils sont typiquement petits et portent des chapeaux ou des costumes d'époque.

> Il y a des têtes d'hommes et de femmes du XVIIe siècle, avec de belles chevelures. Des perruques je crois. Tous très mécontents. Ils ne sourient jamais.

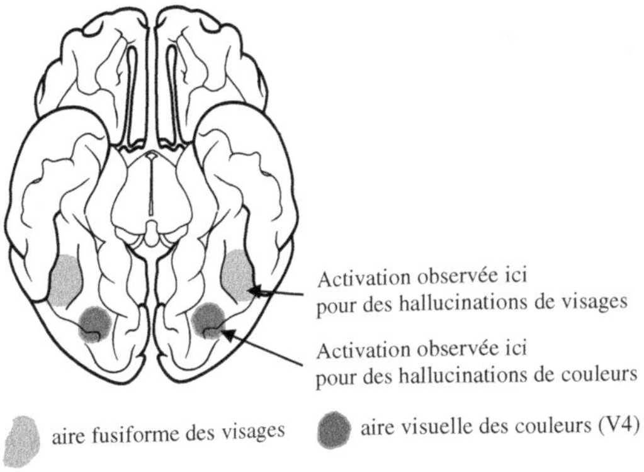

Figure 1.6. L'activité cérébrale spontanée associée à la cécité induit certaines expériences visuelles (syndrome de Charles Bonnet). La nature de ces expériences dépend du lieu des activations spontanées. Le cerveau est vu de dessous.

Dominic Ffytche et ses collègues de l'Institut de psychiatrie ont scanné des patients alors qu'ils avaient ce genre d'hallucinations dues au syndrome de Charles Bonnet. Juste avant que les visages fassent leur apparition, l'activité augmentait dans l'aire cérébrale des visages. De la même façon, l'aire des couleurs s'activait juste avant que le patient ne décrive des taches de couleur.

Comment l'activité cérébrale génère de fausses informations

De nombreuses études ont maintenant démontré que l'activité du cerveau peut créer une fausse impression de quelque chose se produisant dans le monde extérieur. On trouve des exemples de cela dans l'épilepsie. L'épilepsie affecte environ une personne sur deux cents. Il s'agit d'un dysfonctionnement du cerveau dans lequel l'activité électrique d'un

·and nombre de neurones s'emballe en dehors de tout contrôle, entraînant une crise. Dans de nombreux cas, la crise est déclenchée au niveau d'une petite région cérébrale qu'on appelle le foyer. Les activités incontrôlées partent de cette région et se propagent ensuite à l'ensemble du cerveau.

Juste avant que la crise ne survienne, de nombreux patients connaissent une expérience étrange, connue sous le nom d'« aura ». Les patients apprennent rapidement à quoi ressemble leur aura et, quand elle débute, savent qu'une crise est imminente. La nature exacte de cette expérience varie d'une personne à l'autre. Pour l'un ce peut être une odeur de pneu brûlé, pour l'autre un son strident. La sensation éprouvée est liée à l'endroit du cerveau où la crise commence.

Chez 5 % des épileptiques, la crise part du cortex visuel. Juste avant la crise apparaissent de simples formes colorées, qui peuvent parfois clignoter ou tournoyer. Nous pouvons nous faire une idée de ces impressions visuelles grâce aux dessins faits par les patients après les crises (voir figure 3, cahier hors texte).

Une patiente, Kathryn Mize, a écrit un récit très vivant des hallucinations visuelles complexes dont elle a fait l'expérience lors de crises entraînées par des attaques grippales. Ces expériences se sont reproduites pendant des semaines après que les crises avaient cessé.

> Lorsque, assise pour écouter une conférence, je fermai les yeux, des formes géométriques rouges se mirent à danser dans le noir[15]. J'étais surprise, mais les formes étaient si captivantes que je les contemplais avec un émerveillement absolu. Ce que je voyais avec mes yeux fermés était fantastique. Des cercles et des rectangles fusionnaient en de belles formes symétriques. Il y avait de constantes expansions, absorptions et réexpansions. Je me souviens de ce qui ressemblait à une explosion de points noirs sur la droite de mon champ visuel. Les points flottaient gracieusement autour de leur lieu d'origine,

en avant d'un fond rouge scintillant. Deux plaques rectangulaires apparurent et s'éloignèrent dans des directions opposées. Une balle rouge montée sur un bâton suivait des mouvements circulaires au-dessus des plaques. Ensuite une vague chatoyante se mit à onduler dans la partie basse de mon champ visuel.

Chez d'autres patients, les crises partent du cortex auditif et le patient peut entendre des sons et des voix.

Des chansons, des musiques, des voix – peut-être des voix que j'avais entendues par le passé. Pendant un moment j'ai pensé que c'était un chanteur particulier, peut-être Buddy Holly… C'est devenu de plus en plus fort et ensuite je me suis évanoui.

Une aura peut parfois évoquer des expériences complexes, dans lesquelles des événements du passé sont revécus :

[Une] petite fille commença à avoir des crises dès l'âge de 11 ans. [Au début de chaque attaque] elle se voyait comme une petite fille de 7 ans marchant dans un pré. Soudain elle avait l'impression que quelqu'un derrière elle allait l'étrangler ou la frapper sur la tête et elle en était terrifiée. La scène se déroulait pratiquement de la même façon à chaque attaque et elle était clairement fondée sur un incident réel [qui lui était arrivé lorsqu'elle avait 7 ans].

Ces observations suggèrent que des activités neuronales anormales, associées à des crises épileptiques, peuvent conduire le patient à former des représentations erronées du monde extérieur. Avant de retirer les zones défectueuses, le neurochirurgien doit s'assurer que ceci ne va pas interférer avec une fonction vitale comme le langage. Le grand neurochirurgien canadien Wilder Penfield fut un pionnier de la technique consistant à stimuler électriquement une région cérébrale pour se faire une idée de sa fonction. Pour cela on place une électrode à la surface du cerveau mis à nu et on fait passer un petit courant électrique. Le courant active les neurones proches de l'électrode. Cette technique ne cause aucune douleur et peut être employée alors que le patient est parfaitement conscient.

Quand le cerveau est stimulé de cette façon, les personnes rapportent des expériences très semblables à celles associées aux crises épileptiques. Le type d'expérience vécue dépend de l'endroit où le cerveau a été stimulé.

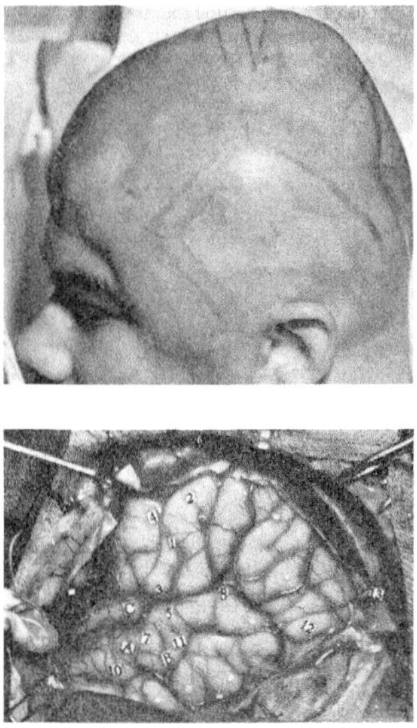

Figure 1.7. Les stimulations directes du cerveau peuvent induire des expériences sensorielles.
La photographie du haut montre un patient préparé pour une opération, avec la ligne d'incision tracée au-dessus de l'oreille gauche. La photographie du bas montre la surface du cerveau, avec des étiquettes numérotées indiquant les sites de stimulation qui ont entraîné des réponses positives.

> Cas 21 : Il dit « Attendez une minute. Comme un personnage, sur la gauche. Ça ressemble à un homme ou à une femme. Je

pense que c'est une femme. Il semble qu'elle n'ait pas de vêtement. Il semble qu'elle tire ou qu'elle coure après un wagon. »
Cas 13 : Il dit « Ils disent quelque chose, mais je n'arrive pas à comprendre. » Stimulé sur un site adjacent, il dit : « Oui, ça revient. C'est de l'eau, ça fait le bruit d'une chasse d'eau ou d'un chien qui aboie. D'abord la chasse d'eau et ensuite le chien commence à aboyer. » Stimulé sur un troisième site voisin, il dit : « Dans mes oreilles, il semble qu'il y ait de la musique. C'est une jeune fille ou une femme qui chante, mais je ne connais pas l'air. Ça vient d'un tourne-disque ou d'une radio. »
Cas 15 : Quand on a appliqué l'électrode, elle a dit : « J'imagine que j'entends un tas de monde crier après moi. » Après stimulation d'un site adjacent, elle a dit : « Oh tout le monde crie après moi, faites-les taire ! » Elle a expliqué : « Ils me reprochent d'avoir fait quelque chose de mal, tout le monde hurle. »

Ces observations confirment qu'on peut générer de fausses informations sur le monde, en stimulant directement le cerveau dans la zone appropriée. Dans tous ces cas, il s'agissait toutefois de cerveaux malades. Les mêmes phénomènes peuvent-ils se produire avec un cerveau sain ?

Comment faire en sorte que votre cerveau vous mente

Vous ne pouvez pas enfoncer des électrodes dans le cerveau des gens, sauf circonstances très particulières. Toutefois, dans toutes les cultures et à toutes les époques, beaucoup de gens ont éprouvé le besoin de stimuler leur cerveau avec diverses substances. Sous l'effet de ces stimulations, le cerveau ne nous parle plus du monde physique « réel », mais d'un autre monde que certains croient meilleur.

Comme tous ceux qui furent étudiants dans les années 1960, j'ai lu l'essai d'Aldous Huxley sur les drogues hallucinogènes, *Les Portes de la perception*. Peut-être est-ce ma fascination pour ce livre qui m'a conduit à consacrer une partie importante de ma carrière à l'étude des hallucinations[16].

Décrivant les effets de la mescaline[17], Huxley déclarait : « C'est comme cela que l'on doit voir, comme cela que les choses sont vraiment. » Quand il fermait les yeux, il voyait « des structures brillamment colorées, toujours changeantes ». Huxley cite également dans le détail le récit des effets de la mescaline fait par Weir Mitchell.

> Il vit une ribambelle « d'astérisques » et quelque chose comme « des fragments de vitraux ». Ensuite vinrent « des films de couleur flottant délicatement ». Ceux-ci furent chassés par « la soudaine cavalcade d'innombrables points de lumière blanche » balayant tout le champ de vision. Puis il y eut des lignes en zigzag de toutes les couleurs, qui se changèrent en nuages gonflés de teintes plus vives encore. Des immeubles firent leur apparition, suivis de paysages. Il y avait des tours

Figure 1.8. Effet que les drogues peuvent avoir sur l'expérience visuelle.

> gothiques à la silhouette très élaborée, avec des statues usées dans les entrées ou entre des parenthèses de pierre. « Comme je regardais, tous les reliefs, les corniches et même les jointures des pierres se couvraient peu à peu de ce qui paraissait être d'énormes pierres précieuses, non taillées, certaines ressemblant davantage à des masses de fruits transparents. »

Le LSD peut avoir des effets similaires.

> « Maintenant, petit à petit, je pouvais commencer à profiter des couleurs sans précédent et des jeux de formes qui persistaient derrière mes yeux fermés. De fantastiques images kaléidoscopiques surgirent devant moi, alternant des effets variés, s'ouvrant et se refermant sur elles-mêmes en cercle ou en spirale, explosant de fontaines colorées, se recomposant et s'hybridant dans un flux constant. »

Quand les yeux sont ouverts, l'apparence du monde physique « réel » peut sembler étrangement altérée.

> « Les choses autour de moi s'étaient maintenant transformées de façon bien plus terrifiante. Tout dans la pièce se mit à tournoyer, les objets familiers et les meubles prirent des formes grotesques et menaçantes. Ils étaient en continuel mouvement, animés comme s'ils étaient mus de l'intérieur et ne pouvaient rester en repos[18]. »
> « J'ai noté que les divers plis et rides de ma couverture bougeaient sur toute sa surface, comme si des serpents rampaient dessous. Je ne parvenais pas à suivre individuellement chaque "ride", mais je les voyais clairement bouger. Soudain, les rides se rassemblèrent dans un même endroit de la couverture[19]. »

Vérifier la réalité de nos expériences

Je dois conclure que si mon cerveau était endommagé, ou si ses fonctions étaient perturbées par des stimulations électriques ou des substances chimiques, je devrais être très prudent quant à la connaissance du monde physique que je pourrais obtenir. Certaines formes de connaissance ne seraient plus accessibles. Certaines formes de connaissance seraient représentées dans mon cerveau, mais je ne le saurais pas. Et, pire que tout, certaines formes de connaissance seraient fausses et n'auraient aucune relation avec le monde réel[20].

Étant donné ce problème, mon souci principal doit être de découvrir comment distinguer les fausses expériences des vraies. Quelquefois c'est facile. Si je vois des choses alors que mes yeux sont fermés, alors ce sont des visions et non des parties réelles du monde physique. Si j'entends des voix alors que je suis seul dans une pièce insonorisée, alors elles doivent être dans ma tête. Je peux invalider ces expériences perceptives parce que je sais que mes sens doivent être au contact du monde pour acquérir sur lui des informations.

Quelquefois je peux écarter une perception comme trop étrange pour être réelle. Si je vois une personne haute comme trois pouces, habillée dans un costume du XVIIe siècle, pousser un landau, il est peu probable qu'elle soit réelle. Si je vois des hérissons et autres rongeurs marcher sur mon plafond[21], je sais qu'il y a peu de chances qu'ils soient réels. Je peux exclure ces cas parce que je sais que de telles choses ne se produisent pas dans le monde réel.

Mais si l'information erronée que je perçois est parfaitement plausible, alors comment est-ce que je peux savoir qu'elle est fausse ? La première fois qu'elle a entendu la musique, la vieille dame sourde en a cherché la source dans son appartement, supposant qu'elle était réelle. C'est seulement parce qu'elle n'a pas trouvé de source qu'elle a conclu que la musique était dans son esprit. Si elle avait vécu dans un appartement avec des cloisons fines et des voisins bruyants, elle aurait conclu, assez raisonnablement, qu'ils avaient encore mis la musique trop fort[22].

Comment savons-nous ce qui est réel ?

Nous pouvons parfois être absolument convaincus, à tort, de la réalité de ce que nous percevons.

> J'étais hanté par un grand nombre de visions et de voix inquiétantes qui me terrifiaient, même si (je crois) il n'y avait en elles aucune réalité, elles me semblaient réelles et avaient le même effet sur moi que si elles avaient réellement été ce qu'elles me semblaient être.

Ce passage est tiré de *La Vie du révérend George Trosse*. Cet ouvrage a été écrit par George Trosse lui-même et publié à sa demande en 1714, peu après sa mort. Les expériences qu'il décrit étaient survenues bien des années auparavant, alors qu'il n'avait guère plus de 20 ans. Le révérend Trosse savait que les voix n'étaient pas réelles, mais à ce moment de sa maladie il croyait totalement à leur réalité.

> « J'entendis une voix, tandis que je rêvassais, comme si elle était juste derrière moi, disant "toujours plus humble, toujours plus humble" avec une insistance continuelle... Pour lui

complaire j'entrepris de retirer mes bas, puis mes collants, et comme je me déshabillais ainsi, j'eus la forte impression intérieure que tout était bien, en parfait accord avec ce que voulait la voix. »

Aujourd'hui, le récit de telles expériences conduirait au diagnostic de schizophrénie. Nous ne comprenons toujours pas la cause de cette maladie. Le trait le plus frappant en est que les patients ont des croyances erronées qu'ils tiennent fermement pour vraies.

Dans les années 1940, L. Percy King crut qu'il était poursuivi par un groupe de jeunes gens dans les rues de New York.

> Je ne les voyais nulle part. J'entendis l'un deux, une femme, dire : « Tu ne peux pas nous échapper : on est tous après toi et au bout du compte on t'aura ! » Pour ajouter au mystère, l'un de ces poursuivants répétait à haute voix mes pensées, littéralement. J'ai essayé comme auparavant de semer la meute de mes poursuivants, cette fois par le métro, fonçant vers les entrées et jaillissant des sorties, m'engouffrant dans les rames et sautant sur les quais jusque après minuit. Or, à chaque station où je descendais du train, j'entendais les voix de mes poursuivants plus proches que jamais. La question me vint à l'esprit : comment autant de gens pouvaient-ils se déplacer si rapidement sans qu'on puisse les voir ?

Ne croyant ni à dieu ni à diable, M. King a recours à la technologie moderne pour expliquer sa persécution.

> S'agissait-il de fantômes ? Ou bien étais-je en train de me transformer en médium spirituel ? Non ! Les poursuivants, comme je devais le découvrir plus tard par déduction, étaient évidemment des frères et des sœurs qui avaient hérité d'un de leurs parents des pouvoirs occultes qui restaient méconnus, stupéfiants, parfaitement incroyables. Croyez-le ou non, cer-

> tains d'entre eux, non seulement lisent dans les pensées, mais sont également capables de projeter leurs voix magnétiques – ce que par ici on appelle communément les « voix radio » – à une distance de plusieurs kilomètres sans forcer, leurs voix sonnant à cette distance comme si elles sortaient d'un casque radio, tout ceci sans appareil électrique. Ce pouvoir occulte tout à fait unique de projeter des « voix radio » sur de si longues distances semble dû à l'électricité naturelle de leur corps, dont ils possèdent une quantité paranormale. Peut-être que le fer contenu dans leurs globules rouges est magnétisé. La vibration de leurs cordes vocales génère évidemment des ondes sans fil [*sic*], et ces ondes radio vocales sont captées par les oreilles humaines sans rectification. Ainsi, en conjonction avec leur capacité à lire les pensées, ils peuvent entrer en conversation avec les pensées secrètes de n'importe qui et, au moyen de ce qu'on appelle leurs « voix radio », répondre à ces pensées tout haut de façon à ce que la personne puisse entendre. Ces poursuivants sont aussi capables de projeter leurs « voix radio » le long des tuyaux, qui agissent comme des conducteurs électriques naturels, de sorte que leurs voix semblent sortir de l'eau qui coule par les robinets connectés aux tuyaux. L'un d'eux est capable de faire rugir sa voix le long des canalisations sur des kilomètres, un phénomène vraiment saisissant. La plupart des gens n'osent pas parler de ces choses à leurs proches, de peur d'être pris pour des fous.

Malheureusement, M. King n'a pas tenu compte de son propre conseil. Il savait que « les gens qui ont des hallucinations auditives s'imaginent entendre des choses ». Mais il était convaincu que les voix qu'il entendait, lui, étaient réelles, et donc qu'il n'était pas en train d'halluciner. Il croyait avoir découvert « le plus grand phénomène psychologique existant » et le raconta à tout le monde. Malgré sa sincérité lorsqu'il assurait la réalité de ces voix, les psychiatres n'ont pas été convaincus. M. King a été interné dans un hôpital psychiatrique.

M. King et beaucoup d'autres gens comme lui sont convaincus que leurs expériences perceptives sont réelles. Si leurs expériences semblent improbables, ils vont changer d'idée sur la façon dont fonctionne le monde plutôt que de nier la réalité de leurs expériences[23]. Or les hallucinations schizophréniques ont une particularité très intéressante. Elles ne concernent pas le monde physique. Ces patients ne font pas que voir des couleurs et entendre des sons. Leurs hallucinations concernent le monde mental. Ils entendent des voix commenter leurs actions, faire des suggestions et donner des ordres. Notre cerveau peut tout aussi bien créer un monde mental erroné[24].

Ainsi, si mon cerveau est perturbé, je ne peux plus tenir mon expérience du monde comme ayant valeur de vérité. Mon cerveau peut créer une expérience très frappante qui n'a aucune base dans la réalité. Cette expérience contient des représentations clairement fausses, mais beaucoup de patients sont convaincus qu'elles sont vraies.

« Mais mon cerveau n'a pas de problème, dit le professeur de littérature, je sais ce qui est réel. »

Dans ce chapitre, j'ai montré qu'un cerveau endommagé ne fait pas que nous empêcher de découvrir le monde. Il peut aussi créer dans nos esprits une perception du monde complètement fausse. Mais il n'y a aucune raison de se sentir supérieur. Je montrerai dans le prochain chapitre que, même si votre cerveau est intact et fonctionne parfaitement, ce qu'il vous dit du monde peut encore s'avérer faux.

CHAPITRE 2

CE QUE NOUS RACONTE UN CERVEAU SAIN

Même si tous nos sens sont intacts et que notre cerveau fonctionne normalement, nous n'avons pas d'accès direct au monde physique. On peut avoir l'impression d'un accès direct, mais ceci est une illusion créée par notre cerveau.

Illusions de conscience

Je pourrais vous bander les yeux et vous conduire dans une pièce étrange. Puis je vous libère et vous regardez autour de vous. Même face à la combinaison improbable d'un éléphant dans un coin et d'une machine à coudre dans l'autre, vous auriez immédiatement conscience du contenu de la pièce. Vous n'auriez pas l'impression d'avoir à faire un effort pour parvenir à cette perception consciente.

Au début du XIXe siècle, cette expérience de perception immédiate et sans effort du monde physique était parfaitement cohérente avec ce qu'on savait du fonctionnement cérébral. On pensait alors que le système nerveux était composé de fibres nerveuses fonctionnant à l'électricité[1]. L'énergie électrique était censée se propager extrêmement rapidement (à la vitesse de la lumière), de ce fait notre perception du monde par les fibres nerveuses conduisant aux yeux pouvait très bien être instantanée. Comme jeune étudiant en recherche, Hermann Helmholtz reçut de son professeur l'idée qu'il était impossible de mesurer la vitesse de la conduction nerveuse. Elle serait beaucoup trop rapide. Mais, comme tous les bons étudiants, il ignora le conseil de son professeur. En 1852, il était capable de mesurer la vitesse de la conduction nerveuse et montra qu'elle était plutôt lente. Dans un neurone sensoriel, il faut environ 20 millisecondes à l'influx nerveux pour parcourir un mètre. Helmholtz mesura également le « temps de perception », en demandant aux volontaires d'appuyer sur un bouton dès qu'ils ressentaient une stimulation tactile appliquée sur différentes parties du corps. Ces temps de réaction se sont révélés encore plus longs, étant supérieurs à 100 millisecondes. Ces observations montrent que notre perception des objets du monde extérieur n'est pas immédiate. Helmholtz réalisa que divers processus devaient être effectués dans le cerveau avant qu'une représentation de l'objet puisse apparaître à l'esprit. Il proposa que la perception du monde n'est pas directe, mais dépend d'« inférences inconscientes[2] ». En d'autres termes, avant que nous puissions percevoir un objet, notre cerveau doit inférer ce que doit être l'objet sur la base des informations parvenant à nos sens.

Non seulement il nous semble percevoir le monde immédiatement et sans effort, mais de plus nous avons l'impression de percevoir la scène visuelle dans le moindre détail. Ceci est également une illusion. Seul le milieu de la scène visuelle, qui frappe le centre de l'œil, peut être vu en détail et en couleurs. En effet, seul le centre de la rétine (la fovéa) contient une haute densité de neurones sensibles à la couleur (les cônes). Au-delà de 10 degrés d'excentricité, les

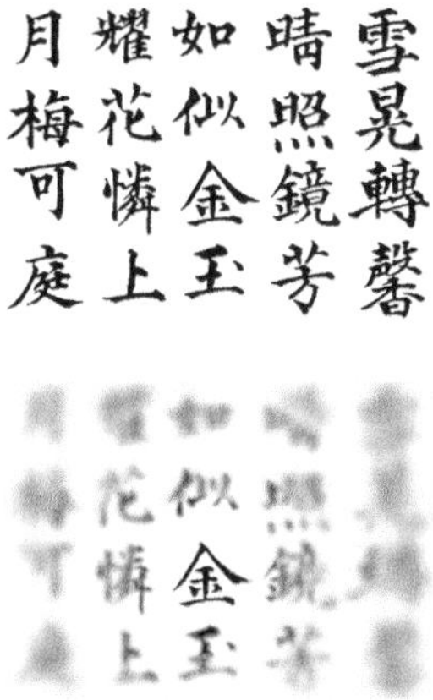

Figure 2.1. Notre vision est floue, seul le centre du champ visuel paraît net. En haut : ce que vous pensez voir. En bas : ce que vous voyez vraiment.

neurones sont plus espacés et ne détectent que des intensités lumineuses (ce sont les bâtonnets). Les bords de notre vision du monde sont flous et sans couleur.

Nous ne sommes normalement pas conscients de ce brouillage des bords de notre vision. Nos yeux sont en mouvement constant, ainsi n'importe quelle partie de la scène visuelle peut devenir le centre de la vision où la perception des détails est possible. Cependant, même lorsque nous pensons avoir tout exploré de la scène visuelle, nous nous trompons encore. En 1997, Ron Rensink et ses collègues ont décrit la « cécité aux changements », qui depuis lors est devenue la démonstration favorite de tout psychologue cognitiviste aux journées portes ouvertes de son laboratoire.

Le problème pour nous psychologues est que tout un chacun a des idées sur notre matière, de par sa propre expérience. Je ne pourrais pas, même en rêve, dire à un généticien moléculaire ou à un physicien nucléaire comment interpréter ses données, mais ils n'ont aucune vergogne à m'expliquer comment interpréter les miennes. La cécité aux changements plaît aux psychologues parce qu'elle leur permet de montrer aux gens que leur expérience personnelle est trompeuse. Voici quelque chose que nous savons à propos de leur esprit et qu'ils ne savent pas eux-mêmes.

Le professeur de littérature est venu à la journée portes ouvertes et a fait un effort héroïque pour ne pas montrer son ennui. Je lui fais la démonstration de la cécité aux changements.

Cela consiste en deux versions d'une scène visuelle complexe, qui diffèrent sur un point. Dans mon exemple, il s'agit d'un avion de transport militaire stationnant sur la piste d'un aéroport. Dans l'une des deux versions, il manque un réacteur. Le réacteur occupe un espace important, en plein milieu de la photo. Je montre les deux photos en alternance sur un écran d'ordinateur, avec entre les deux (et c'est crucial) un écran gris uniforme. Le professeur de littérature ne voit pas la différence. Après une minute, je pointe la différence sur l'écran et elle devient tellement évidente que c'en est gênant[3].

« C'est assez amusant, mais en quoi est-ce de la science ? »

Ce que nous apprend cette démonstration, c'est que vous pouvez rapidement percevoir l'essentiel de la scène : un avion militaire sur une piste. Mais en fait vous n'avez pas tous les détails à l'esprit. Pour que vous puissiez remarquer le changement de l'un de ces détails, je dois attirer votre attention sur lui (« regardez le réacteur »). Autrement, vous ne trouveriez pas le détail qui change jusqu'à ce que, par hasard, vous portiez votre attention sur lui au moment du changement. C'est ici qu'un truc de psychologue va créer la cécité aux changements. À cause de ce truc, vous ne savez pas où regarder pour remarquer le changement.

En conditions normales, la vision périphérique, même si elle est brouillée, est très sensible aux changements. Si mon cerveau détecte un mouvement au bord de mon champ de vision, mon œil va immédiatement se poser dessus pour que je puisse voir cette partie de la scène en détail. Mais

Figure 2.2. La cécité aux changements.
Combien de temps vous faut-il pour trouver la différence entre ces deux photographies ?

dans la démonstration de la cécité aux changements, un écran gris est présenté entre les deux scènes. Il en résulte un changement important dans toute la scène visuelle, puisque chaque région de l'écran passe d'un motif complexe au gris puis revient au motif de départ. De ce fait, mon cerveau n'a pas de signal lui indiquant l'endroit visuel de la scène où les photos diffèrent.

Nous devons donc conclure que notre impression d'une conscience immédiate et complète de la scène visuelle devant nous est fausse. Il y a un bref délai pendant lequel notre cerveau effectue les « inférences inconscientes » qui nous permettent de prendre connaissance de l'essentiel de la scène. De plus, bien des parties de la scène restent floues avec des détails grossiers. Cependant notre cerveau sait que la scène n'est pas floue et sait aussi qu'un mouvement des yeux peut rapidement amener n'importe quelle partie sous le focus visuel. Ainsi notre expérience du monde visuel, si riche en détails, est davantage une impression de ce qui nous est accessible qu'une perception de ce qui est effectivement représenté dans notre cerveau. Notre accès au monde physique est suffisamment direct pour les questions pratiques. Mais cet accès dépend de notre cerveau, qui, même lorsqu'il est intact et sain, ne nous dit pas toujours tout ce qu'il sait.

Notre cerveau, ce cachottier

Est-il possible que mon cerveau perçoive la différence dans la démonstration de la cécité aux changements sans que mon esprit en ait conscience ? Il est demeuré difficile de répondre à cette question jusque très récemment. Oublions donc le cerveau pour l'instant. Je me demande maintenant si je peux être affecté par un stimulus que je ne suis pas conscient d'avoir vu. Dans les années 1960, ceci s'appelait la perception subliminale et restait sujet à controverse. D'un côté, beaucoup de gens croyaient que les publicitaires inséraient dans les films des messages cachés pouvant les convaincre d'acheter des produits comme des boissons gazeuses, sans qu'ils aient conscience de la manipulation[4]. De l'autre côté, beaucoup de psychologues pensaient que la perception subliminale n'existait pas. Si les expériences sont faites correctement, disaient-ils, les effets ne sont obtenus que lorsque les sujets sont conscients de ce qu'ils ont vu. Depuis lors, bien des expériences ont été réalisées, et il n'a jamais été prouvé que les publicités subliminales puissent nous faire acheter des boissons gazeuses. Néanmoins, il est possible d'observer certains effets subtils dus à des objets dont nous n'avons pas conscience. Ces effets sont toutefois très difficiles à mettre en évidence. Pour être sûr que vous n'avez pas conscience de l'objet, je dois le présenter très brièvement et le « masquer », en présentant immédiatement après et au même endroit un deuxième objet.

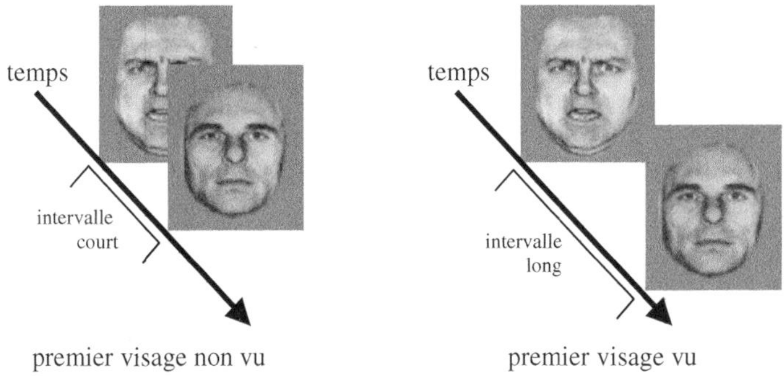

Figure 2.3. Deux visages apparaissent à l'écran, l'un après l'autre. Si l'intervalle entre les deux visages est inférieur à 40 millisecondes, vous n'aurez pas conscience d'avoir vu le premier.

Les objets utilisés sont typiquement des mots ou des images sur un écran d'ordinateur. Si le premier objet est suffisamment bref, vous ne verrez que le second. Cependant s'il est trop bref, il n'aura aucun effet sur vous. Le timing de l'expérience doit donc être précisément ajusté. Mais comment mesurer les effets d'objets que vous ne percevez pas consciemment ? Si je vous pose des questions sur un objet que vous ne voyez pas, cela va vous paraître étrange. Vous allez tout faire pour essayer d'apercevoir l'objet brièvement présenté. Avec un peu d'entraînement, vous allez peut-être même finir par le voir.

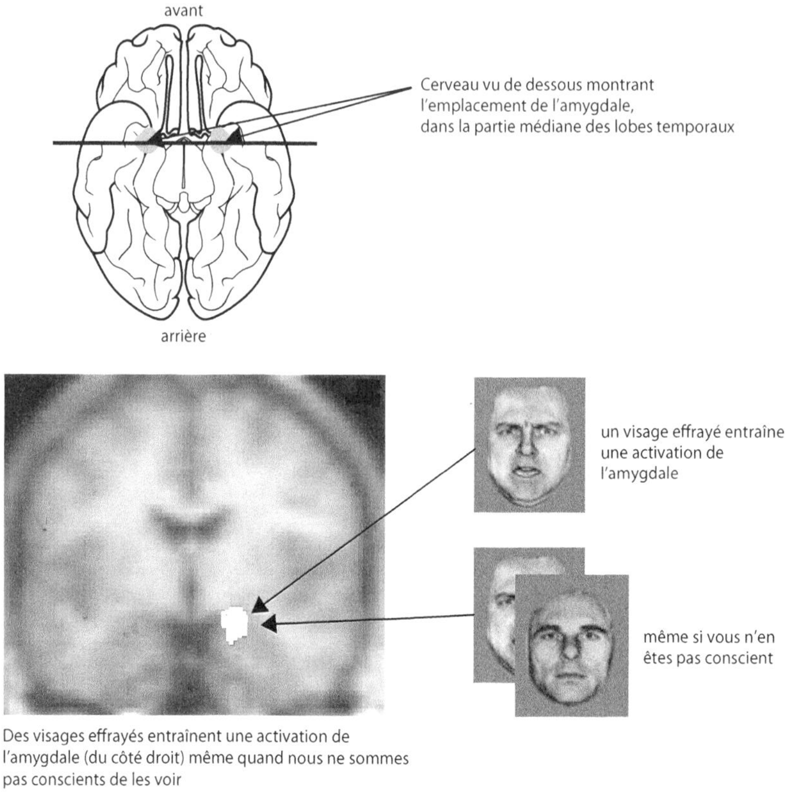

Figure 2.4. Notre cerveau réagit à des choses effrayantes que nous ne percevons pas consciemment.

L'astuce est de rechercher des effets qui sont toujours présents après que l'objet a été présenté[5]. Que je puisse détecter ces effets dépend de la question que je vous pose. Robert Zajonc (prononcez « Zaï-eunce ») a montré à des volontaires une série de visages inconnus, chacun masqué par un maillage de lignes, de sorte qu'ils ne pouvaient être perçus consciemment. Ensuite il a remontré chaque visage, cette fois sans masque, aux côtés d'un visage nouveau. Si je vous avais demandé : « Lequel de ces deux visages je viens de vous présenter ? », vos réponses ne seraient sans doute pas meilleures que si elles étaient aléatoires. Mais si je vous demandais : « Lequel de ces deux visages préférez-vous ? », vous auriez tendance à choisir plus souvent le visage que vous venez de voir « subliminalement ».

Lorsque les scanners cérébraux ont été disponibles, les chercheurs ont pu poser une question légèrement différente à propos des stimuli subliminaux : est-ce qu'un objet peut produire un changement d'activité cérébrale alors que vous n'avez pas conscience de l'avoir vu ? Cette question est bien plus facile à résoudre puisque je n'ai pas besoin de vous demander de porter de jugement sur un objet que vous n'avez pas vu. Je n'ai qu'à regarder dans votre cerveau. Paul Whalen et ses collègues ont utilisé comme objets invisibles des visages effrayés. John Morris avait auparavant observé que lorsqu'on montre des visages effrayés (par opposition à des visages joyeux ou neutres), l'activité augmente dans l'amygdale, une petite région cérébrale qui semble impliquée dans la détection des situations dangereuses. Whalen et ses collaborateurs ont repris l'expérience, mais cette fois en présentant les visages effrayés de façon subliminale. Quelquefois un visage neutre était immédiatement précédé d'un visage effrayé, d'autre fois il était précédé d'un visage

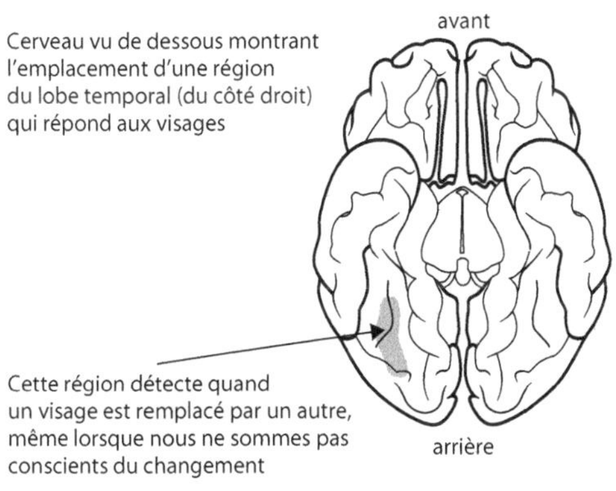

Figure 2.5. Notre cerveau répond à des changements que nous ne percevons pas consciemment.

joyeux. Dans les deux cas, vous vous diriez : « Je vois un visage neutre. » Mais lorsque les visages effrayés étaient présents, l'amygdale s'activait même si vous n'aviez pas conscience de les voir.

Diane Beck et ses collègues ont aussi utilisé comme objets des visages, mais ils les ont intégrés à la démonstration de la cécité aux changements. Parfois un visage devenait celui de quelqu'un d'autre, parfois aucun changement ne se produisait. L'expérience était ajustée de façon à ce que vous ne puissiez percevoir le changement que dans la moitié des cas où il se produit. Pour vous, il n'y aurait aucune différence entre les essais où aucun changement ne se produit et ceux où se produit un changement que vous ne détectez pas. Mais votre cerveau fait la différence. Lorsqu'il y avait un changement de visage, l'aire cérébrale des visages s'activait.

Ainsi notre cerveau ne nous dit pas tout ce qu'il sait. Quelquefois il va plus loin et nous induit effectivement en erreur...

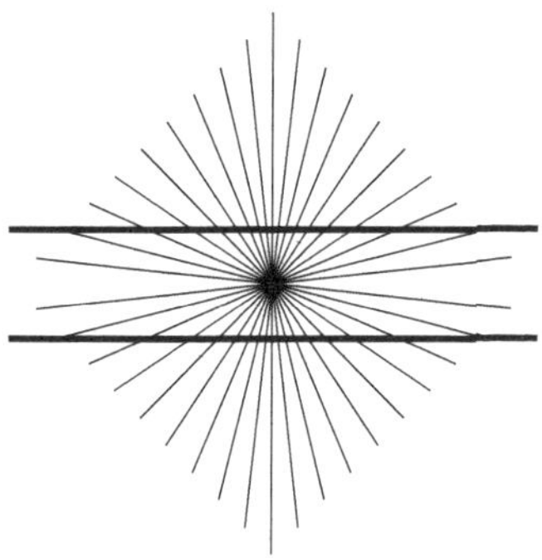

Figure 2.6. L'illusion de Hering.
Même si nous savons que les deux lignes horizontales sont droites, nous les voyons toujours incurvées. Edwald Hering, 1861.

Notre cerveau déformant

Avant la découverte de la cécité aux changements, les illusions visuelles étaient le jeu favori des psychologues. Ici encore nous avons des démonstrations que ce que nous voyons n'est pas toujours ce qui est réellement là. La plupart de ces illusions sont connues des psychologues depuis plus de cent ans, et depuis bien plus longtemps par les artistes et les architectes.

En voici un exemple très simple : l'illusion de Hering.

Les lignes horizontales paraissent clairement incurvées. Mais si vous apposez une règle, vous verrez qu'elles sont parfaitement droites. Il y a beaucoup d'autres illusions comme celle-ci, dans lesquelles des lignes droites paraissent courbes, et où des objets de même taille semblent avoir des tailles différentes. D'une façon ou d'une autre, l'arrière-plan sur lequel les lignes ou les objets sont tracés nous empêche de les voir tels qu'ils sont. Ces perceptions déformées ne se trouvent pas que dans les manuels de psychologie. On en trouve aussi dans les objets du monde réel. L'exemple le plus célèbre en est le Parthénon à Athènes. La beauté de ce temple tient dans les proportions idéales et les symétries parfaites des lignes selon lesquelles il a été construit. Or en réalité ces lignes ne sont ni droites ni parallèles. Les architectes en ont calculé précisément les courbures et les distorsions pour que le temple paraisse droit et symétrique[6].

Pour moi, l'aspect le plus frappant de ces illusions est que mon cerveau continue à former de fausses représentations même si je sais que la représentation est fausse et même si je sais à quoi l'objet ressemble vraiment. Je ne peux pas me contraindre à voir droites les lignes dans l'illusion

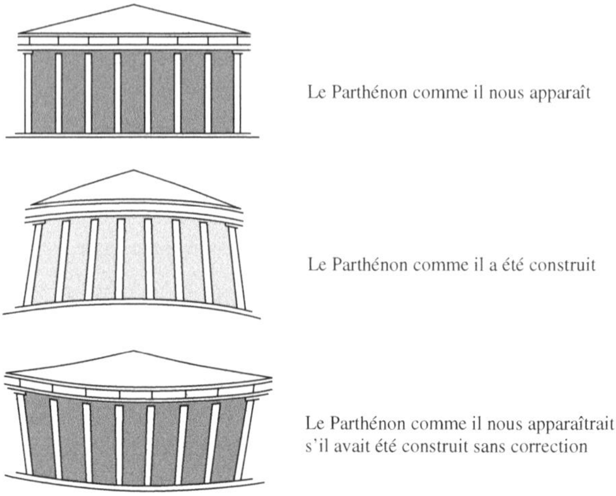

Figure 2.7. La perfection du Parthénon repose sur une illusion visuelle. Dessins d'après John Pennethorne (1844) montrant des effets largement exagérés.

de Hering. Les « corrections » intégrées à la construction du Parthénon fonctionnent toujours deux mille ans après.

La chambre d'Ames est un exemple encore plus frappant de l'absence d'effet de nos connaissances sur notre expérience du monde visuel. Je sais que ces hommes ont exactement la même taille. Celui sur la gauche a l'air plus petit parce qu'il est placé plus loin. La chambre n'est pas vraiment carrée. Le mur du fond est bien plus loin côté gauche que côté droit. Les fenêtres sur le mur du fond ont été déformées de façon qu'elles aient l'air carrées (comme dans le Parthénon). Pourtant mon cerveau préfère voir une chambre carrée contenant des hommes dont la différence de taille est impossible, plutôt que trois hommes de taille normale dans une chambre à qui quelqu'un aurait donné une forme très particulière.

Au moins y a-t-il une circonstance atténuante pour mon cerveau dans cet exemple. L'ambiguïté est inhérente à la chambre d'Ames. Il pourrait y avoir trois hommes inha-

Figure 2.8. La chambre d'Ames.
Inventée par Aldebert Ames Jr, en 1946, sur une idée d'Helmholtz. Les trois hommes ont la même taille, c'est la chambre qui est distordue.

bituels dans une chambre carrée ou trois hommes normaux dans une chambre bizarre. Mon cerveau choisit peut-être une interprétation peu plausible de la scène, mais c'est tout de même une des interprétations possibles.

« Il n'y a pas d'interprétation correcte », proteste le professeur de littérature. Je réplique que, si l'information est ambiguë, cela ne signifie pas qu'il n'y a pas d'interprétation correcte. Plus grave, notre cerveau nous cache l'ambiguïté et ne nous propose qu'une des interprétations possibles.

Pire encore, quelquefois notre cerveau ne tient pas du tout compte de l'information présente dans le monde physique.

Notre cerveau créatif

MÉLANGE DES SENS

Je connais certaines personnes qui semblent parfaitement normales, et qui pourtant voient un monde différent de celui que je vois.

> Comme synesthète, j'habite un monde légèrement différent de celui qu'habitent les gens autour de moi, un monde avec davantage de couleurs, de formes et de sensations. Le mien est un univers de « 1 » noirs et de « mercredis » roses, de nombres qui grimpent vers le ciel et d'années en montagnes russes[7].

Pour la plupart d'entre nous, les sens sont strictement séparés. Les ondes lumineuses frappent nos yeux et nous voyons des couleurs et des formes. Les ondes sonores frappent nos oreilles et nous entendons des mots ou des notes de musique. Mais certaines personnes, les synesthètes, ne font pas qu'entendre des sons lorsque les ondes sonores frappent leurs oreilles, elles perçoivent également des couleurs. Lorsque DS écoute de la musique, elle voit aussi des objets – des balles d'or qui tombent, des lignes de tir, des ondes métalliques comme les tracés d'un oscilloscope – qui flottent sur un « écran » à six pouces de son nez. La forme de mélange la plus commune est l'audition colorée.

Entendre un mot génère une impression de couleur. Dans la plupart des cas, c'est la première lettre qui détermine la couleur du mot. Pour un synesthète, chaque lettre et chaque chiffre a sa propre couleur, et ces couleurs restent immuables tout au long de la vie (figure 1, cahier hors texte[8]).

Il est perturbant pour un synesthète que la lettre ou le chiffre soit écrit avec la « mauvaise » couleur. Pour le synesthète connu sous les initiales GS, le chiffre 3 est rouge vif, tandis que 4 est bleu comme un myosotis. Carol Mills a montré à GS une série de nombres colorés et lui a demandé de nommer les couleurs aussi vite que possible. Quand on lui montrait un chiffre écrit de la « mauvaise » couleur (par exemple un 3 bleu), il était plus long à répondre. La couleur synesthétique attachée au chiffre interférait avec sa perception de la vraie couleur. Cette expérience fournit la preuve objective que les expériences éprouvées par les synesthètes sont aussi réelles que celles des autres gens. Cela montre aussi que cette perception particulière intervient qu'ils le veuillent ou non. Dans certains cas extrêmes, ceci peut poser des problèmes.

> Lorsque je l'écoutais, c'était comme si des fibres jaillissant d'une flamme se jetaient droit sur moi. J'étais tellement captivé par sa voix que je ne pouvais pas suivre ce qu'il disait[9].

Mais cela peut aussi être utile.

> En certaines occasions, lorsque je doutais de l'orthographe d'un mot, je me demandais de quelle couleur il devait être, et me décidais sur cette base. Je crois que cela m'a été d'une grande aide pour l'orthographe, aussi bien en anglais que dans les langues étrangères[10].

Le synesthète sait que les couleurs ne sont pas vraiment là, mais son cerveau génère quand même ces expériences indiscutables.

« Mais pourquoi dites-vous que les couleurs ne sont pas vraiment là, demande le professeur de littérature. Les couleurs sont-elles dans le monde physique ou dans l'esprit ? Si elles sont dans l'esprit, pourquoi est-ce que votre version du monde serait meilleure que celle de votre amie synesthète ? »

Quand mon amie dit que les couleurs ne sont pas vraiment là, je suppose qu'elle veut dire que la plupart des gens ne les perçoivent pas.

LES HALLUCINATIONS DU SOMMEIL

La synesthésie est plutôt rare. Mais chacun d'entre nous fait des rêves. Chaque nuit, lorsque nous dormons, nous éprouvons de vives sensations et de fortes émotions.

> Je rêvais que j'entrais dans la pièce et que je n'avais pas de clé. Je montais vers le bâtiment, Charles R se trouvait là. Le truc c'est que j'essayais de grimper sur la fenêtre. Peu importe, Charles se tenait devant la porte et me donna des sandwiches,

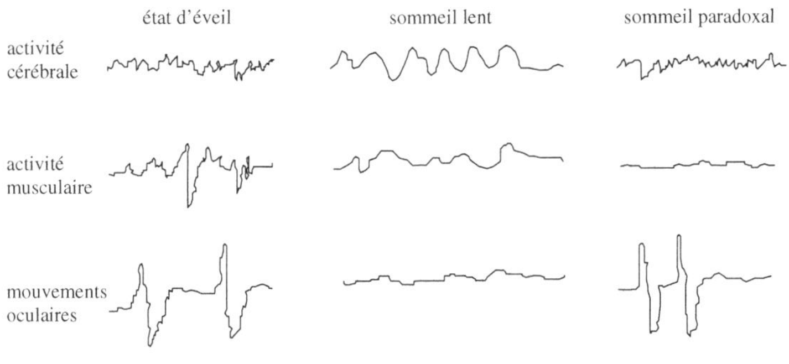

Figure 2.9. Les stades du sommeil.
État d'éveil : activité neuronale rapide et désynchronisée, activité musculaire, mouvements oculaires.
Sommeil lent : activité neuronale lente et synchronisée, faible activité musculaire, pas de mouvements oculaires, peu de rêves.
Sommeil paradoxal : activité neuronale rapide et désynchronisée, paralysie (pas d'activité musculaire), mouvements oculaires rapides, rêves nombreux.

> deux sandwiches. Ils étaient rouges, on aurait dit du bacon canadien pour le mien et du jambon cuit pour le sien. Je ne comprenais pas pourquoi il m'avait donné le plus mauvais des sandwiches. Nous sommes néanmoins entrés dans la pièce et ça n'avait pas du tout l'air d'être le bon endroit. Il y avait là une sorte de soirée. C'est à ce moment que j'ai commencé à me demander si je pourrais m'enfuir rapidement en cas de nécessité. Il y avait quelque chose à propos de la nitroglycérine, je ne me rappelle pas bien quoi. À la fin quelqu'un lança une balle de base-ball[11].

Bien que les rêves soient très marquants, on ne se souvient que de 5 % d'entre eux. « Comment diable pouvez-vous savoir que je fais tous ces rêves alors que je ne m'en souviens pas moi-même ? », demande le professeur de littérature.

Dans les années 1950, Aserinsky et Kleitman ont découvert un stade particulier du sommeil où se produisent de rapides mouvements des yeux. Les stades du sommeil sont associés à différents types d'activité cérébrale qu'on peut mesurer avec l'électroencéphalographie. Il y a un stade du sommeil où l'activité cérébrale ressemble à celle que vous avez lorsque vous êtes éveillé. Mais tous vos muscles sont efficacement paralysés et vous ne pouvez pas bouger. La seule exception c'est vos yeux. À ce stade du sommeil, vos yeux bougent de tous côtés même si vos paupières sont closes. Ce stade du sommeil est donc appelé sommeil paradoxal. Si je vous réveille pendant un sommeil paradoxal, vous me direz la plupart du temps (90 %) que vous étiez au beau milieu d'un rêve très vivant, dont vous pourrez vous rappeler beaucoup d'éléments. Mais si je vous réveille cinq minutes après la fin d'une période de sommeil paradoxal, vous ne vous souviendrez d'aucun rêve. Cela montre à quel point le souvenir des rêves s'efface rapidement. À moins que par chance vous ne vous réveilliez pendant ou juste après le sommeil paradoxal, vous ne vous souviendrez pas de rêves.

Cependant je peux savoir si vous rêvez, en enregistrant vos mouvements oculaires ou votre activité cérébrale pendant que vous dormez.

Ce que le cerveau nous fait voir pendant les rêves n'est pas une représentation du véritable monde physique[12]. Mais l'expérience est si frappante que certaines personnes se sont demandé si les rêves ne les mettaient pas en contact avec une autre réalité. Il y a vingt-quatre siècles, Chuang Tzu rêva qu'il était un papillon. « Je rêvais que j'étais un papillon volant dans les airs et ne sachant rien de Chuang Tzu. » Quand il se réveilla, il dit qu'il ne savait pas s'il était un homme ayant rêvé qu'il était un papillon ou s'il était un papillon rêvant qu'il est un homme[13].

Robert Frost rêve de pommes qu'il vient de cueillir

[...]
Et je pourrais dire
Quelle forme mes rêves allaient prendre.
Les pommes grandies vont et viennent,
Côté tige et côté fleur,
Et les taches rousses s'effacent.
Le creux de mes pieds retient la douleur,
Et aussi la sensation du barreau.
Je sens l'échelle tanguer quand la branche ploie.
[...]

(Extrait d'« Après la cueillette des pommes », 1914.)

Dans la plupart de nos rêves, le contenu est trop étrange pour que nous puissions le confondre avec la réalité (voir figure 4, cahier hors texte). Par exemple, il y a souvent un décalage entre les personnages que nous voyons en rêve et leur apparence physique réelle. « Je parlais à ta collègue (dans mon rêve), mais elle avait l'air différente, beaucoup plus jeune, comme les filles avec qui j'allais à l'école, disons une fille de 13 ans[14]. » Pendant le rêve, nous sommes néanmoins convaincus que cela nous arrive pour de vrai. Ce n'est qu'au moment du réveil que nous réalisons, souvent avec soulagement, que « ce n'était qu'un rêve, je peux m'arrêter de courir[15] ».

LES HALLUCINATIONS DU SAIN D'ESPRIT

Les synesthètes sont des gens particuliers. Quand nous rêvons, notre cerveau est dans un état particulier. Dans quelle mesure le cerveau ordinaire d'une personne en bonne santé et parfaitement éveillée peut-il être créatif ? C'est précisément cette question qu'a étudiée, à la fin du XIXe siècle, une enquête de la Société de recherche psychique auprès de 17 000 personnes. Le principal but de cette société était de prouver l'existence de la télépathie : la communication de messages directement d'un esprit à l'autre, sans l'intermédiaire de moyens physiques apparents. On pensait que de tels messages avaient plus de chances d'être transmis dans des moments de grand stress émotionnel.

> Le 5 octobre 1863, je me réveillai à 5 heures du matin. J'étais dans la maison de l'École normale de la maison Minto à Édimbourg. J'entendis distinctement la voix bien connue et très caractéristique d'un ami très cher, répétant les paroles d'un hymne célèbre. Rien de visible. Étendu bien réveillé dans mon lit – en bonne santé, et libre de toute anxiété... au même moment, à la minute près, mon ami était soudainement frappé d'une maladie mortelle. Il mourut le même jour, un télégramme me parvint ce soir-là pour annoncer la nouvelle.

Aujourd'hui les psychologues accueillent ce genre de déclaration avec beaucoup de scepticisme. Mais, en ce temps-là, la Société de recherche psychique comprenait parmi ses membres d'éminents scientifiques[16]. Le comité qui supervisa le recensement des hallucinations était dirigé par le Pr Henry

Sidwick, philosophe à Cambridge et fondateur du Newnham College. Le sondage fut conduit avec beaucoup d'application et le rapport, publié en 1894, inclut un traitement statistique détaillé. Les auteurs essayèrent d'éliminer les expériences qui pouvaient être des rêves ou des délires associés à des maladies organiques, ou encore des hallucinations liées à des maladies mentales. Ils prirent également la peine de distinguer hallucinations et illusions. Voici la question exacte qu'ils posaient à leurs informateurs :

> Avez-vous jamais, alors que vous pensiez être complètement réveillé, eu la vive impression de voir ou d'être touché par un être vivant ou un objet inanimé, ou d'entendre une voix ; laquelle impression n'étant pas, pour ce que vous en saviez, due à une cause physique extérieure ?

Le rapport imprimé faisait quatre cents pages et contenait essentiellement les récits des personnes interrogées décrivant leurs expériences. 10 % des informateurs avaient éprouvé des hallucinations, et la majorité de ces hallucinations (plus de 80 %) étaient visuelles[17]. Pour moi, les récits les plus intéressants sont ceux qui n'ont rien à voir avec la télépathie.

D'après Mme Girdlestone, janvier 1891 :

> J'ai senti, plus que je n'ai vu, de nombreux animaux (principalement des chats) passer devant moi et me pousser de côté, alors que je descendais les escaliers à la lumière du jour, dans notre maison de Clifton, pendant plusieurs mois entre 1886 et 1887[18].

Mme G. écrit :

> Les hallucinations consistaient à m'entendre appeler par mon nom, si distinctement que je regardais alentour pour voir d'où venait le son ; pourtant, que ce soit mon imagination ou le souvenir que cela s'était produit auparavant, la voix, si je peux

> l'appeler ainsi, avait une qualité indéfinissable, qui invariablement m'effrayait et la distinguait de tout bruit ordinaire. Ceci a duré pendant des années. Je suis incapable d'en expliquer les circonstances.

Aujourd'hui, si elle rapportait de telles expériences, son médecin lui suggérerait probablement un examen neurologique.

Je trouve tout aussi intéressantes les expériences décrites comme des illusions. Elles ont été classées comme illusions car elles avaient clairement leur origine dans des événements physiques du monde réel.

D'après Dr G. J. Stoney[19] :

> Il y a quelques années un ami et moi pédalions – lui sur une bicyclette, moi sur un grand tricycle – par une nuit d'été inhabituellement sombre, entre Glendalough et Rathdrum. Il bruinait, nous n'avions pas de lampe, et la route était obscurcie des deux côtés par des arbres, entre lesquels nous ne voyions que la ligne d'horizon. J'avançais lentement, avec prudence, une dizaine de mètres devant, me guidant d'après la ligne d'horizon, quand mon engin roula sur une boîte de conserve ou quelque chose du genre qui fit un grand bruit. Mon compagnon s'approcha et s'enquit de moi avec beaucoup de sollicitude. Il avait perçu dans la pénombre mon tricycle se renverser et moi-même être projeté par-dessus. Le fracas avait déclenché chez lui la recherche de la cause probable, et ceci impliquait une vision en esprit, certes ténue mais suffisante dans ce cas pour être perçue distinctement, puisqu'elle n'était pas contredite par les éléments qu'on perçoit d'habitude avec les yeux.

Dans cet exemple, l'ami du Dr Stoney vit quelque chose qui n'est pas réellement arrivé. Comme le Dr Stoney le dit, l'accident attendu avait créé dans l'esprit une perception visuelle suffisante pour être vu comme si elle venait des yeux. Dans mes propres termes, le cerveau de l'ami du Dr Stoney avait créé une version plausible de ce qui s'était passé, et c'est cette version que l'ami du Dr Stoney avait perçue comme une réalité.

D'après Mlle W :

> Un soir au crépuscule, je rentrai dans ma chambre pour y chercher quelque chose sur la cheminée. Un lampadaire jetait par la fenêtre un rayon de lumière oblique, tout juste suffisant pour me permettre de discerner les vagues contours des principaux meubles de la pièce. Je trouvais à tâtons ce que je voulais, puis au moment de repartir je perçus juste derrière moi une petite vieille, assise très calmement, les mains refermées sur son giron, tenant un mouchoir blanc. Je fus extrêmement effrayée, car je n'avais vu personne dans la pièce auparavant, et demandai : « Qui êtes-vous ? », mais ne reçus aucune réponse, et lorsque je me tournai pour faire face à mon visiteur, elle sortit immédiatement de ma vue...

Dans la plupart des récits de fantômes et de visiteurs, l'histoire s'arrêterait là, mais Mlle W est persévérante.

> Voyant mal de près, je commençais à penser que mes yeux m'avaient joué un tour ; je répétai ma recherche de façon aussi proche que possible de la précédente, me retournai pour m'en aller et la revoilà ! Ma petite dame se tenait là, plus visible que jamais, avec son drôle de petit chapeau, sa robe noire et ses mains toujours refermées sur son mouchoir blanc. Cette fois je me tournai rapidement et marchai vers l'apparition. Qui disparut aussi soudainement que la première fois.

Ainsi, l'effet put être répliqué. Mais quelle en était la cause ?

> Maintenant convaincue que personne ne me jouait de tour, je me résolus à clarifier, si possible, les tenants et aboutissants de ce mystère. Reprenant lentement ma position près de la cheminée, et percevant à nouveau le personnage, je bougeais la tête de gauche à droite pour reproduire le phénomène. Je reculais alors lentement, gardant ma tête droite jusqu'à l'endroit où, me retournant délibérément, je découvris la solution du mystère.
> Un petit meuble d'acajou poli près de la fenêtre, que j'utilisais comme placard pour y enfermer diverses broutilles, faisait le corps du personnage, un morceau de papier pendant de la porte entrouverte constituant le mouchoir. Le vase posé dessus formait la tête et le chapeau, le rayon oblique qui l'éclairait et le rideau blanc sur la fenêtre complétant l'illusion. Je détruisis et reconstruisis le personnage plusieurs fois, surprise de la netteté avec laquelle il apparaissait lorsque les positions relatives exactes étaient retrouvées.

Le cerveau de Mlle W avait conclu par erreur que l'assemblage des différents éléments présents dans la chambre obscure constituait une petite dame assise tranquillement dans un coin. Mlle W n'était pas convaincue. Mais remarquez les efforts qu'elle a dû faire pour dévoiler l'illusion. D'abord elle a douté que ce qu'elle voyait correspondait à la réalité. Elle ne s'attendait pas à trouver quelqu'un dans cette pièce. Ses yeux lui jouent parfois des tours. Ensuite elle a mis sa perception à l'épreuve, en regardant la « petite dame » depuis différentes positions dans la pièce. Voyez comme il serait facile de se laisser piéger par de telles illusions. Bien souvent nous n'avons pas l'opportunité d'éprouver notre perception, et aucune raison de croire que notre perception est fausse.

Edgar Allan Poe est effrayé par un sphinx

Vers la fin d'une journée excessivement chaude, j'étais assis, livre à la main, près d'une fenêtre ouverte donnant vue, selon une longue perspective suivant les rives du fleuve, sur une lointaine colline... Levant les yeux de la page, je tombai sur le versant dénudé de la colline, et sur un objet – sur quelque monstre vivant d'une hideuse configuration, lequel se frayait rapidement un chemin de la cime vers le bas... Estimant la taille de cette créature par comparaison avec le diamètre des grands arbres auprès desquels elle passait... je conclus qu'elle était beaucoup plus large qu'aucun navire existant... La bouche de l'animal se trouvait à l'extrémité d'un rostre de quelque soixante ou soixante-dix pieds de longueur, et presque aussi épaisse que le corps d'un éléphant ordinaire. La racine de cette trompe était ornée d'une quantité de poils noirs en broussaille – plus nombreux que ceux qu'aurait pu fournir une vingtaine de buffles... Parallèlement à la trompe, et de chaque côté de celle-ci, se hérissait vers l'avant une gigantesque hampe de trente ou quarante pieds de longueur, apparemment constituée de pur cristal, et formant un prisme parfait – il reflétait de la plus somptueuse manière les rayons du soleil déclinant. La trompe était façonnée comme un coin pointant vers la terre. Partant de celle-ci, deux paires d'ailes se déployaient – chaque aile faisant presque cent yards de longueur –, une paire étant posée par-dessus l'autre et le tout lourdement recouvert d'écailles métalliques. J'observai que les ailes du haut étaient liées à celles du bas par une solide chaîne. Mais la principale particularité de cette horrible chose était la tête de mort, qui recouvrait presque toute la surface de sa poitrine, et qui était précisément tracée d'un blanc éclatant, sur le fond sombre du corps, comme si elle avait été soigneusement dessinée par un artiste. Alors que je regardais cet animal terrifiant... j'aperçus les énormes mâchoires à l'extrémité de la trompe s'ouvrir soudainement, et de celle-ci il émergea un son tellement fort et exprimant tellement de douleur qu'il frappa mes nerfs comme le glas, et quand le monstre disparut au pied de la montagne, je m'évanouis immédiatement sur le sol.

[L'hôte de Poe explique] « Laisse-moi te lire une description du genre sphinx, de la famille *Crepuscularia*, de l'ordre des *Lepidoptera*... "Le sphinx à tête-de-mort a causé beaucoup de frayeurs parmi les ignorants, à certaines périodes, par la mélancolie de ce genre de cri qu'il pousse, et par l'insigne de mort qu'il porte sur son corset." Là-dessus il referma le livre et se pencha en avant sur sa chaise, se plaçant exactement dans la position que j'avais occupée au moment de voir "le monstre".

« Ah, le voilà, s'exclama-t-il à présent – il est en train de remonter le versant de la colline, et cette créature a je l'admets un aspect vraiment remarquable. Toutefois, elle n'est en aucune manière aussi grande ni aussi lointaine que tu l'as imaginée... elle me paraît mesurer un sixième de pouce dans sa longueur maximale, et se trouver également à un sixième de pouce de la pupille de mon œil. »

Dans ce chapitre, j'ai montré que même un cerveau ordinaire et tout à fait sain ne nous donne pas une image vraie du monde. Puisque nous n'avons pas de connexion directe avec le monde physique qui nous entoure, nos cerveaux s'en font une idée par des inférences fondées sur les sensations brutes qu'ils reçoivent de nos yeux, de nos oreilles et de tous les autres organes sensoriels. Ces inférences peuvent se révéler fausses. De plus, il y a toutes sortes de choses que nos cerveaux savent mais qui ne parviennent jamais à nos esprits conscients.

Il y a cependant une partie du monde physique que nous emportons avec nous partout où nous allons. Nous avons certainement une connaissance directe de l'état de notre propre corps. Ou bien s'agit-il encore d'une illusion créée par notre cerveau ?

CHAPITRE 3

CE QUE LE CERVEAU NOUS DIT DE NOTRE CORPS

Un accès privilégié ?

Mon corps est un objet du monde physique. Mais au contraire des autres objets, j'ai une relation privilégiée avec mon corps. Précisément, mon cerveau fait partie de mon corps. Les neurones sensoriels provenant de diverses parties du corps vont directement au cerveau. Les neurones moteurs se déploient en sens inverse, depuis mon cerveau vers mes muscles. Les connexions ne pourraient pas être plus directes. J'ai un contrôle immédiat sur ce que fait mon corps et je n'ai besoin d'aucune inférence pour savoir dans quel état il est. J'ai un accès presque instantané à toutes les parties de mon corps, au moment où j'en ai besoin.

Alors pourquoi est-ce que j'éprouve toujours un léger choc quand je vois ce vieux rondouillard dans le miroir ? Aurais-je après tout une si mauvaise connaissance de moi-même ? Ou bien est-ce que ma mémoire est constamment déformée par la vanité ?

Où est la frontière ?

Ma première erreur est de penser qu'il y a une distinction claire et nette entre mon corps et les autres objets du monde physique. Voici une expérience de comptoir[1] inventée par Matthew Botvinick et Jonathan Cohen. Vous posez votre bras gauche sur la table et je le cache derrière un écran. Je place un faux bras en plastique sur la table là où vous pouvez le voir. Ensuite je frotte simultanément les deux bras, le vôtre et le faux, avec deux brosses. Vous sentez le coup de brosse sur votre bras et vous voyez le coup de brosse sur le faux bras. Après quelques minutes, la sensation du coup de brosse n'est plus dans votre bras. Elle se situe dans le bras en plastique. La sensation est d'une façon ou d'une autre sortie de votre corps pour se poser sur une partie bien distincte du monde physique.

Figure 3.1. L'auteur tel qu'il paraît.

Ce tour que nous joue notre cerveau n'est pas seulement une expérience de comptoir. Il y a des neurones dans le cortex pariétal[2] des singes[3] (et vraisemblablement dans celui des humains également) qui deviennent actifs lorsque l'animal voit un objet proche de sa main. L'endroit où se trouve la main n'importe pas. Les neurones s'activent si quoi que ce soit s'approche de la main. Peut-être que ces neurones indiquent la présence d'objets que le singe peut attraper. Car si vous donnez au singe un râteau, ces mêmes neurones commencent peu de temps après à répondre chaque fois que le singe aperçoit quelque chose proche de l'extrémité du râteau[4]. En ce qui concerne cette partie du cerveau, le râteau est devenu une extension du bras du singe. Et c'est ainsi que nous appréhendons les outils. Après un peu d'entraînement, nous avons un sentiment de contrôle sur l'outil aussi direct que s'il était une partie de notre corps. C'est le cas avec de petites choses comme les fourchettes, mais aussi avec de grandes choses comme les voitures.

Notre corps est donc prolongé vers le reste du monde physique lorsque nous utilisons des outils. Ne reste-t-il pas toutefois une différence évidente ? Ces morceaux du monde extérieur n'ont aucune connexion directe avec notre cerveau. Je ne peux pas directement sentir si quelque chose touche le râteau que je tiens. Je peux directement percevoir où se trouve mon bras, à cause des organes sensoriels logés dans les muscles et les articulations. Pourtant, même si j'ai effectivement ces organes sensoriels dans mes membres, il y a des situations dans lesquelles mon bras ou mon doigt pourraient aussi bien être des morceaux de bois, tellement j'ignore ce qu'ils font.

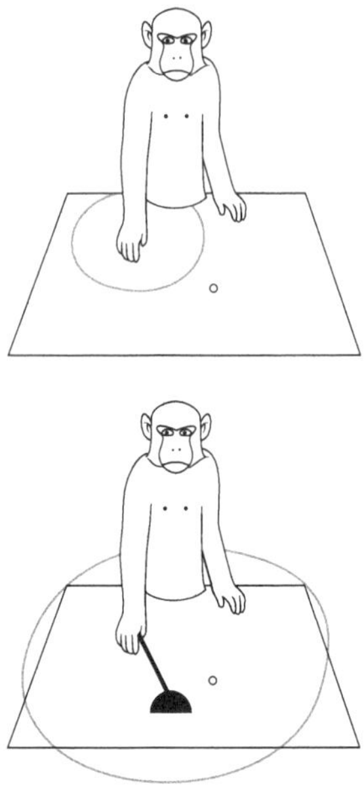

Figure 3.2. Le singe et le râteau.
Si le singe voit quelque chose à portée de main (dans le cercle), les neurones de son cortex pariétal deviennent actifs. Atsushi Iriki apprit aux singes à utiliser un râteau pour récupérer de la nourriture autrement hors d'atteinte. Quand le singe utilise le râteau, les neurones de son cortex pariétal s'activent pour des objets situés dans un cercle beaucoup plus large.

Nous ne savons pas ce que nous faisons

La recherche en psychologie a radicalement changé quand les mini-ordinateurs sont devenus disponibles à la fin des années 1960[5]. À partir de ce moment-là, l'ordinateur était tout ce dont nous avions besoin. Pour réaliser une autre expérience, vous n'aviez qu'à écrire un autre programme. À cette époque, j'étudiais comment les gens apprennent à exécuter habilement des mouvements de la main. Avant les ordinateurs, j'étais équipé d'un tourne-disque. Les gens tenaient une tige de métal et essayaient de la maintenir en contact avec une cible métallique collée sur le bord du tourne-disque. C'est assez difficile lorsqu'il fait 60 tours par minute. Tout ce que je pouvais observer, c'était si la personne était en contact avec la cible ou pas. Avec les ordinateurs, la cible est devenue un carré tournant sur la surface de l'écran. Les gens suivaient la cible en bougeant une manette qui contrôlait la position d'un pointeur. Je pouvais mesurer la position exacte de la main de la personne toutes les 10 millisecondes.

Les gens savent-ils où est vraiment leur main ? J'aurais pu poser cette question, mais l'étude a en fait été réalisée bien des années plus tard par Pierre Fourneret et Marc Jeannerod à Lyon. Ils demandaient aux participants de tracer une ligne verticale sur l'écran, en déplaçant leur main vers l'avant. Or ils ne pouvaient pas voir leur main, seulement la ligne qu'ils dessinaient à l'écran. L'astuce ingénieuse de cette expérience était la distorsion que pouvait provoquer l'ordinateur[6]. Quelquefois, déplacer sa main droit devant soi ne générait pas une ligne verticale mais une courbe qui déviait sur le côté. Quand cela se produit, il est très facile de corriger le mouvement de sa main (en le déviant vers le côté opposé), de façon que la ligne tracée à l'écran reste verticale. C'est tellement facile que, à moins d'une distorsion vraiment importante, on ne se rend pas compte qu'on dévie son mouvement.

Ainsi, en dépit de la connexion directe qui relie ma main à mon cerveau, je ne suis pas précisément au courant de ce que fait ma main. Que nous dit cette observation sur la frontière où se termine mon corps et commence le monde extérieur ? Mon corps s'arrête conventionnellement là où ma main touche la manette. Cependant en termes de sentiment de contrôle, la frontière semble passer au-delà de mon corps, au niveau du pointeur que je déplace sur l'écran. La manette, l'ordinateur et le pointeur sont devenus pour moi ce qu'était le râteau pour le singe. En ce qui concerne la

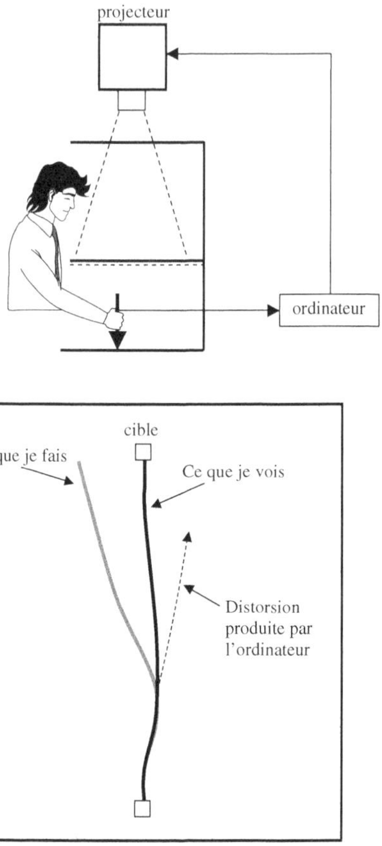

Figure 3.3. Nous ne sommes pas conscients de ce que nous faisons.
Je ne peux pas voir ma main, seulement le curseur sur l'écran. Je ne suis pas conscient que, pour déplacer le curseur en ligne droite sur l'écran, je dévie en fait vers la gauche.

conscience de ce que je fais, la frontière semble passer au-dedans de mon corps, au niveau de mon intention de dessiner une ligne verticale. Mon bras et ma main alors accomplissent cette intention comme s'ils étaient devenus un outil du monde extérieur[7].

Alors, dans quelle mesure suis-je conscient de ce que fait mon corps ?

Qui est aux commandes ?

La plupart des travaux scientifiques ne suscitent guère d'intérêt en dehors du cercle étroit des autres scientifiques de la même discipline. C'est vrai pour les physiciens comme pour les psychologues. On dit que la grande majorité des articles de recherche n'est pas lue par plus d'une dizaine de personnes. Beaucoup de papiers ne sont pas lus du tout. Il arrive toutefois qu'une observation soit si frappante qu'elle est amplement discutée au-delà des cercles scientifiques. Une telle observation a été publiée en 1983 par Benjamin Libet et ses collègues. L'expérience est merveilleusement simple. Tout ce que le participant doit faire, c'est lever un doigt quand il ressent l'envie de le faire. Pendant ce temps, l'activité électrique de son cerveau est mesurée grâce à un équipement EEG (électroencéphalographique). Il était déjà connu qu'un changement caractéristique de l'activité cérébrale se produit juste avant qu'on fasse spontanément un mouvement tel que lever un doigt. Ce changement d'activité est très faible, mais on peut l'observer en combinant les enregistrements d'un grand nombre de mouvements. Il peut être détecté jusqu'à une seconde avant que le doigt ne soit effectivement levé. La nouveauté de l'expérience de Libet est qu'il a demandé aux sujets de lui dire quand ils ressentaient l'envie de bouger leur doigt. Ils le faisaient en rapportant le temps indiqué par une horloge spéciale au moment où ils ressentaient l'envie de bouger[8]. Cette envie intervenait 200 millisecondes avant que le doigt ne soit effectivement levé. L'observation qui a fait tant de remous est que le changement d'activité cérébrale se produisait 500 millisecondes avant que le doigt ne soit levé. Ainsi, l'activité cérébrale indiquant que le volontaire allait bientôt bouger son doigt

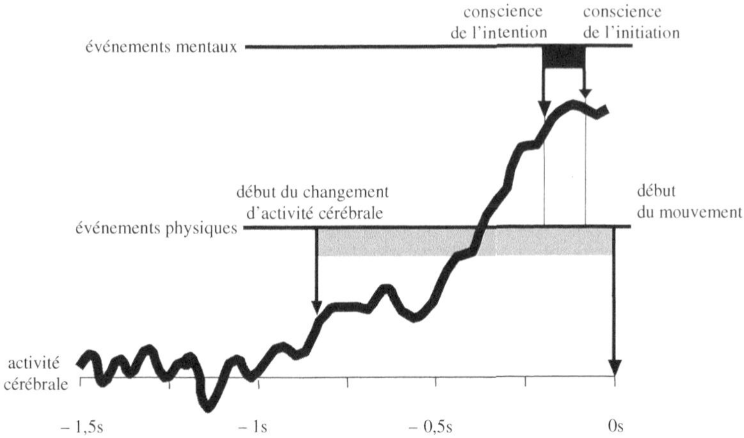

Figure 3.4. Quand nous bougeons, les événements mentaux ne se produisent pas au même moment que les événements physiques.
L'activité cérébrale associée à un mouvement débute avant que nous soyons conscients de notre intention de bouger, mais le mouvement démarre après. L'intention de bouger et l'initiation du mouvement sont plus proches dans le temps mental que dans le temps physique (voir chapitre 6).

intervenait environ 300 millisecondes avant que ce volontaire dise éprouver l'envie de bouger son doigt.

Cette observation implique que, en mesurant l'activité cérébrale, je peux savoir que vous allez avoir envie de bouger votre doigt avant que vous n'en ayez vous-même conscience. Si ce résultat a eu un si grand impact en dehors de la psychologie, c'est parce qu'il semble montrer que même nos actions volontaires les plus simples sont prédéterminées. Nous pensons faire un choix alors qu'en fait notre cerveau a déjà choisi. Notre expérience de la prise de décision est donc une illusion. Et s'il est illusoire de penser que nous faisons des choix, alors il est aussi illusoire de croire à notre libre arbitre.

Ce résultat démontre-t-il vraiment que nous n'avons pas de libre arbitre ? L'un des problèmes est que les choix impliqués ici sont extrêmement triviaux. Ce que vous choisissez n'importe pas. Dans l'expérience originale de Libet, vous devez simplement décider quand bouger un doigt. Dans d'autres expériences, on vous aurait accordé plus de liberté et vous auriez pu choisir entre la main gauche et la main droite. Or ces actions ont été délibérément employées parce qu'elles sont triviales. Avec de tels actes, on peut étudier le processus de choix sans interférence avec la pression sociale ou les valeurs morales. Cependant la trivialité de l'action ne change pas le fait que, quand vous participez à l'expérience, vous devez choisir par vous-même quand précisément vous allez bouger le doigt.

Ainsi le résultat de Libet tient toujours. Au moment où nous pensons choisir une action, notre cerveau a déjà fait son choix. Mais ceci ne signifie pas que l'action n'a pas été choisie librement. Cela veut simplement dire que nous n'étions pas conscients de faire un choix un instant auparavant. Comme nous allons le découvrir dans le chapitre 6, notre expérience du temps auquel les actions se produisent n'a pas une relation très stricte avec ce qui se passe dans le monde physique.

Ces choix inconscients sont du même ordre que les inférences inconscientes d'Helmholtz. Nous ne percevons pas l'objet devant nos yeux tant que notre cerveau n'a pas fait d'inférence inconsciente sur ce que cet objet pourrait être. Nous ne sommes pas conscients de l'action que nous sommes sur le point d'exécuter tant que notre cerveau n'a pas fait de choix inconscient sur ce que cette action devrait être. Mais cette action est déterminée par un choix que nous avons auparavant fait de façon libre et délibérée. Nous avons accepté de participer à l'expérience. Nous ne savons peut-être pas précisément quelle action nous allons faire à un moment donné, mais avons déjà sélectionné un petit répertoire d'actions possibles parmi lesquelles celle-ci sera choisie.

Mon cerveau peut parfaitement faire sans moi

Dans l'expérience de Libet, il semble que nous courons après ce que fait notre cerveau. Mais au moins on le rattrape à la fin. Dans d'autres expériences, notre cerveau contrôle nos actions sans qu'on s'en doute. C'est le cas dans la tâche de « double bond » développée à Lyon. Votre tâche est de surveiller une tige verticale qui sert de cible. Dès qu'elle apparaît, il faut l'attraper avec la main. C'est quelque chose que vous pouvez faire très facilement et très rapidement. Ici le truc c'est qu'en certaines occasions, dès que vous lancez votre main vers la cible, je change sa position. Vous pouvez facilement ajuster votre mouvement et attraper précisément la cible dans sa nouvelle position. La plupart du temps vous n'aurez même pas remarqué que la cible a changé de position. Mais votre cerveau l'aura noté. Votre main commence à se déplacer vers la première position de la cible et ensuite, environ 150 millisecondes après que la cible s'est déplacée, votre mouvement s'ajuste de façon à atteindre la cible dans sa nouvelle position. Ainsi, votre cerveau remarque que la cible s'est déplacée et corrige le mouvement de votre main de façon à l'attraper. Tout cela peut se passer sans que vous en ayez conscience. Vous ne remarquez pas plus le changement dans la position de la cible que le changement dans le mouvement de votre main. Et vous me direz que la cible n'a pas changé de position[9].

Dans ce cas, votre cerveau peut produire des actions appropriées sans même que vous vous rendiez compte de la nécessité de ces actions. Dans d'autres cas, votre cerveau peut générer des actions appropriées même si celles-ci sont différentes des actions que vous jugeriez nécessaires.

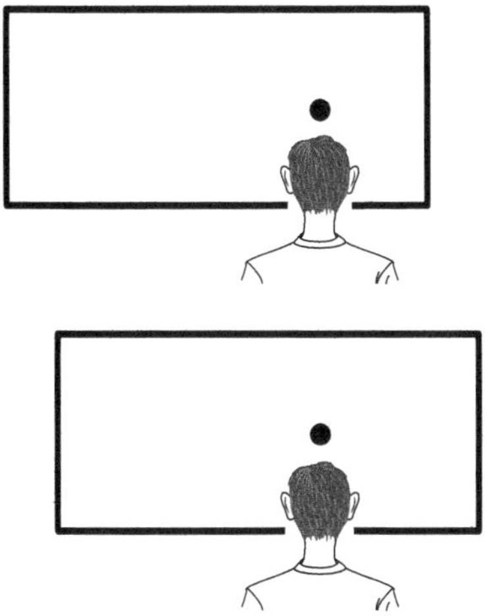

Figure 3.5. L'illusion de Roelofs.
Si le cadre est déplacé sur la droite, l'observateur pense que le rond noir a bougé vers la gauche, même s'il est resté immobile. Cependant si l'observateur pointe avec son doigt la position mémorisée du rond noir, il ne se trompe pas.

Dans cette expérience, vous êtes assis dans le noir. Je vous montre (brièvement) un point cible à l'intérieur d'un cadre. Immédiatement après je vous remontre (brièvement) le point cible à nouveau dans le cadre. Le point est toujours au même endroit, mais le cadre s'est déplacé vers la droite. Si je vous demande de décrire ce qui s'est passé, vous me direz : « La cible s'est déplacée vers la gauche. » Il s'agit d'une illusion visuelle typique dans laquelle votre cerveau visuel décide à tort que le cadre est resté fixe et donc que c'est la cible qui a bougé[10]. Mais si je vous demande de toucher l'endroit où vous pensez qu'était la cible, alors vous allez montrer le bon endroit de l'écran – votre mouvement de pointage ne sera pas affecté par le changement de cadre. Ainsi, votre main sait que la cible n'a pas bougé, même si vous pensez le contraire.

Ces observations montrent que votre corps peut parfaitement interagir avec le monde même si vous n'êtes pas au courant de ce qu'il fait et même quand ce que vous pensez savoir du monde est faux. Votre cerveau a beau être directement connecté avec votre corps, la connaissance qu'il vous en donne semble aussi indirecte que celle qu'il vous donne du monde extérieur. Votre cerveau ne vous dit pas quand votre corps bouge d'une façon qui s'écarte de votre intention. Votre cerveau peut vous amener à penser que votre corps est dans une position différente de sa position réelle. Tout cela se produit dans un cerveau normal interagissant avec un corps normal. Quand les choses se passent mal, le cerveau peut faire preuve d'une grande créativité.

Des fantômes dans le cerveau

Si, par mésaventure, l'un de vos bras devait être amputé, vous vivrez probablement l'expérience du membre fantôme. Vous pourrez ressentir précisément la position de votre bras dans l'espace. Dans certains cas, vous pourrez bouger votre main fantôme et même vos doigts fantômes. Pourtant vous pourrez voir que vous n'avez plus de bras, et les organes sensoriels qui s'y trouvent normalement auront disparu. Ces fantômes sont donc créés par votre cerveau. Avec le temps, votre membre fantôme peut se désintégrer de sorte que vous percevrez la présence d'une main mais pas de l'avant-bras. Vous pouvez aussi perdre la capacité de bouger le bras. Pire que tout, vous pouvez ressentir une réelle douleur dans votre bras fantôme. Quelquefois, cette douleur semble venir du fait que votre bras s'est bloqué dans une mauvaise position, mais vous ne pourrez pas le dégager. Ces douleurs sont extrêmement difficiles à soigner.

Jusque dans les années 1980, on enseignait aux neuropsychologues que, après l'âge de 16 ans, le cerveau était

Figure 3.6. Une main fantôme.
Lorsqu'un bras est amputé, on fait souvent l'expérience d'un membre fantôme. Avec le temps, le fantôme peut se rétrécir et se modifier. Alexa North et Peter Halligan ont manipulé des photographies pour donner une idée de l'expérience subjective d'un membre fantôme. Dans ce cas la sensation de la main demeure, mais l'avant-bras a disparu.

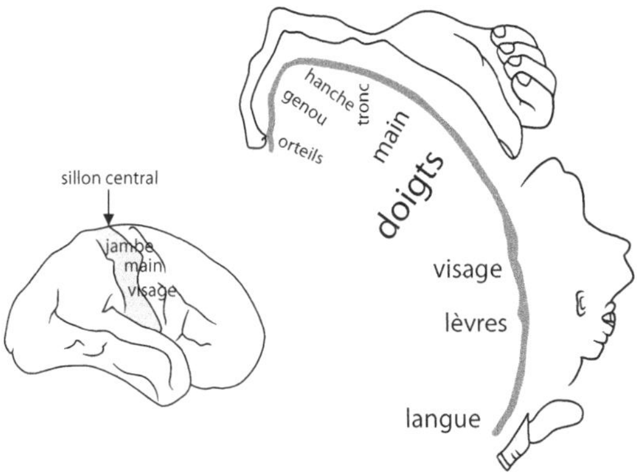

Figure 3.7. L'homoncule sensoriel dans le cerveau.
Juste derrière le sillon central s'étend une bande de cortex contenant une « carte » des différentes parties du corps. La partie gauche du corps est représentée dans le cerveau droit et *vice versa*. Si on touche votre jambe, l'activité sera modifiée près du sommet de cette bande, tandis que si on touche votre visage, l'activation neuronale se produira bien plus bas. La quantité de cortex dévolue aux différentes parties du corps dépend de leur sensibilité, ainsi de larges surfaces sont consacrées aux lèvres et aux doigts. Les mains avoisinent le visage sur cette carte.

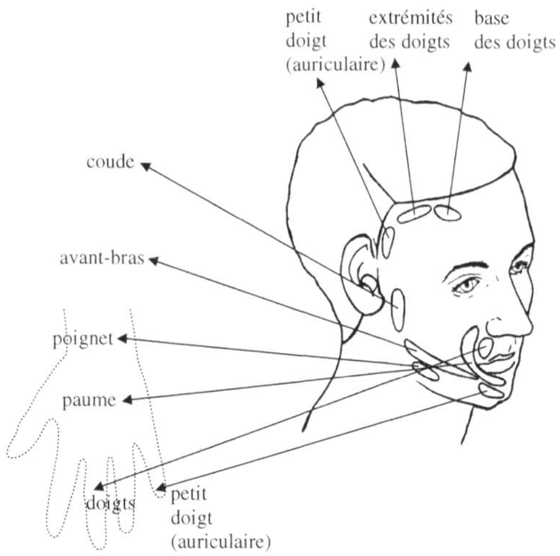

Figure 3.8. Une main fantôme sur le visage.
Après que son bras droit fut amputé, DM fit l'expérience d'un membre fantôme. Quand le côté droit de son visage était touché avec un coton-tige, elle sentait la stimulation de son visage en même temps qu'une démangeaison dans une partie spécifique de son membre fantôme. Il y avait une correspondance systématique entre la zone du visage et celle du membre fantôme.

mature et qu'aucune croissance neuronale ne pouvait plus se produire. Si les fibres connectant des neurones étaient lésées, alors ces neurones resteraient déconnectés. Si vous perdiez un neurone, il ne serait jamais remplacé. Nous savons maintenant que tout ceci est faux. Nos cerveaux sont extrêmement plastiques, surtout quand nous sommes jeunes, et le restent toute notre vie. Les connexions se font et se défont constamment, en réponse aux changements de notre environnement[11].

Les muscles rétrécissent si on ne les utilise pas, mais notre cerveau réagit d'une manière assez différente si certaines parties ne sont pas utilisées. Si votre main est amputée, la petite région du cerveau que contactaient les organes sensoriels de la main ne sera plus stimulée. Pourtant ces neurones ne meurent pas. Ils sont utilisés à d'autres fins. Juste à côté de cette région se trouve la zone qui reçoit les informations des organes sensoriels du visage. Si l'aire de la main ne sert plus, alors elle peut être réutilisée par le visage. La conséquence est que si je touche votre visage, vous allez ressentir cette pression comme habituellement, mais vous ressentirez aussi qu'on touche à une partie de votre main fantôme[12]. Peter Halligan et ses collègues ont systématiquement exploré ce phénomène chez une patiente amputée de la main. Halligan a stimulé chaque partie du visage, demandant chaque fois à la patiente à quel endroit exact de sa main fantôme elle ressentait la stimulation. De cette façon, il a pu dresser une carte montrant les correspondances entre les zones du visage et celles de la main fantôme. Même si ces neurones répondaient à une stimulation du visage, la personne ressentait toujours qu'on touchait à une main qui n'existait plus.

La plupart des membres fantômes apparaissent lorsque le membre a été amputé. Dans ce cas, il n'y a aucune atteinte au cerveau de la personne qui ressent le fantôme. Cependant les membres fantômes peuvent aussi apparaître à la suite de lésions cérébrales. EP est une femme danoise qui s'est présentée à l'hôpital avec une migraine sévère et une paralysie de la moitié gauche de son corps. La cause fut repérée, un vaisseau s'était rompu à l'avant de son cerveau, et elle fut opérée afin de réparer le vaisseau brisé. Cependant EP en a gardé une lésion irréversible d'une petite région à l'avant du cerveau qui participe au contrôle des mouvements. J'ai rencontré EP plusieurs années après son opération. Elle avait récupéré toutes ses facultés en dehors d'un phénomène très particulier. Elle faisait souvent l'expérience d'un membre supplémentaire du côté gauche de son corps. Ce membre fantôme apparaissait à la position qu'occupait son vrai bras gauche une ou deux minutes auparavant. Quand ce fantôme était présent, il lui paraissait

Figure 3.9. La femme à trois bras.
À la suite d'une lésion à l'avant de son cerveau, EP fait parfois l'expérience d'un bras gauche supplémentaire (ainsi que d'une nouvelle jambe). Ceci est son propre dessin, exprimant ce qu'elle ressent lorsqu'elle fait du shopping.

qu'elle avait trois bras. Le fantôme disparaissait lorsque EP regardait son vrai bras gauche. EP sait qu'elle n'a pas trois bras et comprend que cette illusion est liée à son attaque cérébrale. Cependant, la sensation est si envahissante qu'elle s'inquiète parfois de bousculer les gens dans les magasins, comme si elle avait l'impression que chacun de ses trois bras porte un grand sac.

J'ai rencontré EP quand elle prit un vol d'Helsinki pour se présenter au Laboratoire d'imagerie fonctionnelle de Londres, afin que Dave McGonigle puisse scanner son cerveau et découvrir quelle région s'activait lorsqu'elle faisait l'expérience d'un troisième bras. Je les ai retrouvés et nous avons tous passé un samedi très excitant, ce qui ne transparaît pas du tout dans l'article que nous avons écrit par la suite[13].

EP était sur le point d'entrer dans le scanner lorsque, catastrophe, nous avons découvert qu'elle avait dans le cerveau un clip qui avait été inséré pour réparer le vaisseau lésé. En raison du champ magnétique puissant présent dans le scanner IRM, il est dangereux de scanner des gens qui ont des objets métalliques dans le cerveau[14]. De quoi le clip était-il fait ? EP s'en alla faire un peu de shopping sur Oxford Street pendant que nous essayions de retrouver le chirurgien qui avait réalisé l'opération. Grâce à l'utilisation habile de téléphones portables, il fut localisé sur un terrain de golf en Finlande. Le clip était en titane, métal non magnétique, par conséquent inoffensif. Et le résultat de l'expérience ? EP avait un troisième bras chaque fois que s'activait une petite région vers le milieu de son cerveau[15]. Or ce n'est pas une région impliquée dans l'utilisation des sensations pour repérer la position du corps. C'est une région qui envoie des commandes motrices afin de contrôler la position du corps. Il s'agit d'une observation importante pour comprendre comment notre cerveau créatif rend compte de notre corps.

Je n'ai pas de problème

EP est une femme exceptionnelle car elle est parfaitement consciente que ses étranges expériences ne sont pas réelles mais causées par une petite lésion de son cerveau. Un phénomène beaucoup plus fréquent et très différent se produit chez les patients dont la lésion porte sur l'arrière du cerveau, généralement à droite. Le bras gauche de ces patients est souvent paralysé et insensible au toucher. Or ces patients semblent inconscients de la paralysie et nient avoir un problème (ce qu'on appelle anosognosie). V. S. Ramachandran a interrogé beaucoup de ces patients. Ses comptes rendus témoignent du décalage incroyable entre ce que ces patients croient pouvoir faire et leurs capacités réelles.

Le côté gauche du corps de Mme F. D. est complètement paralysé à la suite d'une attaque cérébrale.

V. S. R : Madame F. D., pouvez-vous marcher ?
F. D. : Oui.
V. S. R. : Pouvez-vous bouger vos mains ?
F. D. : Oui.
V. S. R. : Est-ce que vos mains sont aussi fortes l'une que l'autre ?
F. D. : Bien sûr qu'elles le sont.

Certains patients semblent reconnaître qu'ils ne peuvent plus bouger un bras et doivent expliquer pourquoi.

V. S. R. : Madame L. R., pourquoi n'utilisez-vous pas votre bras gauche ?
L. R. : Docteur, ces étudiants en médecine m'ont examinée toute la journée et je n'en peux plus. Je ne veux plus utiliser mon bras gauche.

Remarquables entre tous sont les patients qui croient avoir bougé leur bras paralysé alors qu'aucun mouvement ne s'est produit.

V. S. R. : Pouvez-vous applaudir ?
F. D. : Bien sûr que je peux applaudir.
V. S. R. : Pouvez-vous le faire maintenant ?
Elle commence à faire des gestes d'applaudissements avec sa main droite, comme si elle frappait une main gauche imaginaire devant elle.
V. S. R. : Êtes-vous en train d'applaudir ?
F. D. : Oui, je suis en train d'applaudir.

Le cerveau de Mme F.D. semble avoir généré l'expérience d'un mouvement du bras gauche alors qu'il ne s'est jamais produit.

Qui a fait ça ?

Chez ces patients, ce n'est pas seulement la connaissance de la position de certaines parties de leur corps qui est erronée. Leur conscience d'être ou non en train d'agir sur le monde est également invalide. Ils croient qu'ils sont en train d'agir alors qu'en fait, ils ne font rien. Mais imaginez l'angoisse qui vous prendrait si vous étiez assis tranquillement à ne rien faire et que l'une de vos mains se mettait à bouger par elle-même. Ceci arrive à certains patients cérébro-lésés. La main dotée d'une volonté propre est qualifiée d'« anarchique ». La main anarchique attrape les poignées de porte ou saisit les stylos pour gribouiller. Les patients atteints de ce syndrome sont très contrariés par les actions de leur main : « Elle ne fait pas ce que je veux qu'elle fasse. » Ils vont souvent essayer de l'empêcher de bouger en la tenant fermement avec l'autre main. Chez l'une de ces patientes, la main gauche s'obstinait à saisir tous les objets alentour, retirait ses vêtements et essayait même de serrer sa gorge pendant son sommeil. Elle dormait avec le bras attaché au lit pour éviter ces mauvaises conduites nocturnes.

« Mais ces gens ont un cerveau endommagé, dit le professeur de littérature, je n'ai pas de tels problèmes avec mon corps. Je suis peut-être maladroite, mais je sais ce que j'essaie de faire. Et je sais quand je le fais. » « Je sais bien qu'on perçoit les choses comme ça, lui répondis-je, mais c'est une illusion. »

Daniel Wegner a suggéré que nous n'avons aucune conscience directe de ce qui cause nos actions[16]. Tout ce que nous savons est que nous avons l'intention d'agir, et ensuite, un peu plus tard, qu'une action survient. Nous en inférons que notre intention a causé l'action. Or Wegner ne s'en est

Figure 3.10. La main anarchique.
Dans le film de Stanley Kubrick, *Docteur Folamour ou Comment j'ai appris à ne plus m'inquiéter et à aimer la bombe* (1964), le Docteur Folamour (joué par Peter Sellers) a une main droite dotée d'un esprit propre. Dans cette scène il emploie sa main gauche à empêcher sa main droite de l'étrangler.

pas tenu à cette spéculation. Il a réalisé quelques expériences pour la tester. Il prédit que, si une action intervient juste après que vous avez l'intention d'agir, alors vous allez supposer que vous avez causé l'action même quand elle est en fait exécutée par quelqu'un d'autre. L'expérience est assez difficile dans tous les sens du terme. Quand vous participez à cette expérience, vous avez un partenaire (qui est en réalité un comparse de l'expérimentateur). Votre partenaire et vous placez votre main droite sur une souris spéciale. En bougeant cette souris, vous déplacez un pointeur sur l'écran d'un ordinateur[17]. Il y a beaucoup d'objets à l'écran. Vous entendez par des écouteurs quelqu'un nommer l'un des objets. Si votre partenaire bouge le pointeur vers cet objet (il a aussi des écouteurs et entend les mêmes instructions), alors vous serez probablement persuadé d'avoir effectué le mouvement. Le timing est bien sûr crucial. Si la souris bouge juste avant que vous que vous n'ayez l'idée de bouger, alors vous ne penserez pas avoir causé le mouvement. Si la souris bouge trop longtemps après, vous n'aurez pas non plus l'impression d'avoir causé le mouvement. Si l'intervalle entre le moment où vous pensez bouger la souris et celui où la souris bouge est compris entre une et cinq secondes, alors vous aurez la conviction d'avoir bougé votre bras même si ce n'est en fait pas le cas.

L'effet opposé peut également se produire. Dans ce cas, vous effectuez une action, mais vous êtes fermement convaincu que vous n'avez rien fait. Qui plus est cet effet n'est pas confiné aux laboratoires de psychologie. Cet effet se produit dans des situations de « la vraie vie » et peut avoir des conséquences désastreuses. Mais je ne vais pas vous en parler maintenant. Pour le moment je ne m'occupe que de nos moyens de connaissance du monde physique, qui comprend notre propre corps. L'illusion que vous n'êtes pas en train de faire ce que vous faites vient du fait que vous pensez que l'action est effectuée par quelqu'un d'autre. Cet effet implique le monde mental – le monde des autres esprits que nous n'aborderons pas avant le chapitre 6.

Où est le « vous » ?

Mon but dans ce chapitre est de vous convaincre que vous n'avez pas un accès privilégié à la connaissance de votre propre corps. Pour cela, j'ai présenté des observations aux divers étages de la connaissance par laquelle vous faites agir votre corps sur le monde. À l'étage du bas, il y a la connaissance de la position de votre corps dans l'espace. Cette connaissance est cruciale pour atteindre des objets. Vous êtes très bon pour atteindre. Pourtant vous connaissez mal la position de votre corps dans l'espace et cette connaissance est parfois erronée. À l'étage suivant, il y a la connaissance du quand et du comment bouger, également cruciale pour attraper des choses. Vous êtes bon pour effectuer des mouvements d'atteinte très rapides et pour les corriger à la volée. Pourtant vous ne savez pas forcément que vous avez opéré ces corrections précises et rapides. À l'étage du dessus, il y a la connaissance que vous êtes l'acteur de vos mouvements. Même sur ce point fondamental, vous pouvez encore vous tromper. Où cet exercice s'arrêtera-t-il ? Y a-t-il quelque chose que vous tenez pour certain à propos de vous-même ? Que reste-t-il de vous si vous n'avez pas conscience de votre corps et de vos actions ?

Rappelez-vous que, dans tous ces exemples, les actions sont très simples. Si quelqu'un vous lance une balle de cricket, vous n'y réfléchissez pas. Vous l'attrapez. Qu'en est-il des actes que vous devez méditer parce que vous êtes dans une situation nouvelle et que vous ne pouvez pas vous reposer sur des routines préalablement établies ?

Élodie Varraine étudie les gens qui marchent sur un tapis roulant. Elle peut varier la résistance du tapis pour rendre la marche plus ou moins difficile. Dans l'une de ses expériences, elle vous avertit qu'après quelques minutes de marche, la résistance du tapis roulant va graduellement augmenter. Vous devez détecter quand la résistance change. De plus vous devez répondre au changement de résistance en adaptant votre marche. Si l'instruction est de maintenir la vitesse de marche, alors il faut augmenter son effort. Si l'instruction est de garder un effort constant, alors il faut réduire la vitesse de marche. Le trait important de l'expérience est que l'action que vous devez mettre en place n'est pas une réponse automatique au changement de vitesse du tapis roulant. L'action doit être délibérément choisie en fonction de l'instruction que vous avez reçue. Le Dr Varraine a découvert que les participants adaptaient leur marche plusieurs secondes avant de détecter que la résistance du tapis roulant avait augmenté. En d'autres termes, votre cerveau peut détecter le changement de résistance et adapter votre marche sans que vous ayez conscience ni du changement de résistance ni de l'adaptation de la marche. Des actions basées sur des instructions arbitraires peuvent être choisies et implémentées à votre insu.

Les cas les plus extrêmes où les gens font des choses sans savoir qu'ils les font se rencontrent dans l'hypnose. Voici une anecdote typique[18].

> Nous nous asseyons avec le sujet dans le laboratoire. Alors que nous parlons du dernier match de boxe, l'opérateur frappe trois fois sur la table avec son stylo. Instantanément – je dis bien instantanément – les yeux du sujet se ferment et il respire comme s'il était endormi. [L'opérateur effectue diverses démonstrations de l'état somnambulique du sujet.] Puis nous le réveillons. Il se met aussitôt à parler du match de boxe ! Un visiteur du laboratoire l'interrompt :
> — Que savez-vous de l'hypnose ?
> Le sujet a l'air surpris :
> — Pourquoi ? Rien.
> — Quand avez-vous été hypnotisé pour la dernière fois ?
> — Je n'ai jamais été hypnotisé.
> — Vous rendez-vous compte qu'il y a quelques minutes, vous étiez en transe ?
> — Ne soyez pas stupide ! Personne ne m'a jamais hypnotisé et personne ne pourra jamais le faire.

Les psychologues sont très méfiants vis-à-vis de l'hypnose. La technique est teintée d'accusations de mysticisme et de fraude. En même temps, c'est l'étude de l'hypnose qui a permis d'établir la psychologie comme discipline scientifique. L'histoire commence avec Anton Mesmer. Celui-ci a développé une technique de cure (appelée par la suite mesmérisme) basée sur sa théorie du magnétisme animal. Il a rencontré un énorme succès, d'abord à Vienne puis à Paris. En 1784, Louis XVI nomma une commission royale, composée d'éminents scientifiques et dirigée par Benjamin Franklin (l'ambassadeur américain), pour examiner les déclarations de Mesmer. La commission conclut que les bienfaits de la cure étaient authentiques, mais que la théorie était fausse. Les effets étaient dus « à l'imagination et à l'imitation » (c'est-à-dire à des processus psychologiques) et pas à une force physique. Mesmer fut discrédité et quitta Paris[19], mais on continua d'employer sa technique et, vers le milieu du XIXe siècle, le mesmérisme s'était mué en hypnotisme. L'hypnose était utilisée comme analgésique avant les opérations de chirurgie et, plus tard, pour soigner l'hystérie. Grâce à l'hypnose, il semblait possible d'étudier comment des idées se transforment en actions. Le mécanisme psychologique suscitait un vif intérêt, non seulement de cliniciens comme Sigmund Freud mais aussi de psychologues comme William James.

Durant l'ascension du béhaviorisme, l'hypnose devint un sujet marginal pour la psychologie. Par l'observation, on ne fait pas la différence entre quelqu'un qui agit sous l'emprise d'une suggestion hypnotique et quelqu'un qui fait simplement ce que lui demande un type en blouse blanche. Pour le béhavioriste, l'hypnose n'était qu'un jeu d'acteur. Évidemment si on demande au sujet comment il a vécu l'expérience, les deux situations deviennent complètement différentes. Vous savez quand vous êtes en train de jouer un rôle. Vous ne savez pas quand vous agissez sous hypnose.

L'étude de l'hypnose est restée à la marge de la psychologie académique, mais des expériences importantes utilisant cette technique ont été réalisées. Voici celle que m'a décrite John Morton.

Un groupe d'étudiants suggestibles, mais par ailleurs parfaitement normaux, fut hypnotisé. On leur assigna une tâche d'association de mots. L'expérimentateur lisait une liste de mots et les sujets répondaient par le premier mot qui leur venait à l'esprit (lit – oreiller, pont – rivière, jardin – pelouse, etc.). Alors qu'ils étaient sous hypnose, on suggéra aux sujets qu'ils n'avaient plus aucun souvenir d'avoir effectué cette tâche. Ensuite l'expérimentateur lut la même liste de mots et les sujets durent répondre à nouveau avec le premier mot qui leur venait à l'esprit.

Voici maintenant la question clé. Si vous aviez une « vraie » perte de mémoire, de sorte que vous ne pourriez vous rappeler avoir effectué cette tâche d'association de mots, donneriez-vous les mêmes mots ou bien des mots différents ?

« Je donnerais bien évidemment des mots différents la seconde fois, dit le professeur de littérature. Les mots qu'on donne sont pur hasard, il y a tellement d'associations possibles, par exemple pour le mot arbre, qu'il est improbable que je donne deux fois le même. »

« C'est ce que pensent la plupart des gens, dis-je d'un ton suffisant, sauf s'ils ont assisté à des cours de neuropsychologie. »

Je sais que le professeur a tort grâce à des études sur les amnésies sévères, dans lesquelles les patients ne se rappellent pas qu'ils ont déjà effectué la tâche. Ces patients tendent à redonner les mêmes mots que la première fois. Ils vont même les donner un peu plus vite[20].

Les sujets qui étaient sous hypnose proposèrent des mots différents lorsque la tâche fut répétée. Comme le professeur de littérature, ils croyaient que c'était ce qui devait se passer si on ne se souvenait plus d'avoir déjà effectué la tâche et ils se sont comportés en accord avec ce présupposé. Mais ils ne réalisaient pas que c'était cela qu'ils faisaient. Voici donc ce que votre cerveau doit faire dans cette expérience, sans que vous en ayez conscience. D'abord, il doit mettre au point une stratégie générale pour répondre à la seconde tâche d'association de mots : « donner un mot différent de la première fois ». Ensuite, afin que cette stratégie fonctionne, il doit se rappeler quels mots ont été donnés la première fois pour éviter de les répéter. Enfin, il doit surveiller chaque réponse pour contrer la tendance à donner les mêmes mots.

Figure 3.11. L'auteur tel qu'il est vraiment.

Nous voici maintenant au sommet de la hiérarchie du contrôle de l'action. Et nous constatons que notre cerveau peut élaborer et implémenter une stratégie d'action complexe sans que nous en ayons conscience. Ma connaissance de mon propre corps et de son action sur le monde n'est pas directe. Il y a beaucoup de choses à mon sujet que mon cerveau me cache et beaucoup de choses qu'il fabrique. Auquel cas, quand je regarde dans le miroir, pourquoi ne me montre-t-il pas tel que je suis : jeune, mince et doté d'abondants cheveux noirs ?

À la fin de cette première partie du livre, si tout a marché comme prévu, vous devriez vous sentir quelque peu déconcerté. J'ai montré que notre expérience d'une interaction sans effort avec le monde – à travers nos perceptions et nos actions – est une illusion. Nous n'avons aucun contact direct avec le monde ou même avec notre propre corps. Notre cerveau crée cette illusion en nous cachant les processus complexes qui permettent d'acquérir des informations sur le monde. Nous ne sommes simplement pas conscients des inférences et des choix que notre cerveau doit faire en permanence. Quand les choses se passent mal, notre expérience du monde peut s'avérer complètement fausse. Mais comment pouvons-nous jamais être sûr de nos informations ?

Maintenant, ayant considéré le cerveau et l'esprit séparément, je dois essayer de les rassembler et de vous rassurer : nous pouvons avoir confiance dans notre expérience (la plupart du temps).

DEUXIÈME PARTIE

Comment le cerveau s'y prend

CHAPITRE 4

PROGRESSER PAR ESSAIS/ERREURS

Tout ce que nous savons du monde physique, y compris ce que nous savons de nos propres corps, vient de notre cerveau. Dans la première partie de ce livre, j'ai montré que le cerveau ne nous transmet pas passivement les informations comme un téléviseur. Notre cerveau génère activement des images du monde. Nous savons à quel point le cerveau est créatif parce que, quelquefois, ces images du monde sont complètement fausses. Cette découverte est perturbante parce qu'alors nous nous demandons comment nous assurer que ce que le cerveau nous dit du monde est vrai. La surprise est que le cerveau parvienne à générer des connaissances correctes. Le cerveau génère des représentations du monde à partir des signaux limités et imparfaits émis par les organes des sens. Par exemple, l'image visuelle formée sur notre rétine n'a que deux dimensions et pourtant notre cerveau crée pour nous une expérience vivante d'un monde où les objets se déploient dans un espace à trois dimensions. Heureusement, 99 fois sur 100, les représentations que crée notre cerveau sont correctes. Comment cela est-il possible ?

Distribution de récompenses et de punitions

APPRENDRE SANS PROFESSEUR

Notre cerveau apprend constamment des choses à propos du monde. À chaque moment, il doit découvrir l'identité des objets qui l'entourent : doivent-ils être approchés ou évités ? Il doit découvrir où sont ces objets : sont-ils proches ou éloignés ? Il doit découvrir comment atteindre le fruit sans se faire piquer par l'abeille. Qui plus est, il doit le faire sans professeur. Nous ne pouvons pas avoir en permanence quelqu'un à nos côtés qui nous dirait si ce que nous faisons est adapté ou non.

Les voyages constituent un des avantages de la carrière universitaire. Tous les mois, il y a une nouvelle conférence à laquelle je pourrais assister, souvent tous frais payés. Je me retrouve ainsi à marcher dans une ville que je ne connais pas, cherchant le centre des congrès où je vais rencontrer tous ces gens que je n'ai jamais vus, et poursuivre ceux que je connais pour leur parler. N'est-ce pas cet omniprésent professeur de littérature que je vois là-bas ? Je croyais que c'était un colloque scientifique.

Je n'ai jamais vu cette ville auparavant et pourtant je la parcours sans difficulté. J'aime visiter les endroits nouveaux et découvrir les rues par moi-même. J'apprends de nouvelles choses sur le monde, mais je n'ai pas besoin d'un professeur constamment à mes côtés. La plupart des apprentissages de l'enfance se produisent sans l'aide d'un professeur. Personne ne peut vous enseigner comment faire du vélo. Vous n'apprendrez qu'en essayant. Nous apprenons les fondamentaux du langage sans qu'on nous les enseigne. Des bébés américains de 9 mois peuvent apprendre à distinguer les différents sons du chinois, juste en se trouvant dans la même pièce que quelqu'un qui parle chinois.

Alors, comment pouvons-nous apprendre sans professeur ?

S'INSTRUIRE SUR L'AVENIR

Si un scientifique se fait une place dans la culture populaire, c'est parce que les gens remarquent quelque chose d'excentrique ou d'inhabituel chez lui ou dans ce qu'il fait. Nous savons que Galilée faisait tomber des trucs depuis le haut de la tour penchée de Pise, bien que nous ne soyons pas sûrs de savoir pourquoi. Nous croyons qu'Einstein a fait des découvertes importantes sur l'espace et le temps, mais tout ce que nous savons vraiment, c'est qu'il avait une drôle de coupe de cheveux.

Ivan Petrovich Pavlov était l'un de ces scientifiques. Même si ses expériences furent conduites il y a une centaine d'années, tout le monde sait qu'il faisait saliver des chiens avec une cloche. Il y a toutes sortes de raisons pour que cette expérience paraisse excentrique. Pourquoi étudier les chiens alors que la plupart des scientifiques étudient les rats[1] ? Pourquoi mesurer la salivation alors qu'il semble tellement plus facile de mesurer n'importe quel mouvement visible ? Pourquoi un signal aussi arbitraire qu'un son de cloche ? Et la question cruciale entre toutes : que diable cherchait-il donc ?

Les études de Pavlov sont importantes parce qu'elles nous révèlent quelque chose de fondamental sur l'apprentissage, qui s'applique aussi bien à l'homme qu'aux animaux. Les effets que Pavlov a observés ne sont pas restreints aux chiens, à la salivation et aux sons de cloches[2]. Pavlov étudiait la salivation parce que son premier centre d'intérêt avait été la digestion. Nous tous, comme les chiens, commençons à saliver environ une seconde après que la nourriture est

Figure 4.1. Ivan Petrovich Pavlov (1849-1936).
Pavlov (au centre) photographié avec l'un de ses chiens pendant une démonstration. Il découvrit le conditionnement classique, la forme la plus rudimentaire d'apprentissage associatif.

déposée dans notre bouche. C'est le point de départ du processus par lequel la nourriture est digérée. Cela n'est pas très surprenant. Il y a une relation directe entre la nourriture et la digestion. La nourriture n'a de valeur pour nous que si nous la digérons. Pavlov appela « réflexe inconditionné » le procédé par lequel la nourriture déclenche la salivation.

Or Pavlov découvrit aussi, peut-être par accident, qu'un signal arbitraire qui intervenait en même temps que la nourriture, par exemple le tic-tac d'un métronome, pouvait aussi causer une salivation. Si le son du métronome se faisait entendre juste avant que la nourriture ne pénètre dans la gueule du chien alors, après que cette procédure avait été répétée quatre ou cinq fois, le son pouvait causer la salivation sans qu'aucune nourriture ne soit donnée.

Pavlov appela ceci un « réflexe conditionné ». Pavlov suggéra que le son du métronome était devenu un signal de nourriture. Le chien ne faisait pas que saliver lorsqu'il entendait le métronome. Il se tournait aussi dans la direction d'où venait la nourriture et commençait à se lécher vigoureusement les babines. Lorsque le chien entendait le signal, il s'attendait à ce que la nourriture arrive[3].

Puisque le tic-tac d'un métronome est « assez étranger à la nourriture », le type de stimulus utilisé n'importe pas. Pavlov essaya beaucoup de stimuli différents. L'odeur de vanille, la sonnerie d'une cloche électrique, la vue d'un objet en rotation – tous ces stimuli pouvaient servir de signaux avertisseurs de nourriture.

Tant que nous avons faim, la nourriture est quelque chose que nous désirons. La nourriture a valeur de récompense. Nous l'anticipons. Au cours des soirées, nous nous frayons un chemin à travers l'inévitable attroupement autour du buffet, ignorant toute tentative de conversation jusqu'à ce notre assiette soit remplie. Pavlov montra que des stimuli arbitraires pouvaient devenir des signaux de nourriture et amener les animaux à anticiper. C'est pour cela qu'en soirée les gens vont automatiquement se diriger vers la pièce qui est la plus encombrée. Nous avons appris que c'est là que se trouvent la nourriture et les boissons.

Pavlov a aussi montré que le même type d'apprentissage se produit avec les punitions. Si une substance déplaisante est placée dans la gueule du chien, il va essayer de s'en débarrasser en secouant violemment la tête et en tournant sa langue (et aussi en salivant). Des stimuli arbitraires, comme un métronome qui bat, peuvent aussi devenir des signaux de ces événements aversifs que nous, comme les chiens, désirons éviter.

Pavlov avait trouvé une technique expérimentale pour étudier l'une des formes d'apprentissage les plus basiques. C'est une forme d'apprentissage associatif, car ce qui est appris est une association entre un stimulus arbitraire et un stimulus récompensant (de la nourriture dans la bouche) ou punitif (un choc électrique). Un tel apprentissage constitue un mécanisme important pour s'instruire sur le monde.

Grâce à ce mécanisme, on peut apprendre quelles choses sont bonnes et lesquelles sont désagréables. Par exemple, la couleur peut être signe qu'un fruit est mûr. Quand le fruit mûrit, il a tendance à devenir plus rouge, ou plus exactement moins vert, parce que la chlorophylle se désagrège. Nous préférons le bon fruit mûr à l'infect fruit vert. Ainsi, nous pouvons apprendre quels sont le bon et le mauvais fruit à partir de leur couleur.

Mais le mot « association » peut induire en erreur. Il ne suffit pas que le son et la nourriture soient proches dans le temps pour induire un apprentissage. Dans l'une de ses études, Pavlov rapporte qu'après 374 séquences comprenant un son strident et de la nourriture, aucun apprentissage n'avait eu lieu. La raison en est que le son retentissait cinq à dix secondes après que la nourriture était placée dans la gueule de l'animal. Un stimulus arbitraire n'est intéressant que s'il annonce que quelque chose de bon ou de mauvais va se produire à l'avenir. Si le stimulus intervient après l'événement important, il n'a aucun intérêt. Dans ce cas, nous sommes déjà au courant de l'événement important. Le stimulus ne nous apprend rien de nouveau, donc nous l'ignorons.

L'apprentissage découvert par Pavlov est précisément le type d'apprentissage dont nous avons besoin pour survivre. Cet apprentissage identifie tous les stimuli utiles du monde extérieur, qui nous avertissent de ce qui va se passer dans le futur. Or, bien qu'apprendre quels événements vont être plaisants et lesquels vont être désagréables soit très utile, cela ne suffit pas pour la survie. Nous devons aussi apprendre quoi faire pour obtenir les choses plaisantes et éviter les choses désagréables.

À peu près au moment où Pavlov faisait saliver des chiens à Saint-Pétersbourg, Edward Thorndike à New York mettait des chats dans des boîtes à énigme d'une construction spéciale. C'étaient de petites cages avec une porte que le chat pouvait ouvrir, par exemple en tirant sur une boucle de ficelle. Thorndike montra que les chats pouvaient apprendre à tirer sur la ficelle, sortir de la cage et manger le poisson placé à l'extérieur. Mais la question cruciale à laquelle il voulait répondre était : comment font-ils pour apprendre ? Thorndike comprit qu'il était important de chercher quelles étaient les façons dont les chats n'apprenaient pas. Il montra qu'avoir un professeur ne les aidait pas[4]. Les chats n'apprenaient pas par imitation. L'observation répétée d'un autre chat qui avait auparavant appris à tirer la ficelle pour ouvrir la porte n'était d'aucune aide. Thorndike montra également que les chats n'apprenaient pas par démonstration. Il prit la patte du chat et tira avec sur la ficelle de sorte que le chat pût sortir et manger le poisson. Même après de nombreuses démonstrations de ce type, si le chat était laissé seul dans la boîte, il ne tirait pas spontanément sur la ficelle.

Thorndike conclut que les chats ne pouvaient apprendre comment sortir de la boîte que par essais/erreurs. Dès qu'un chat était mis dans la boîte, il essayait de s'échapper et d'attraper le poisson. Il essayait de secouer toutes les ouvertures, il griffait et mordait les barreaux. Il passait ses pattes dans tous les trous et griffait tout ce qui était à sa portée. Par accident, il finissait par griffer la boucle de la ficelle et ouvrir la porte. Par la suite, chaque fois que le chat était remis dans la boîte, il en ressortait un peu plus vite. L'action de tirer la corde était réalisée de plus en plus tôt jusqu'à ce que, en fin de compte, le chat tirât la corde dès qu'il était dans la boîte.

Thorndike réalisa qu'il s'agissait aussi d'un apprentissage par association. Le chat avait appris à associer une action (tirer la corde) avec une récompense (sortir de la boîte et manger le poisson). Tous les animaux peuvent apprendre de cette façon. Nous les humains, comme les chats, avons plus de chances de répéter n'importe quelle action si elle est suivie d'un événement agréable. Comme dans l'apprentissage étudié par Pavlov, l'inverse est également vrai. Il est moins probable que nous répétions une

Figure 4.2. Une des boîtes à énigme d'Edward Thorndike.
Thorndike découvrit le conditionnement instrumental, l'autre forme rudimentaire d'apprentissage associatif. Un chat devait trouver comment sortir de la boîte et atteindre le poisson placé au-dehors.

action suivie d'une expérience déplaisante. Nous pouvons aussi désapprendre une association (ce qu'on appelle extinction). Si tirer sur la ficelle n'ouvre plus la porte, le chat finira par cesser de le faire.

Par ce mécanisme d'apprentissage, nous découvrons comment nos actions influencent le futur.

APPRENTISSAGE SUPERSTITIEUX

Quand le chat a appris à sortir de la boîte à énigme en tirant la ficelle, cela ne signifie pas qu'il a compris comment la ficelle ouvre la porte. Il aurait appris tout aussi bien une action qui serait « assez étrangère » à la récompense, comme dans le type d'apprentissage étudié par Pavlov. N'importe quelle action arbitraire qui intervient juste avant une récompense a plus de chances d'être répétée.

Une génération après Thorndike, Burrhus Skinner[5] développa la boîte éponyme, qui n'est rien d'autre qu'une version raffinée et mécanisée de la boîte à énigme. L'animal dans la boîte appuie sur un levier avec les pattes (si c'est un rat) ou frappe une touche avec le bec (si c'est un pigeon) et des récompenses ou des punitions sont automatiquement délivrées. Les temps d'occurrence de ces événements sont enregistrés en continu.

Grâce à cette boîte, Skinner démontra la nature arbitraire de l'apprentissage de la réponse opérante, dans une expérience des plus élégantes sur la « superstition » chez le pigeon. Un pigeon affamé fut placé dans une boîte de Skinner et de la nourriture était fournie à intervalles réguliers sans référence d'aucune sorte au comportement du pigeon. Après un bref délai, on voyait le pigeon répéter indéfiniment quelque action arbitraire. Un pigeon tournait dans le sens contraire des aiguilles d'une montre autour de la cage, faisant deux ou trois tours entre chaque livraison de nourriture. Un autre passait régulièrement la tête par l'un des coins en haut de la cage. Un troisième développa un comportement de « retournement », comme s'il plaçait sa tête sous une barre invisible qu'il soulevait de façon répétée. Skinner qualifia ces comportements de « superstitieux » parce que les pigeons agissaient comme s'ils croyaient que leur action causait l'apparition de nourriture alors que ce n'était pas le cas. Il suggéra que des comportements superstitieux pouvaient émerger de la même façon chez l'homme.

Ceci pourrait expliquer pourquoi tellement de sportifs, ainsi que leurs fans, ont des mascottes porte-bonheur et des rituels d'avant-match. Un joueur de tennis va toujours faire rebondir sa balle d'une certaine façon avant de servir. On raconte que Goran Ivanisevic évitait de toucher ses cheveux ou ses poils de barbe pendant toute la durée des tournois.

Cette explication des comportements superstitieux a été reprise avec enthousiasme par les étudiants en psychologie. Un informateur fiable, de la promotion 1968 à l'Université de Cambridge, m'a raconté qu'ils pouvaient amener un éminent neuropsychologue à faire son cours du bord gauche de l'amphithéâtre, en bâillant ou en faisant tomber un stylo chaque fois qu'il se dirigeait vers la droite. Une caractéristique intéressante de ces expériences est qu'elles ne marchent que si la cible n'est pas consciente qu'elle est en train d'assimiler les contingences des récompenses dans son environnement. Nous n'avons pas besoin d'être au courant des associations pour les apprendre – en fait on apprend mieux si on n'en est pas conscient.

Dans la première partie de ce livre, j'ai montré la quantité de choses que notre cerveau sait du monde sans que cette connaissance atteigne jamais notre conscience. Cela est particulièrement vrai de ce que notre cerveau a appris par association. C'est ce qui rend la perception et l'action si faciles en apparence. Nous ne sommes pas conscients de toute la connaissance qu'il a fallu acquérir pour nous aider à interagir avec le monde. Quand je dis plus bas que « nous apprenons à prédire le futur », il faut se rappeler que, dans la plupart des cas, ce n'est pas quelque chose que nous faisons consciemment ou délibérément.

COMMENT LE CERVEAU APPREND

Les deux types d'apprentissages concernent le futur. Nous apprenons que certains signaux annoncent ce qui va se produire à l'avenir. Nous apprenons que certaines actions auront des conséquences dans le futur. Évidemment ce ne sont pas les signaux qui prédisent ce qui va se passer. C'est le cerveau qui fait la prédiction. On peut constater que le cerveau prédit de cette façon en observant directement l'activité des cellules nerveuses[6].

Les cellules nerveuses sont essentiellement des appareils de communication. L'information est transmise d'une extrémité à l'autre de la cellule en utilisant l'électricité à peu près de la même façon que dans les lignes téléphoniques (voir chapitre 5). Mais qu'arrive-t-il lorsque le signal parvient au bout du neurone ? Comment l'information passe-t-elle d'un neurone à l'autre ? Il y a un problème similaire avec le téléphone. Il n'y a pas de connexion électrique entre le téléphone et mon oreille. Il y a un espace. Pour le téléphone, le problème est résolu par l'utilisation des molécules

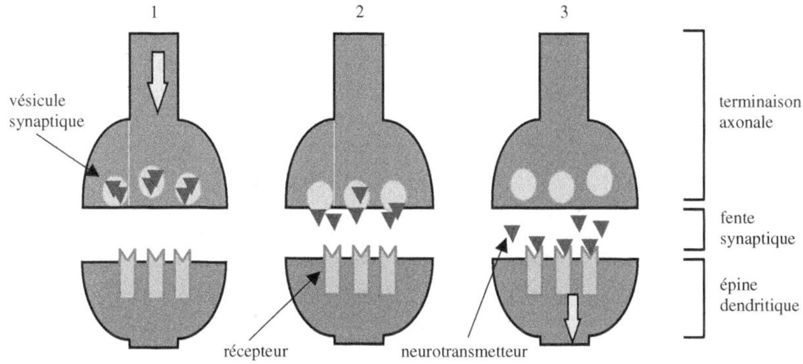

Figure 4.3. La synapse.
Quand une cellule communique avec une autre.
1. Un influx nerveux (potentiel d'action) arrive dans la terminaison nerveuse présynaptique.
2. Cela entraîne la migration des vésicules vers le bord de la fente synaptique où elles vont déverser les neurotransmetteurs qu'elles contiennent.
3. Les neurotransmetteurs dérivent au travers de la fente synaptique et vont se lier aux récepteurs de la cellule nerveuse postsynaptique (au niveau d'une épine dendritique). Si la synapse est efficace et excitatrice, ceci va induire un influx nerveux dans la cellule postsynaptique. Si la synapse est inhibitrice, la cellule postsynaptique deviendra moins active. Toutefois chaque neurone est connecté (par des synapses) à beaucoup d'autres, de sorte que le comportement de la cellule postsynaptique dépend de la somme des effets de ses nombreuses entrées.

d'air pour transmettre le signal. L'écouteur fait vibrer les molécules d'air et cette vibration traverse l'espace jusqu'à être captée par mon oreille. Pour les cellules nerveuses, le mécanisme qui permet de traverser l'espace d'un neurone à l'autre est beaucoup plus complexe. En termes simples, lorsque le signal électrique arrive au bout du neurone, il déclenche la libération d'une substance chimique. Cette substance chimique flotte à travers l'espace qui la sépare du neurone suivant jusqu'à le stimuler. L'espace entre un neurone et le suivant est appelé synapse (ou plus exactement fente synaptique). Les substances chimiques qui font le pont entre les neurones sont appelées neurotransmetteurs. On a trouvé beaucoup de neurotransmetteurs différents dans le cerveau, et on peut classer les cellules nerveuses en différentes catégories selon les neurotransmetteurs qu'elles utilisent.

Une classe importante de cellules nerveuses libère un neurotransmetteur connu sous le nom de dopamine. On les appelle souvent cellules de récompense, car elles s'activent immédiatement après que l'animal a obtenu de la nourriture ou de la boisson. Un rat va presser un levier de manière à stimuler ces cellules et semble même préférer cette stimulation à la nourriture ou au sexe. C'est ce qu'on nomme l'autostimulation[7].

Wolfram Schultz a enregistré l'activité de ces cellules pendant une expérience de conditionnement et découvert que ce ne sont pas vraiment des cellules de récompense. Comme dans l'expérience de Pavlov, un stimulus arbitraire (un flash de lumière) était suivi une seconde plus tard d'une giclée de jus de fruit dans la bouche du singe. Au début les neurones à dopamine se comportèrent comme des cellules de récompense, répondant à l'arrivée du jus du fruit, mais après l'entraînement elles cessèrent de répondre à cet événement. Au lieu de cela, les cellules répondaient immédiatement après que le singe voyait le flash de lumière, une seconde avant l'arrivée du jus de fruit. L'activité des neurones à dopamine semblait signaler que le jus allait arriver. Au lieu de répondre à la récompense, ils prédisaient la récompense.

L'importance de la prédiction fut révélée encore plus clairement lorsque le singe voyait le flash de lumière mais ne recevait pas ensuite le jus de fruit. Au moment où le jus aurait dû être délivré, les neurones à dopamine devinrent

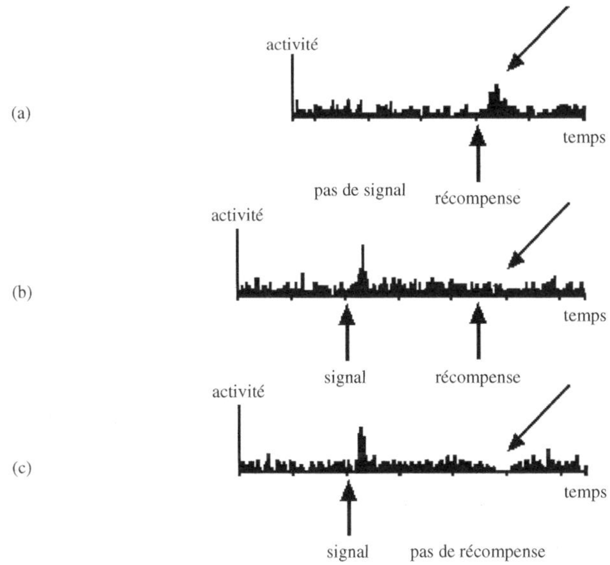

Figure 4.4. L'activité des neurones dopaminergiques représente l'erreur dans notre prédiction de la récompense.
L'activité de ce neurone dopaminergique (dans les ganglions de la base) était enregistrée alors que le singe avait appris que le flash de lumière (le signal) était suivi d'une giclée de jus de fruit dans la bouche (la récompense).

(a) Il n'y a pas de signal donc le singe ne sait pas quand la récompense va arriver. Cette récompense imprévue entraîne une augmentation d'activité.
(b) Le singe sait quand la récompense va arriver. La récompense n'entraîne aucun changement d'activité. Cependant le singe ne sait pas quand le signal sera émis. Ce signal de récompense inattendu active le neurone.
(c) Le singe s'attend à ce que la récompense survienne, mais elle n'arrive pas. L'absence de la récompense prédite entraîne une diminution d'activité.

moins actifs. Le cerveau du singe avait prédit exactement quand le jus devait être délivré et les neurones à dopamine signalaient que la récompense n'était pas arrivée en réduisant leur activité.

COMMENT L'ERREUR PEUT NOUS SERVIR DE PROFESSEUR

L'activité de ces cellules ne signale pas la récompense. Elle ne signale pas non plus qu'une récompense arrive bientôt. L'activité de ces cellules nous dit qu'il y a une erreur dans notre prédiction à propos de la récompense. Si le jus arrive au moment où nous nous y attendons, il n'y a pas d'erreur dans notre prédiction et les neurones à dopamine n'émettent pas de signal. Si le jus arrive sans qu'on s'y attende, la récompense est meilleure que prévu et les neurones renvoient un signal positif. Si le jus n'arrive pas alors qu'on l'attendait, la récompense est moins bonne que prévu et les neurones enverront un signal négatif. Ces activités qui signalent les erreurs dans nos prédictions nous permettent de nous instruire sur le monde sans l'aide d'un professeur. Si nos prédictions s'avèrent incorrectes, c'est le signe que nous devons faire quelque chose pour les améliorer.

Avant même la découverte que l'activité des neurones à dopamine signale l'erreur de prédiction, des mathématiciens avaient développé des algorithmes permettant à des machines d'apprendre de façon similaire.

Un concept important dans ce mécanisme d'apprentissage associatif est celui de « valeur ». Le stimulus inconditionné dans les expériences de Pavlov a une valeur intrinsèque – une valeur positive pour la nourriture (la récompense) et négative pour le choc électrique (la punition). Ce genre d'apprentissage associatif marche de la façon suivante : chaque fois que nous obtenons une récompense, tout ce qui s'est passé juste avant prend de la valeur. Même les choses qui se sont produites assez longtemps avant la récompense se trouvent légèrement valorisées. Certains de ces événements se seront produits par hasard et ne seront pas pertinents. En toute probabilité, les occurrences ultérieures de ces événements non pertinents ne seront pas suivies de récompense. Ce qui déclenchera le signal d'erreur. Si la récompense anticipée n'est pas obtenue, l'événement non pertinent sera dévalué. Si au contraire la récompense est prédite correctement, il n'y aura pas de signal d'erreur et l'événement pertinent sera de plus en plus valorisé. De cette façon, notre cerveau attache une valeur à tous les événements, les objets et les lieux de notre environnement. Beaucoup resteront neutres, certains obtiendront de hautes valeurs et d'autres des valeurs plus basses.

Nous faisons l'expérience de cette carte des valeurs dans notre cerveau lorsque nous revenons d'un long voyage à l'étranger – nous sentons monter une émotion alors que les rues que nous empruntons deviennent de plus en plus familières.

Si nous approchons les choses de valeur positive et fuyons celles de valeur négative, alors nous obtiendrons des récompenses et éviterons des punitions. Toutefois ce mécanisme d'apprentissage associatif ne nous renseigne que sur la valeur des choses. Il ne nous explique pas comment les obtenir. Le chat de Thorndike, quand il fut mis pour la première fois dans la boîte à énigme, savait que le poisson était de grande valeur, mais il ne savait pas comment faire pour l'atteindre.

Il existe un mécanisme permettant d'apprendre ce qu'il faut faire pour obtenir les récompenses (et éviter les punitions). Il s'agit de l'algorithme dit de « différence temporelle ». Cette procédure permet à une machine de découvrir la meilleure séquence d'actions à effectuer pour obtenir quelque chose de valeur. Cette procédure est aussi connue sous le nom de « modèle acteur-critique ». Une partie du programme, l'acteur, choisit l'action à réaliser. L'autre partie, le critique, indique la valeur de cette action, en signalant à l'acteur

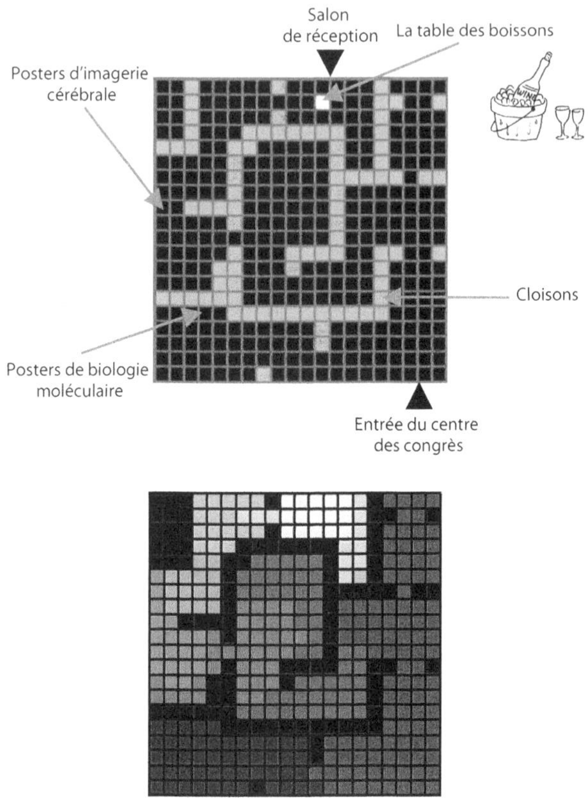

Figure 4.5. Le cerveau représente le monde comme un espace de récompenses. En haut : une carte du centre des congrès.
En bas : ma carte cérébrale du centre des congrès comme un espace de récompenses. Je suis arrivé dans un centre inconnu sans carte. La table des boissons est cachée derrière bien des cloisons. Je ne peux la trouver que par essais/erreurs. Après que je suis tombé plusieurs fois sur la table des boissons, mon cerveau a formé une carte du centre des congrès comme un espace de récompense. Le niveau de gris représente la valeur. Du moment que je me déplace vers les couleurs plus claires, je finirai par atteindre la table des boissons. Je ne suis pas conscient de cette carte. Je vais simplement vers la table des boissons.

l'erreur de prédiction. Une bonne action est celle qui nous place dans une situation meilleure que la précédente. Le commentaire du critique correspond à la différence de valeur entre deux moments consécutifs (d'où le terme de « différence temporelle »). La valeur augmente si l'action vous rapproche de la récompense. C'est une façon de découvrir les chemins qui mènent à la récompense. La valeur la plus haute est attribuée à l'endroit le plus proche de la récompense. Si nous nous éloignons de la récompense, la valeur diminue. En nous déplaçant chaque fois vers un lieu de plus grande valeur, nous finirons par tomber sur la récompense. Bien sûr ces valeurs ne sont pas véritablement inscrites dans le monde réel. Elles ne sont inscrites que dans le modèle interne du monde que nous avons dans nos cerveaux, le modèle que nous avons construit par apprentissage sur la base de notre expérience.

Wolfram Schultz et les experts des sciences computationnelles Peter Dayan et Read Montague ont montré que le comportement des neurones à dopamine était exactement ce que vous attendriez si le cerveau du singe utilisait les mêmes méthodes d'apprentissage que les machines suivant l'algorithme de différence temporelle. L'activité des cellules à dopamine code l'erreur de prédiction qui permet au singe d'apprendre sans professeur. Ce genre d'apprentissage ne se produit pas que dans les cellules nerveuses des singes. L'apprentissage par prédiction peut expliquer le comportement des abeilles cherchant les meilleures fleurs et celui des humains pariant pour de l'argent[8]. Dans les deux cas, l'apprentissage par prédiction crée une carte des actions possibles où chacune porte une certaine probabilité de mener à la récompense.

LA CARTE DU MONDE DANS NOTRE CERVEAU

Au fil de l'apprentissage associatif le cerveau construit une carte du monde. Il s'agit essentiellement d'une carte de valeur. La carte localise les objets de haute valeur, où j'ai de bonnes chances d'être récompensé, et ceux de faible valeur, où j'ai de bonnes chances d'être puni. La carte indique aussi les actions de haute valeur qui ont une forte probabilité de succès et celles de faible valeur qui ont une forte probabilité d'échec.

Me tenant sur le seuil du réfectoire du collège, je vais instinctivement là où on peut trouver la meilleure nourriture. Je vais vers les tables où s'assoient mes amis et j'évite celles fréquentées par les généticiens moléculaires et les professeurs de littérature. Je pousse automatiquement la porte (plutôt que de la tirer) et je me dirige sans y penser vers le comptoir des plats chauds[9]. De temps en temps, l'administration va décider de réarranger les tables et de changer les portes. Pendant un moment je vais persister à pousser la porte au lieu de la tirer, mais au final la carte de mon cerveau va automatiquement s'ajuster.

Ayant assemblé mon repas je me trouve, non sans quelque surprise, assis aux côtés du professeur de littérature, à essayer de la convaincre que ces nouvelles théories sur la façon dont le cerveau apprend sont intéressantes et importantes. « Pour nos cerveaux, lui dis-je, ce n'est pas une scène confuse de bruit et de fureur que nous voyons autour de nous, mais une carte de signaux indiquant les futures possibilités. À travers cette carte de possibilités, nos corps sont intimement liés à notre environnement immédiat. Je n'ai qu'à regarder cette tasse-là et mon cerveau commence à tendre mes muscles et courber mes doigts pour le cas où je voudrais l'attraper. C'est ainsi que nos esprits sont inscrits dans le monde physique, expliqué-je au professeur. C'est ainsi que nos cerveaux s'instruisent du monde sans besoin d'un professeur. » Je tente de la persuader en particulier que ces idées ne sont pas que des mots ou des gesticulations. Ces idées s'appuient sur de rigoureuses équations mathématiques.

« Êtes-vous vraiment en train de me dire, répond-elle, qu'il y a quelque part dans mon cerveau une carte de tous

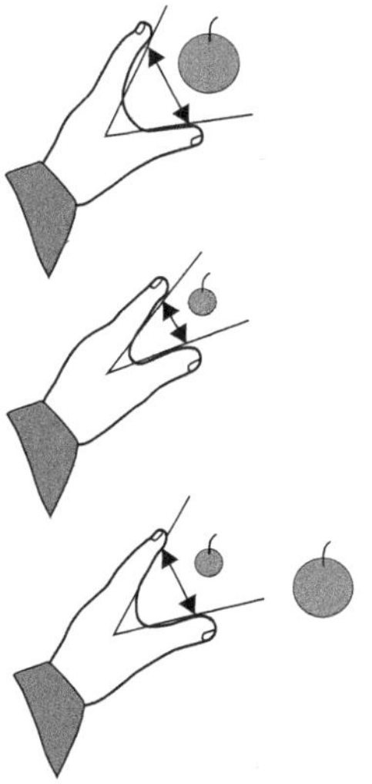

Figure 4.6. Notre cerveau prépare automatiquement des programmes d'action pour les objets qui nous entourent.
Au cours d'une série d'expériences, Umberto Castiello et ses collègues ont montré comment différents objets d'une scène visuelle activent automatiquement les réponses nécessaires pour les atteindre et les attraper (les programmes d'action) sans qu'on ait conscience de cette intention d'agir. Pour cela ils ont mesuré très précisément les mouvements de la main quand les gens saisissent des objets. Quand nous saisissons un objet, la distance entre le pouce et les autres doigts (l'ouverture de la pince manuelle) est ajustée à l'avance en fonction de la taille de l'objet. Si j'attrape une pomme, j'ouvre davantage ma main que si j'attrape une cerise. Mais si je prends une cerise alors qu'il y a une pomme sur la table, je vais ouvrir davantage ma main que je ne le fais habituellement pour les cerises. L'action nécessaire pour prendre une pomme va interférer avec mon action dirigée vers la cerise. Cette interférence venant des autres objets du monde visuel montre que le cerveau a implémenté des programmes d'action pour chacun d'entre eux en parallèle.

les endroits que j'ai visités et des instructions pour saisir tous les objets que j'ai vus ? »

Je lui explique que c'est peut-être l'aspect le plus intelligent de ces algorithmes d'apprentissage. Il n'y a qu'une carte, pas une séquence de cartes remontant loin dans le passé. Cette carte n'a pas de mémoire. C'est comme lorsqu'on regarde le monde au travers d'un kaléidoscope. Pour autant que nos prédictions sont correctes, la distribution des valeurs reste stable. Un échec dans la prédiction secoue la distribution de sorte qu'une nouvelle peut émerger et remplacer l'ancienne. De cette façon, nous pouvons adapter notre comportement à un environnement toujours changeant.

« Vous êtes peut-être coincé dans un éternel présent, répond-elle, mais quant à moi ce que j'éprouve est assez différent. Mon esprit est plein de regrets du passé et d'espoirs du futur plutôt que de sensations présentes. Votre esprit, ajoute-t-elle, est peut-être inscrit dans le monde physique, mais le mien est inscrit dans la culture, dans le monde créé par d'autres esprits. Si j'ai jamais conscience du monde physique, c'est justement parce qu'il n'est pas moi. C'est ce qui fait mal quand mon orteil heurte le pavé. » Avant que je puisse répondre, elle s'en va donner son dernier cours sur « le courant de conscience[10] ».

Cette intervention du professeur de littérature nous rappelle le fossé dramatique entre ce que notre cerveau sait du monde et notre expérience consciente du monde. L'apprentissage associatif peut expliquer comment nos cerveaux acquièrent une connaissance sur le monde, mais nous sommes difficilement conscients de cette connaissance ou de son acquisition. Quelle est donc cette expérience consciente du monde que crée notre cerveau ?

Comment le cerveau nous implante dans le monde et ensuite nous dissimule

Je réalise qu'elle a raison. Quoi que mon cerveau fasse, tout comme elle, je ne me sens pas inscrit dans le monde physique. Mon impression est d'être dans le monde physique, mais détaché de lui. Mon cerveau m'a peut-être intelligemment inscrit dans le monde physique, mais je ne suis pas conscient de cette inscription.

Le problème avec l'étude des chiens, des chats et des pigeons est que nous ne connaissons que leur comportement. Nous ne savons rien de ce qu'ils éprouvent. L'apprentissage associatif n'a pas été aussi extensivement étudié chez l'homme, mais nous savons qu'un tel apprentissage se produit chez nous comme chez les autres animaux. Alors quelle impression peut bien faire cet apprentissage ? Le conférencier qui apprend à se tenir sur la gauche de l'amphithéâtre pour que ses étudiants l'écoutent semble ne pas être conscient de ce qui se passe. Il y a aussi des expériences proprement dites qui ont démontré ce genre de phénomène.

Dans le chapitre 2, j'ai montré à quel point notre cerveau peut parfois se montrer cachottier. J'ai décrit les expériences de Paul Whalen et de ses collègues, dans lesquelles notre cerveau répond à la vue d'un visage effrayé même quand nous ne sommes pas conscients d'avoir vu ce visage. John Morris et ses collègues ont réalisé une étude corollaire où les visages étaient utilisés comme stimuli conditionnés à la manière des expériences de Pavlov. Ils ont présenté deux visages en colère. L'un était toujours suivi d'un bruit assourdissant tandis que l'autre non. Les sujets ont rapidement été conditionnés pour le visage associé au bruit. Le cerveau des participants répondait ensuite à ce visage irrité comme si c'était un bruit assourdissant. Mais le participant lui-même n'était pas conscient d'avoir vu le visage irrité, parce qu'il était masqué par un autre visage. Le volontaire apprenait une réponse conditionnée alors qu'il n'était pas conscient de voir le stimulus qui déclenchait cette réponse conditionnée[11].

L'apprentissage associatif est vital pour notre survie. Il nous inscrit dans le monde physique et nous permet de répondre rapidement et efficacement aux sollicitations de ce monde. À travers l'apprentissage associatif, nous faisons l'acquisition de connaissances importantes sur le monde physique. Mais nous sommes difficilement conscients de cette connaissance. Notre esprit a des préoccupations plus élevées. Généralement les objets de ces préoccupations élevées sont nos propres souhaits et désirs privés.

LE MOI ET LE MONDE

Alors, comment est-ce que je me perçois dans le monde ? Considérons une action très simple comme marcher de long en large alors que j'essaie de penser à la phrase suivante. Il y a moi et il y a le monde dans lequel je me déplace, qui n'est pas moi. La grande différence est que je bouge, tandis que le monde reste exactement à la même place. Ceci est très étrange parce que chaque fois que je bouge, ce mouvement induit des changements considérables dans ce que mon cerveau perçoit du monde. Même bouger simplement les yeux a des effets dramatiques. Sur ma rétine, et à nouveau sur mon cortex visuel à l'arrière de mon cerveau, une image du monde est projetée. Si je bouge mes yeux cette projection va complètement changer. Comme je bouge mes yeux de gauche à droite, balayant du regard le sapin dans le jardin, la projection du sapin sur ma rétine va se déplacer de droite à gauche. Il y a un changement énorme dans la sensation. Ceci pose problème pour mon cerveau : y a-t-il un changement de sensation parce que mon œil bouge ou parce que c'est le sapin qui bouge ?

Nous avons tous éprouvé à quel point le mouvement est ambigu au départ du train. Je pense que mon train est reparti et puis je me rends compte que c'est celui d'à côté qui s'en va dans l'autre sens. Mais nous éprouvons rarement une ambiguïté quand il s'agit de savoir si c'est l'arbre qui passe devant mes yeux ou mes yeux qui passent devant l'arbre. Il y a plus de cent ans, Helmholtz était préoccupé par ce phénomène. Il montra que nous pouvons parfois être incertains même du mouvement de nos yeux. S'il bougeait son œil en le pressant avec son doigt, le monde lui semblait danser d'un côté sur l'autre[12]. Alors pourquoi est-ce que le monde reste stable lorsque nous bougeons nos yeux normalement ?

Helmholtz réalisa que notre cerveau a déjà une information détaillée sur le mouvement des yeux avant que celui-ci ne se produise. C'est en effet notre cerveau qui envoie la commande vers les muscles des yeux pour déclencher le mouvement. Cette commande peut être utilisée pour prédire exactement comment nos sensations vont changer quand le mouvement se produit[13]. Ici encore le cerveau apprend des choses importantes sur le monde par le biais de la prédiction.

Notre cerveau peut utiliser cette prédiction pour nous faire percevoir le monde comme étant stable alors que son image fait des bonds sur la rétine chaque fois qu'on bouge les yeux. Cette illusion de stabilité est importante pour notre survie. Tous les animaux sont extrêmement sensibles aux brusques changements de sensation visuelle. Tout changement soudain dans les sensations est probablement causé par un petit animal que nous voulons attraper ou par un grand animal que nous voulons éviter. Mais les changements visuels créés par nos propres mouvements n'ont aucune pertinence. En prédisant ces changements sans importance, le cerveau empêche qu'on y réponde. Nous pouvons alors consacrer davantage d'attention à ce qui se passe dans le monde extérieur.

NOUS NE POUVONS PAS NOUS CHATOUILLER NOUS-MÊMES

Il fut un temps où les scientifiques étaient des gens sérieux, maîtres d'une connaissance spécifique que les gens ordinaires ne pouvaient espérer comprendre. Les scientifiques ne sont plus comme ça de nos jours. Nous devons rendre des comptes au public. Notre recherche doit être pertinente, compréhensible et, plus que tout, distrayante[14]. Avec ceci en tête, Sarah-Jayne Blakemore, Daniel Wolpert et moi-même avons décidé d'étudier les chatouilles. Il était déjà bien établi par l'expérience générale, soutenue par la science, que nous ne pouvons pas nous chatouiller nous-mêmes. La raison se trouve dans le processus de prédiction. Notre cerveau peut prédire ce que nous allons ressentir parce que c'est lui qui envoie la commande aux doigts qui créent la sensation de chatouille.

Il y a des récepteurs sur la peau qui détectent quand on touche notre corps. Ces récepteurs envoient des signaux aux zones du cortex dédiées à la représentation du toucher (la figure 3.7 montre la région sensori-motrice primaire). Si j'effleure la paume de votre main alors qu'on scanne votre cerveau, je peux observer une augmentation spectaculaire de l'activité neuronale dans les zones correspondant au toucher. Mais si vous effleurez vous-même votre paume de la même façon[15], je n'observerai qu'une toute petite augmentation d'activité. Quand vous vous touchez, le cerveau supprime votre réponse.

Le professeur de littérature retire sa main alors que j'essaie de la chatouiller. « Cela n'est pas très surprenant, dit-elle, la sensation est beaucoup moins intense quand je chatouille ma main. Il est évident que mon activité cérébrale

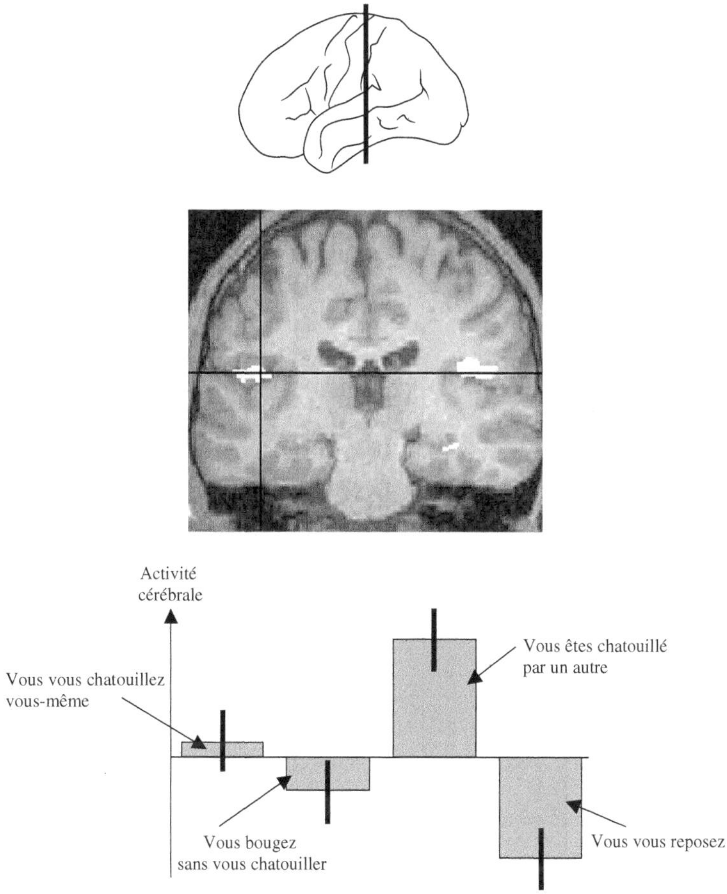

Figure 4.7. La réponse du cerveau aux chatouilles.
En haut : une coupe passant par le milieu du cerveau montre une région du cortex somatosensoriel secondaire qui répond au toucher. En bas : l'activité de cette région cérébrale est plus importante si quelqu'un vous chatouille que si vous vous chatouillez vous-même, alors que le toucher est identique. Les lignes verticales noires sont des barres d'erreur indiquant la variabilité des résultats. Ne vous fiez jamais aux figures sans barre d'erreur.

doit correspondre à mon expérience subjective. Vous n'arrêtez pas de me dire que ce que je ressens dépend de mon cerveau. »

Ce que montre l'étude d'imagerie, c'est la zone du cerveau où la suppression se produit. Cela se passe dans la région du cortex où les sensations arrivent en premier. Pour que cela fonctionne, le cerveau doit prédire l'activation pour la contrer au moment où elle arrive.

Les chatouilles n'ont rien de spécial. Nous provoquons des sensations chaque fois que nous bougeons même si nous ne touchons pas notre corps ou quoi que ce soit. Il y a des récepteurs dans les muscles qui détectent leur degré de tension et aussi dans les articulations pour mesurer leur angle d'ouverture. Les récepteurs sont stimulés chaque fois que nos membres bougent, mais les réponses cérébrales à ces stimulations sont supprimées lorsque nous les bougeons nous-mêmes. Si quelqu'un d'autre bouge notre membre (entraînant un mouvement passif), alors la réponse corticale est bien plus importante. Notre cerveau ne peut pas prédire ce qui va se passer lors d'un mouvement passif, nos sensations de mouvement ne sont donc pas supprimées.

La sensation d'avoir le contrôle

Il y a beaucoup de raisons pour lesquelles la prédiction est une bonne chose. Si nous savons ce qui va arriver, alors nous pouvons nous détendre. Nous pouvons cesser d'échafauder des plans sur ce que nous allons bien pouvoir faire. Nous ne devons changer nos plans que lorsque quelque chose d'inattendu se produit. Si nous savons ce qui va se passer, nous avons aussi le sentiment d'avoir le contrôle.

Nous aimons tous avoir une impression de contrôle. La chose que nous contrôlons le mieux, c'est notre corps. Pourtant, paradoxalement, parce que le cerveau supprime les sensations corporelles qu'il peut prédire, nous nous sentons davantage maîtres de nous-mêmes quand nous ne sentons rien. J'attrape mon verre et tout ce que je peux percevoir c'est la couleur et le goût du vin que je bois. Je ne ressens pas les diverses corrections que mon cerveau apporte au mouvement de ma main qui navigue entre les obstacles posés sur la table pour parvenir jusqu'au verre. Je ne ressens pas non plus les changements d'ouverture de mon coude, ni le contact du verre sur mes doigts alors qu'ils s'adaptent parfaitement à la taille du pied. Je me sens maître de moi-même parce que je sais ce que je veux (boire un verre) et parce que je peux atteindre ce but sans effort apparent. Aussi longtemps que je garde le contrôle, je n'ai pas à m'occuper du monde physique des actions et des sensations. Je peux rester dans le monde subjectif des désirs et des plaisirs.

LE MONDE DE L'IMAGINATION

Le professeur de littérature pense que je raconte n'importe quoi. « Vous traversez peut-être le monde comme un zombie, dit-elle, mais de mon côté je suis certainement consciente de ce que je fais. » « Non, répondis-je, la plupart du temps vous n'avez pas conscience de ce que vous faites. Ce dont vous avez connaissance, c'est ce que vous avez l'intention de faire. Du moment que vos intentions sont satisfaites, vous n'êtes pas consciente des mouvements que vous effectuez vraiment. » Rappelez-vous l'expérience de Pierre Fourneret dans le chapitre 3 (figure 3.3). Les participants de cette expérience pensaient qu'ils bougeaient leur main selon une ligne droite alors que, en réalité, leur main déviait sur le côté. Ils avaient l'intention de bouger leur main en ligne droite pour atteindre la cible. Et de fait ils atteignaient la cible. Ils n'étaient pas conscients des déviations réelles que leur main devait suivre pour y parvenir.

Tout ce dont ils étaient conscients, c'était du mouvement désiré.

Nous pouvons vivre dans ce monde d'intentions, un monde imaginaire, parce que notre cerveau peut prédire les conséquences de nos mouvements. Notre cerveau sait à l'avance combien de temps un mouvement va prendre, quelles seront les sensations liées à ce mouvement et à quoi ressemblera notre main au final. Même si nous ne bougeons absolument pas, nous pouvons imaginer faire des mouvements.

Depuis l'avènement du béhaviorisme, les psychologues se sont montrés soupçonneux vis-à-vis de l'imagination. Nous ne faisons pas confiance aux récits subjectifs. Nous voulons nous appuyer sur une forme de mesure objective. Nous sommes donc contents de pouvoir dire que lorsque quelqu'un imagine faire un mouvement, il met le même temps que lorsqu'il réalise effectivement ce mouvement. Nous sommes encore plus heureux de pouvoir montrer que lorsque quelqu'un imagine faire un mouvement, la région correspondante du cortex moteur s'active. Et nous devenons sérieusement excités quand nous pouvons démontrer qu'imaginer faire des mouvements augmente notre habileté à faire de vrais mouvements objectifs.

Yue et Cole ont demandé à un groupe de volontaires d'entraîner le muscle qui contrôle le petit doigt (l'hypothénar) pendant quatre semaines, avec cinq sessions par semaine. Un autre groupe devait seulement imaginer faire ces contractions, également cinq fois par semaine. Un troisième groupe, le groupe contrôle, ne s'entraîna pas du tout. Après cinq semaines, la force moyenne que pouvait exercer l'auriculaire avait augmenté de 30 % avec l'entraînement réel et de 22 % avec l'entraînement imaginaire. Une augmentation négligeable de 2,3 % fut observée dans le groupe contrôle. Cette étude montre que pratiquer des mouvements par l'imagination peut augmenter la force presque autant qu'un entraînement réel. Comment cela est-il possible ?

Nous apprenons par prédiction. Mon cerveau prédit ce qui va se passer quand je bouge et utilise l'erreur dans sa prédiction pour faire mieux la fois suivante[16]. Or si je ne bouge pas, il n'y a pas de résultat final à comparer avec la prédiction. Il n'y a pas d'erreur. Alors comment puis-je apprendre si je ne fais qu'imaginer le mouvement ? L'apprentissage par l'imagination est possible parce que mon cerveau fait deux sortes de prédictions sur mes mouvements. D'abord, il peut prédire quelle séquence particulière de commandes envoyées aux muscles va générer le mouvement que je veux faire. Cette prédiction est appelée modèle inverse parce que mon cerveau va raisonner à l'envers depuis la sortie du système moteur (le doigt qui bouge) vers son entrée (la commande envoyée aux muscles du doigt). Ensuite, mon cerveau peut prédire quels mouvements exactement vont se produire s'il envoie une certaine série de commandes aux muscles. Cette prédiction est appelée modèle direct car mon cerveau raisonne depuis l'entrée (les commandes envoyées aux muscles) vers la sortie (les mouvements des doigts). Mon cerveau ne peut pas tester la justesse de ces prédictions sans faire de mouvement. Mais nous n'avons pas besoin de faire de mouvement pour savoir si ces prédictions sont cohérentes entre elles. La prédiction du modèle direct, quel mouvement va se produire, doit coïncider avec le point de départ du modèle inverse, quel mouvement je veux faire. Mon cerveau peut faire ces deux prédictions et les ajuster sans bouger réellement les doigts. En conséquence de cette pratique purement mentale, mon habileté à exécuter les mouvements réels va s'améliorer[17].

Quand le système échoue

Se déplacer dans le monde et attraper les choses qui nous plaisent paraît facile. Nous considérons que cela va de soi. À l'état normal, notre sentiment d'avoir le contrôle de nos actions est caractérisé par une ignorance des détails des actions que nous effectuons. Nous avons peu conscience de nos sensations quand nous bougeons et nous sommes rarement conscients des corrections apportées à nos mouvements même si nous en faisons tout le temps. Or, en arrière-fond, notre cerveau travaille dur pour nous donner ce sentiment de facilité.

UN MARATHON QUOTIDIEN

IW, suite à une infection virale, a perdu toute sensation dans ses membres, en dehors des sensations de chaleur et de fatigue. Il ne connaît la position de ses membres qu'à travers ses yeux. Après de telles lésions, les gens ne bougent généralement plus, même s'ils ont toujours le contrôle de leurs muscles. Car notre cerveau dépend des sensations corporelles pour contrôler les mouvements. Pour faire parvenir la bonne commande aux muscles, notre cerveau doit savoir où est notre main avant que le mouvement ne débute et si elle a atteint la bonne position une fois que le mouvement est achevé. Pour des gens comme IW, cette information n'est plus disponible, sauf au travers de la vision.

IW est exceptionnel. Après des années d'effort et de travail acharné, il a appris à marcher de nouveau, mais tombe si les lumières s'éteignent. Il a appris à saisir des objets pour autant qu'il puisse voir à la fois l'objet et sa main. Il dépend de sa vision pour savoir où est sa main avant le début du mouvement et il doit regarder pour vérifier qu'elle a atteint la position voulue en fin de mouvement. Ce n'est pas la façon dont le cerveau contrôle normalement les mouvements.

Le type de contrôle auquel IW est parvenu ne s'exerce pas automatiquement. Il doit tout le temps penser à ses mouvements très attentivement. Aucune correction automatique ne se produit. Il doit penser en continu à contrôler son mouvement durant tout le déroulement de son action.

Cela est bien différent de notre sentiment normal d'avoir le contrôle. La situation la plus proche de ce que doit éprouver IW est peut-être lorsque nous nous forçons à faire des mouvements alors que nous sommes extrêmement fatigués. Chaque centimètre demande un effort considérable. C'est ainsi qu'IW lui-même décrit son expérience. Il dit que sa vie est un marathon quotidien.

DES FORCES ÉTRANGÈRES

PH souffre de schizophrénie. Un de ses symptômes les plus perturbants, c'est le sentiment de ne plus contrôler ses propres actions. « Mes doigts attrapent le stylo, mais je ne les contrôle pas. Ce qu'ils font n'a rien à voir avec moi. » Les psychiatres appellent ça un « délire de perte de contrôle », parce que la personne croit que ses actions sont contrôlées par des forces étrangères. Bien sûr beaucoup d'entre nous pourraient dire que leurs actions ne sont pas sous leur contrôle. Nous pouvons nous sentir contraints par le gouvernement ou par nos employeurs. Il y a un sens tout à fait pertinent à dire que beaucoup de mes actions sont contrôlées par le Wellcome Trust[18]. Le sentiment qu'a PH d'être contrôlée est bien plus direct que ça. Quand elle bouge son bras il lui semble qu'elle n'en contrôle pas le mouvement.

L'expérience de PH est assez différente de celle de IW. Elle peut contrôler ses mouvements sans trop y penser. Son cerveau fait automatiquement toutes les corrections nécessaires pour atteindre les objets. Alors pourquoi dit-elle que ses mouvements sont contrôlés par des forces étrangères ?

Durant la première partie du XXe siècle, Karl Jaspers suggéra que beaucoup des expériences décrites par les patients psychiatriques étaient simplement incompréhensibles. L'anxiété et la dépression sont des formes plus extrêmes d'états que nous avons tous éprouvés, mais avoir ses actions et ses pensées contrôlées par d'autres gens est au-delà du vécu de la plupart d'entre nous. Jaspers critiquait les tentatives de relier le fonctionnement cérébral à des processus psychologiques. Ces tentatives ressortissaient d'une « mythologie cérébrale » qui n'aiderait pas à comprendre la réalité vécue par les patients psychiatriques.

« Il a raison, intervient le professeur de littérature, pour expliquer des expériences psychologiques il faut des théories psychologiques. » J'ai le plaisir de lui rappeler que Jaspers critiquait aussi le « mythe de la psychanalyse ».

Je crois qu'on peut comprendre un peu mieux les expériences de PH grâce à ce qu'on a découvert à propos du cerveau. Dans notre état normal, nous sommes difficilement conscients des sensations générées lorsque nous bougeons. La raison en est que le cerveau prédit ces sensations et les empêche d'accéder à notre conscience. Que se passerait-il si quelque chose déraillait et que je devenais conscient de ces sensations ? D'habitude je n'en prends conscience que lorsque quelqu'un bouge ma main. Une telle anomalie pourrait expliquer pourquoi PH perçoit son bras comme s'il était bougé par quelqu'un d'autre. Elle est anormalement consciente de ses sensations quand elle bouge sa main. Elle éprouve les mêmes sensations que si quelqu'un bougeait sa main.

Le professeur de littérature a l'air absolument sceptique. « Allez-vous me dire que PH peut se chatouiller toute seule ? »

« Exactement. » Je suis ravi qu'elle ait mis le doigt sur l'expérience clé. Au laboratoire, nous avons découvert que PH et ses semblables peuvent se chatouiller eux-mêmes. Cela ne faisait aucune différence pour eux, que leur paume soit effleurée par eux-mêmes ou par l'expérimentateur. Ils ont rapporté que la sensation de chatouille était la même. On ne comprend peut-être pas entièrement les anomalies cérébrales sous-jacentes, mais on commence à comprendre le ressenti des patients lorsqu'ils font un mouvement. Leur cerveau n'éteint plus la conscience des sensations qui accompagnent inévitablement les mouvements. Pour eux c'est vraiment comme si quelqu'un d'autre bougeait leurs membres.

L'invisible acteur au centre du monde

Grâce à sa capacité d'apprendre et de prédire, mon cerveau me rattache au monde par de nombreuses et solides ficelles. À cause de ces ficelles le monde n'est pas une masse confuse et bruyante de sensations ; au contraire, toute chose autour de moi exerce des attractions et des répulsions, parce que mon cerveau leur a attaché des valeurs. Or mon cerveau crée bien davantage que des attractions et des répulsions. Il spécifie même toutes les actions qui me seraient nécessaires pour atteindre certaines choses et éviter les autres. Mais je ne suis pas au courant de ces liens puissants, mon cerveau crée l'illusion que je suis un être indépendant, bien distinct du monde physique.

Chaque fois que j'agis sur le monde, déplaçant mes membres et moi-même d'un endroit à l'autre, je provoque des changements massifs dans les signaux qui frappent mes

Figure 4.8. Nous pouvons parfois avoir un aperçu de nous-mêmes agissant dans le monde.

sens. Le jeu de sensations sur la rétine au fond de mes yeux change complètement chaque poignée de secondes. Pourtant le monde extérieur n'a pas vraiment changé. Mon cerveau parvient à créer pour moi l'illusion d'un monde stable dans lequel je me déplace. Je peux choisir de prêter attention aux diverses parties de mon corps, qui deviennent alors elles-mêmes une partie du monde extérieur. Mais la plupart du temps je, l'acteur, bouge insensiblement à travers le monde, comme une ombre qu'on aperçoit parfois du coin de l'œil avant qu'elle ne disparaisse.

À travers l'apprentissage associatif, notre cerveau découvre quelles choses du monde ont de la valeur et quelles actions sont nécessaires pour les obtenir.

CHAPITRE 5

NOTRE PERCEPTION DU MONDE EST UN FANTASME QUI COÏNCIDE AVEC LA RÉALITÉ

Le genre d'apprentissage que Pavlov et Thorndike ont découvert peut nous être très utile mais reste assez grossier. Tout ce qui existe est divisé en deux catégories : agréable ou déplaisant. Cependant nous ne percevons pas le monde uniquement dans ces termes grossiers. Quand je regarde le jardin par la fenêtre, je suis instantanément conscient d'une sarabande de couleurs et de formes tellement riches qu'il semble impossible que je puisse partager la totalité de cette expérience avec qui que ce soit. Or, en même temps que les couleurs et les formes, je vois aussi des objets que je peux reconnaître et nommer : l'herbe fraîchement coupée, les primevères, la vieille colonne de brique et, en ce moment même, un magnifique picvert orné d'une couronne rouge vif. Ces expériences et ces reconnaissances vont bien au-delà des simples catégories « bon » ou « mauvais ». Comment notre cerveau découvre-t-il ce qui est au-dehors dans le monde ? Comment reconnaît-il ce qui cause nos sensations ?

Notre cerveau crée une perception sans effort du monde physique

Ce qui est remarquable dans notre perception du monde physique dans tous ses détails et sa beauté, c'est qu'elle paraît facile. Dans notre expérience, la perception n'est pas un problème. Mais précisément cette impression que notre perception est facile et immédiate est une illusion créée par notre cerveau. Nous ne savions rien de cette illusion jusqu'à ce nous essayions de fabriquer des machines qui pourraient « faire » de la perception. La seule façon de déterminer si la perception est facile ou difficile, c'est d'essayer de fabriquer un cerveau artificiel qui pourra percevoir des choses. Pour fabriquer un tel cerveau, nous devons identifier les éléments qui le composent et déterminer ce qu'ils font.

La révolution de l'information

Les composants du cerveau furent découverts par des neurophysiologistes de la fin du XIXe siècle. Les détails de la structure du cerveau furent révélés par l'observation au microscope de tranches fines de tissu cérébral. Ces tranches étaient colorées de diverses façons pour faire apparaître différents aspects de la structure du cerveau (voir la figure 1 du prologue). Ces études montrèrent que le cerveau contient un grand nombre de cellules nerveuses[1], interconnectées par un réseau de fibres très complexe. L'idée clé sur les com-

Fig. 1. L'expérience synesthétique.
Dans les formes les plus communes de synesthésie, entendre un mot ou un son entraîne une impression de couleur. Chaque chiffre et chaque lettre a sa couleur particulière et souvent une position propre dans l'espace. Dans cette figure, une synesthète nous montre comment elle perçoit les couleurs et les positions des chiffres et des lettres.

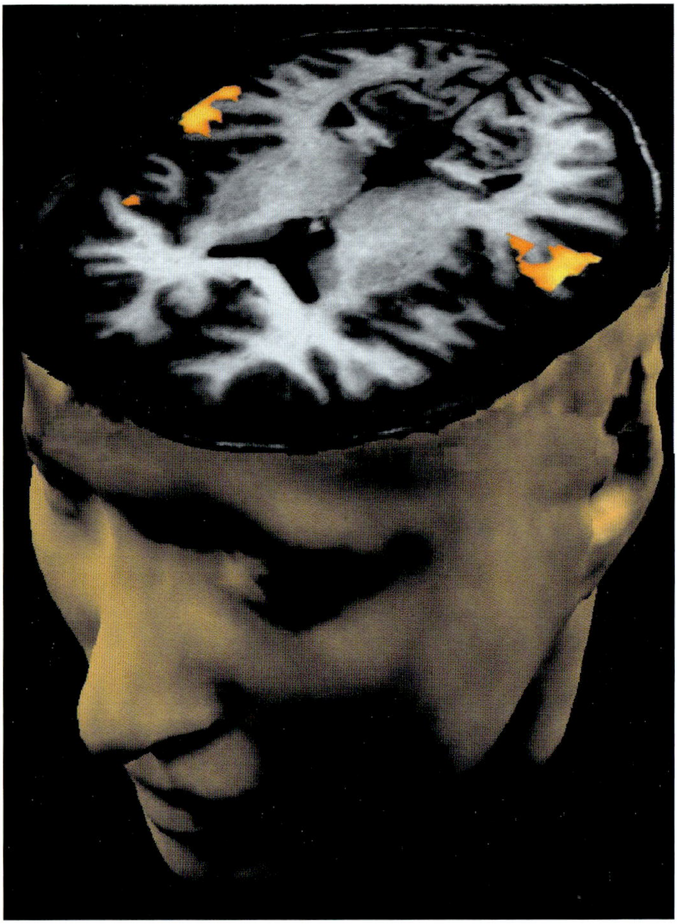

Fig. 2. Comment lire les images fonctionnelles du cerveau.

Le volontaire s'allonge dans le scanner IRM et écoute de simples sons. Les sons « allument » son cortex auditif (ce qui est représenté par les taches orange de chaque côté de son cerveau). Mais ce n'est pas forcément ce que vous croyez. L'image du cerveau en noir et blanc provient d'un scan structural. Les taches colorées ont été superposées ; elles proviennent d'un scan fonctionnel, qui donne une image beaucoup plus floue. Toutes les cellules nerveuses du cerveau sont actives en permanence. Les taches colorées montrent où il y a un changement d'activité quand on compare les moments où il n'y a pas de sons (en dehors du bruit infernal et continu que fait le scanner) avec les moments où le volontaire entend en plus des bips. Le signal mesuré par IRM fonctionnelle ne vient pas des changements d'activité neuronale, qui interviennent très brièvement, mais des variations de début sanguin (ou plus exactement des variations du taux sanguin d'oxygénation), qui se produisent très lentement. L'activité neuronale demande de l'énergie, qui est apportée par le sang. Les études menées chez l'animal montrent que les changements de débit sanguin sont de bons indicateurs des changements d'activité neuronale. Les taches de couleur ne montrent pas l'activité d'une région cérébrale, mais une statistique sur cette activité : la probabilité qu'il y ait un réel changement plutôt qu'une fluctuation aléatoire. Si vous appliquez un seuil statistique moins strict, les taches d'activation seront plus larges et il y aura davantage de régions activées.

Fig. 3. L'activité cérébrale épileptique peut causer des expériences visuelles. Les dessins reproduisent les expériences associées à une crise épileptique dont le foyer était situé dans le cortex visuel.

Les choses ne sont pas ce qu'elles semblent être.
« Je ne reconnais pas la sœur de A... je suis surpris par sa barbe. »

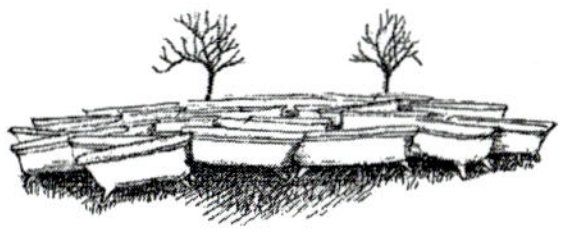

Les images se démultiplient.
Images multiples de baignoires.

Les tailles sont distordues.
L'homme au bout de la table est perçu comme minuscule.

Les couleurs ne sont pas les bonnes.
La couleur est absente de la moitié gauche de l'espace.

Fig. 4. Distorsions visuelles associées aux rêves.

Fig. 5. Un travail de quelques heures, plus la connaissance de toute une vie.
J. M. Whistler, *Nocturne en noir et or : la fusée tombante*, 1875.

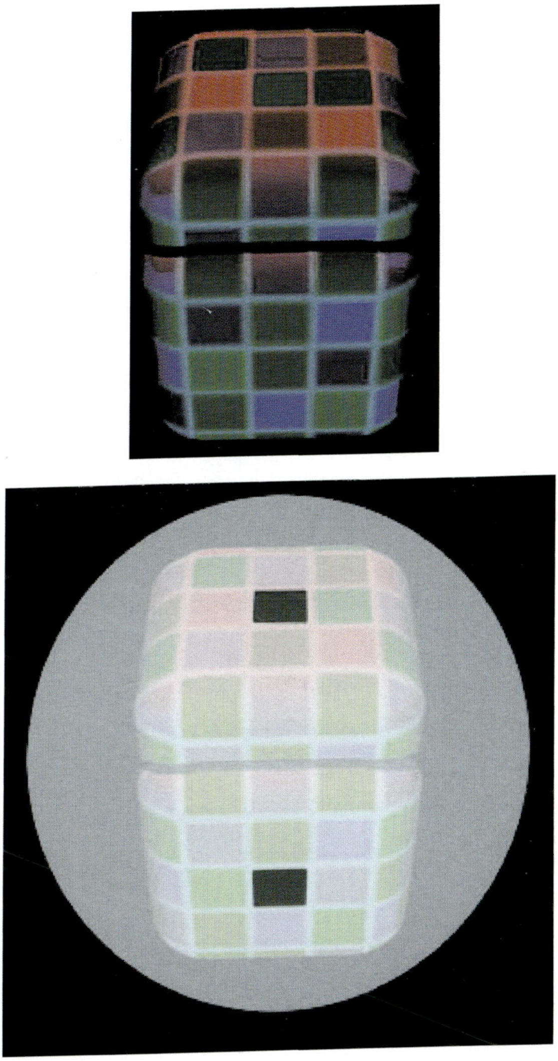

Fig. 6. La couleur est dans le cerveau, pas sur la page.
Les carrés centraux des surfaces haute et basse paraissent de couleur très différente : vert en haut et orange en bas. Ils sont en réalité physiquement identiques, comme on peut le voir dans la figure en dessous. Si vous ne me croyez pas, découpez deux trous dans une feuille de papier, de façon à ne laisser voir que les deux carrés centraux.

Fig. 7. L'expérience d'une tempête en mer.
J. M. W. Turner, *Tempête en mer. Vapeur au large d'un port faisant des signaux et avançant à la sonde en eau peu profonde*, 1842.

posants fondamentaux du cerveau vint du neuro-anatomiste Santiago Ramon y Cajal. Grâce à une observation minutieuse, il montra que le réseau de fibres émergeait des cellules nerveuses et, plus important, qu'il y avait des espaces dans ce réseau. Une fibre qui émerge d'un neurone arrive au voisinage d'un autre neurone mais ne le touche pas. Ce sont les espaces appelés synapses que j'ai décrits dans le chapitre précédent (voir figure 4.3). De ces études, Ramon y Cajal conclut que la brique de base du cerveau était le neurone, c'est-à-dire la cellule nerveuse avec toutes ses fibres et ses extensions. La proposition fut largement acceptée et dénommée « doctrine du neurone[2] ».

Qu'est-ce que ces neurones, composants élémentaires du cerveau, font exactement ? Au milieu du XIXe siècle, Emil du Bois-Reymond démontra la nature électrique des influx

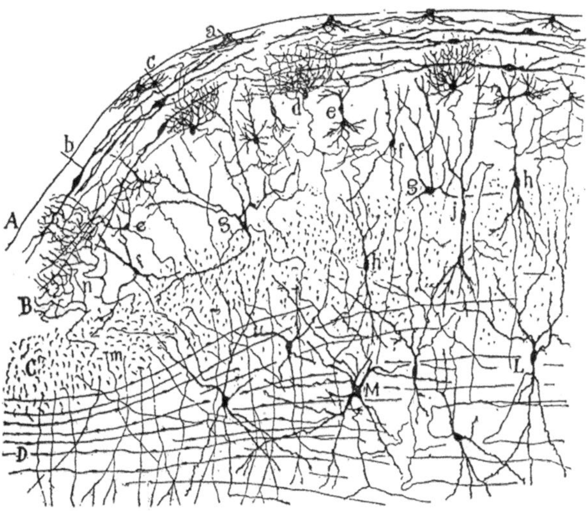

Figure 5.1. La grande pelote emmêlée.
Les cellules nerveuses sont la brique de base du cerveau. Ce dessin de Santiago Ramón Y Cajal nous montre des cellules du cortex révélées par une méthode de coloration développée par Camillo Golgi. De nombreux types de cellules nerveuses avec leurs fibres peuvent y être observés.

nerveux. À la fin du siècle, David Ferrier et d'autres avaient montré que la stimulation de certaines zones du cerveau pouvait déclencher des mouvements et des sensations spécifiques. Les impulsions électriques le long des fibres nerveuses transportent l'énergie d'une région du cerveau à l'autre où l'activité d'autres cellules nerveuses peut s'en trouver accrue ou inhibée. Mais comment une telle activité peut-elle être à la base d'une machine qui perçoit les objets ?

L'avancée décisive ne vint pas d'étudiants en physiologie cérébrale mais d'ingénieurs des télécommunications. Les lignes de téléphone sont comme les neurones : les deux font voyager des impulsions électriques. Les impulsions électriques du téléphone activent le haut-parleur à l'autre bout, tout comme les impulsions électriques des neurones moteurs peuvent activer les muscles auxquels ils sont connectés. Or nous savons que les lignes téléphoniques ne transportent pas de l'énergie mais des messages, soit sous la forme de paroles, soit sous la forme des points et des tirets qui composent le code morse.

Les ingénieurs des laboratoires téléphoniques Bell voulaient découvrir la façon la plus efficace de transmettre des messages. Leurs études menèrent à l'idée que ce qui était transmis, c'était de l'information[3]. La raison d'être d'un message est que, lorsque nous le recevons, nous en savons plus qu'auparavant. La théorie de l'information[4] fournit une méthode pour mesurer ce que nous avons appris à l'arrivée du message.

Avant le début d'un match de cricket, nous ne savons pas qui passera à la batte en premier ; jusqu'à ce que l'arbitre tire au sort. Avant le pile ou face, il y a deux possibilités : soit c'est l'Angleterre, soit c'est l'Australie. Après le tirage au sort, les deux possibilités ont été réduites à une certitude : nous savons que l'Angleterre sera la première à manier la batte. Une telle augmentation du savoir, quand on passe de deux possibilités à une seule, correspond par définition à un bit de connaissance. Si plutôt qu'une pièce on lance un dé, qui contient six possibilités, on obtient davantage d'information, car des six messages possibles il n'en reste qu'un. Dans ce cas, la quantité d'information que nous obtenons est de 2,58 bits[5]. Sur la base de cette définition, on peut mesurer combien d'information est transmise par une ligne téléphonique et quel est son taux de transmission (en bits par seconde ou « bauds »). À 300 bauds la ligne transmet environ 60 caractères par seconde, puisque chaque caractère porte environ 5 bits en moyenne.

Bien sûr, certains caractères portent moins d'information que les autres. En anglais écrit, les lettres communes comme E portent beaucoup moins d'information que les lettres rares comme Z. Le pire c'est le U qui arrive après le Q. Dans cette position, la lettre U ne porte aucune information. On dit qu'elle est redondante. La communication ne seraitelle pas plus efficace si les lettres redondantes étaient éliminées et les lettres comme E employées avec davantage de parcimonie ?

En réalité une telle efficacité ne serait pas pour notre avantage, parce que le monde réel n'est jamais parfait : les manuscrits sont pleins de fautes et d'ambiguïtés, les dactylos font des erreurs et il y a des bruits sur les lignes téléphoniques[6]. Au moment où le message parvient au bout de la ligne, certains éléments ont été perdus et d'autres sont venus s'ajouter. Pour un message parfait sans aucune redondance, ce bruit serait désastreux. En bout de ligne, le message serait assez différent de l'original et il n'y aurait aucun moyen de savoir que des erreurs se sont produites.

Mais si des messages contiennent des bits d'information qui sont redondants, les erreurs peuvent être détectées et le message original peut être recréé. On peut par exemple renvoyer le même message une seconde fois. Le second message est complètement redondant ; si, à l'arrivée, il est différent du premier, on sait qu'une erreur s'est produite. Bien sûr, on ne sait toujours pas quel est le message correct. Si on envoie le même message trois fois, et si deux d'entre eux concordent, alors on peut décider sur cette base quel est le bon.

Je me souviens du temps où on ne disposait pas d'ordinateur ni même de calculatrice électronique. Les calculs mathématiques complexes devaient être faits à la main et il était presque inévitable que des erreurs soient commises. La procédure standard pour remédier à ces erreurs était de répéter le calcul trois fois. Si le même résultat sortait au moins deux fois, alors c'était probablement la bonne réponse, puisqu'il était improbable que précisément la même erreur soit commise deux fois.

Notre cerveau a affaire exactement au même problème. Les messages venant du monde extérieur qui nous arrivent par les yeux et les oreilles sont parasités et pleins d'erreurs, de sorte que notre cerveau n'est pas sûr de ce qui est réel et de ce qui est erroné. Pour résoudre le problème, notre cerveau tire parti de la redondance. Quand nous parlons avec quelqu'un face à face, nous ne faisons pas qu'écouter ce qu'il dit – nous regardons aussi la façon dont ses lèvres bougent. En combinant ces deux types d'information, notre cerveau se fait une meilleure idée du message qui lui est envoyé. Nous ne sommes habituellement pas conscients du fait que nous utilisons ainsi les mouvements des lèvres, mais quand nous regardons un film étranger doublé en anglais (ou un film anglais dont le son est mal monté), nous réalisons instantanément qu'il y a un problème, parce que les mouvements des lèvres ne correspondent pas aux paroles.

Grâce à la théorie de l'information, les lignes téléphoniques sont devenues plus efficaces pour transmettre des messages[7]. Cependant la théorie de l'information a eu un impact bien plus large, au-delà des bénéfices des compagnies de télécommunication. La définition de l'information en termes de simples états physiques (comme les états « on » et « off » des interrupteurs) signifiait qu'il était maintenant possible de stocker de l'information dans une structure matérielle : une mémoire numérique. Pendant longtemps, l'information avait été stockée dans les livr forme de caractères écrits. Les nouvelles mémoires us vaient être écrites et lues par des machines, sans nécess qu'elles en comprennent le contenu. Et, bien sûr, le contenu de ces nouvelles mémoires pouvait être changé instantanément et à volonté.

En 1943 déjà, McCulloch et Pitts avaient proposé une nouvelle doctrine du neurone, qui considérait celui-ci comme une entité fondamentale du cerveau dont la fonction était de traiter de l'information. McCulloch et Pitts proposèrent également qu'un cerveau artificiel pourrait être construit à partir de larges réseaux de simples « neurones » électroniques. Ces réseaux de neurones artificiels pourraient stocker et traiter de l'information. Les premiers ordinateurs n'étaient pas basés sur des réseaux de neurones artificiels, il s'agissait néanmoins d'appareils qui pouvaient stocker, transmettre et modifier de l'information selon des règles spécifiques. Quand ces ordinateurs ont été construits dans les années 1940, ils ont été immédiatement perçus comme des cerveaux électroniques. Ces machines allaient être capables de faire ce que font les cerveaux.

Que font vraiment les machines intelligentes ?

En 1956, la science consacrée à la fabrication de machines capables de faire des choses intelligentes fut nommée « intelligence artificielle ». Celle-ci, comme n'importe quel programme de recherche, s'attaqua d'abord aux problèmes les plus simples. La perception semblait facile. Puisque presque tout le monde peut lire les écritures manuscrites et reconnaître les visages, il devrait être aisé de construire des nines qui lisent les écritures et reconnaissent les visas. Jouer aux échecs, en revanche, paraît très difficile. Très peu de personnes peuvent jouer aux échecs au niveau d'un grand maître. On laissa donc pour plus tard l'idée de fabriquer des machines pouvant jouer aux échecs.

Cinquante ans ont passé et un ordinateur a battu aux échecs le champion du monde[8]. C'est finalement la perception qui s'est avérée être le problème le plus difficile. Les humains sont toujours bien meilleurs que les machines pour reconnaître des visages et lire des écritures. Pourquoi la perception est-elle si difficile ?

Même des capacités élémentaires, comme voir que le jardin sous mes fenêtres est plein d'objets différents, se sont révélées très compliquées pour des machines. Il y a beaucoup de raisons pour lesquelles ce problème est complexe. Notamment parce que les objets se chevauchent les uns les autres et que de plus certains bougent. Comment savoir si cette plage marron fait partie de l'arbre ou de l'oiseau ? Mon cerveau résout ce problème étonnamment difficile et me laisse penser que je peux percevoir le monde sans effort. Comment fait-il ?

Le développement de la théorie de l'information et de l'ordinateur numérique a révélé à quel point la perception posait un problème difficile à résoudre. Pourtant nos cerveaux ont résolu ce problème. Cela signifie-t-il que l'ordinateur numérique ne constitue pas une bonne métaphore du cerveau ? Ou devons-nous trouver de nouvelles formes de computations à confier aux ordinateurs ?

Le problème avec la théorie de l'information

Le développement de la théorie de l'information fut très important. Il nous a fait comprendre comment un événement physique (une impulsion électrique) pouvait constituer un événement mental (un message). Il y avait toutefois un problème fondamental dans la formulation originelle. La quantité d'information contenue dans un message, ou plus généralement dans n'importe quel stimulus, est entièrement déterminée par ce stimulus. Cette façon de définir l'information paraît pertinente, mais elle peut conduire à des résultats paradoxaux.

Rappelez-vous qu'une lettre dans un message porte d'autant plus d'information qu'elle est plus surprenante. Ainsi la lettre Q contient beaucoup d'information, tandis que la lettre U qui vient après n'en contient pas. Nous pouvons appliquer le même principe aux images. Une image n'est pas faite de lettres, mais de petits éléments, les pixels (contraction de *picture elements*) qui peuvent être de différentes couleurs. Considérons l'image très simple d'un carré noir sur fond blanc. Quels sont les éléments les plus informatifs de cette image ? Quand nous parcourons une surface de couleur constante, il n'y a pas de surprise, parce qu'il n'y a pas de changement. Quand notre œil rencontre un bord, il y a un changement brutal de couleur et nous sommes surpris. Ainsi, selon la théorie de l'information, ce sont les bords qui contiennent le plus d'information dans l'image. Cela s'accorde à notre intuition. Si on remplace un objet par ses contours, autrement dit si on ne laisse que les bords, on peut toujours reconnaître l'objet.

Figure 5.2. Nous reconnaissons les objets par leurs bords.
Le visage est facile à reconnaître d'après les bords (à droite), mais le sourire se reconnaît plus facilement sur l'image floutée (au milieu).

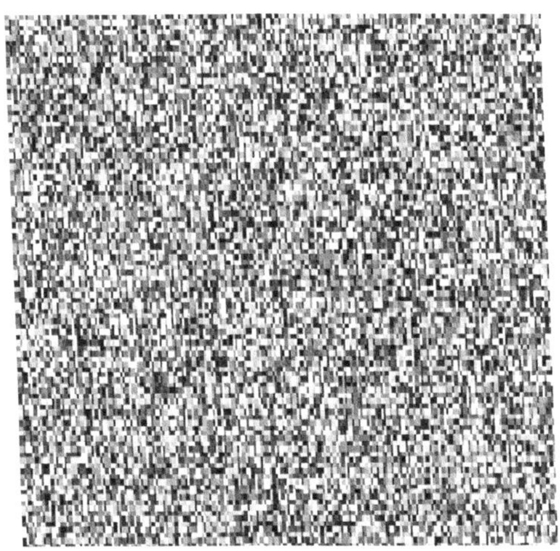

Figure 5.3. Un affichage informatif de points aléatoires.
L'image contient un maximum d'information puisque tous les points ont une couleur imprévisible.

Figure 5.4. *Carré noir,* de Kazimir Severinovich Malevich (1923).

Or cette formulation conduit à un paradoxe. Par définition, l'image la plus informative est celle pour laquelle nous ne pouvons jamais prédire le pixel suivant alors que notre œil la parcourt. C'est donc une image entièrement composée de points aléatoires. Il s'agit du genre d'images qu'on voit lorsque le téléviseur est en panne et n'affiche que de la « neige ». Comme le professeur de littérature remarque très justement, quand je lui montre les illustrations construites sur ordinateur, ce sont les images les plus ennuyeuses qu'elle ait jamais vues.

Le problème avec le cadre conceptuel fourni par la théorie de l'information, c'est qu'il ne tient pas compte de l'observateur[9]. Dans ce cadre, tous les observateurs sont les mêmes et leur expérience du stimulus sera identique. Or nous savons que tous les observateurs sont différents. Ils ont eu différentes expériences par le passé et ont des attentes différentes pour le futur. Ces différences affectent la façon dont nous percevons les choses.

Considérons le carré noir de la figure 5.4. Pour certains observateurs, ce n'est qu'un carré noir. Il s'agit du *Carré noir* exposé par Kazimir Malevitch en 1913, premier exemple de l'art visionnaire, non objectif, des suprématistes russes. Dans cet exemple, la connaissance qu'il s'agit d'une œuvre d'art importante influence notre perception de l'objet[10], même si l'information qu'il contient n'a pas changé. C'est un exemple extrême illustrant comment nos connaissances préalables peuvent affecter notre perception.

Le révérend Thomas Bayes

Comment donc pouvons-nous modifier la théorie de l'information pour qu'elle tienne compte de la diversité des expériences et des attentes des observateurs ? Nous devons retenir l'intuition qu'un message (ou une image) est informatif dans la mesure où il est surprenant et inattendu. Nous devons également intégrer notre nouvelle intuition que le message sera plus surprenant pour certains que pour d'autres. Un message objectivement surprenant et inattendu peut être défini comme un message qui change notre vision du monde et par suite notre comportement.

Ce soir, j'espérais assister à la conférence sur la neuroesthétique, mais elle a été annulée. Je peux à la place sortir et aller boire un verre. Dans le bar, je rencontre le professeur de littérature. Elle est restée insensible à cette nouvelle. Elle ne va jamais aux conférences de neuroscience.

Nous pouvons également dire qu'un message est informatif dans la mesure où il change les croyances du destinataire à propos du monde[11]. Afin de savoir combien d'informations porte le message, nous devons connaître la croyance du receveur avant que le message lui parvienne. Nous pourrons alors estimer de combien sa croyance aura été changée par la réception du message. Mais est-il vraiment possible de mesurer les croyances préalables et les changements de croyance ?

La solution à ce problème vient de quelqu'un qui est certainement le plus improbable de tous les héros scientifiques de ce livre. Le révérend Thomas Bayes était un prêtre non conformiste, qui n'a pas publié un article scientifique de toute sa vie (1702-1761), et qui pourtant devint membre de la Société royale de Londres en 1742. Ce n'est que deux ans après sa mort que son papier maintenant classique fut finalement publié dans les *Philosophical Transactions of the Royal Society*. Il a ensuite été oublié pendant plus de cent ans. Sa réputation ne commença à grandir qu'en 1920. Pour R. A. Fisher, alors président de la Société royale de statistiques, Bayes était un grand héros, et sous la pression soutenue des statisticiens il est finalement entré dans le *Dictionnaire des biographies nationales*. Il restait toujours inconnu en dehors des cercles statistiques. Même ceux qui avaient entendu parler des statistiques bayésiennes pensaient qu'elles manquaient d'objectivité propre.

Dans les dix dernières années, Thomas Bayes est devenu une superstar. D'innombrables sites présentent le théorème de Bayes sur Internet et nous expliquent que « Bayes est cool » et que « si tu connais pas Bayes, t'es pas cool ». Si vous ne croyez pas ce qui se raconte sur Internet, que direz-vous alors du *New York Times* du 20 janvier 2004 ? « À l'université, la révolution bayésienne est sur le point de constituer la théorie majoritaire, ce qui restait impensable il y a dix ans », déclare Bradley P. Carlin, professeur en santé publique à l'Université du Minnesota. Quel est donc l'objet de ce remue-ménage ?

Voici le théorème de Bayes :

$$p(A/X) = \frac{p(X/A)*p(A)}{p(X)}$$

Étant donné un certain phénomène A que nous souhaitons connaître et une observation X se rapportant à A,

Figure 5.5. La tombe du révérend Thomas Bayes.
Le révérend Thomas Bayes est enterré à Bunhill Fields dans la City de Londres. Le cimetière accueillait au XVIIIe siècle les non-conformistes, c'est maintenant un jardin public. La tombe fut restaurée en 1969, grâce aux contributions « de statisticiens venus du monde entier ».

le théorème de Bayes nous dit de combien nous devrions actualiser la connaissance de A en fonction de la nouvelle observation X. Nous n'avons pas besoin de nous soucier des détails de l'équation. L'important est que cette équation est précisément la formulation mathématique des croyances que nous cherchions. Dans ce cas, le terme mathématique pour la croyance est la probabilité. La probabilité nous fournit une mesure de combien je crois en quelque chose. Quand je suis absolument certain d'une chose (par exemple que le soleil se lève tous les jours), la probabilité est de un. Ceci peut s'exprimer par une équation : p (le soleil se lève tous les jours) = 1. La probabilité est de 0 si je suis sûr que la chose ne va jamais arriver : p (Chris Frith va gagner le concours Eurovision de la chanson) = 0. La plupart de mes croyances sont moins catégoriques et se situent quelque part entre 0 et 1 : p (le métro qui m'emmène au travail aura du retard) = 0,5. Ces croyances intermédiaires changent constamment en fonction des nouvelles observations. Avant d'aller au travail, je vais vérifier l'état du trafic pour le métro londonien sur Internet, et cette nouvelle observation va changer ma croyance à propos du retard probable (mais pas tant que ça).

Le théorème de Bayes indique précisément de combien je dois changer ma croyance sur A en fonction de la nouvelle observation X. Dans l'équation, p (A) est ma connaissance *a priori* sur A, avant l'occurrence de l'observation X. p (X/A) est la vraisemblance de l'observation X si A est effectivement vraie. P (A/X) est ma croyance subséquente, *a posteriori*, qui prend en compte la nouvelle observation. Tout ceci sera plus clair avec un exemple concret.

Vous vous êtes sûrement demandé pourquoi Bradley P. Carlin, professeur de santé publique à l'Université du Minnesota, est tellement passionné par le théorème de Bayes. C'est parce que la santé publique est l'un des nombreux domaines où le théorème peut être appliqué.

Prenons le problème du cancer du sein[12]. Considérons en particulier le problème de la pertinence du dépistage systématique. Nous savons (c'est la croyance *a priori*) qu'à l'âge de 40 ans, 1 % des femmes auront un cancer du sein [p (A)]. Nous avons également un bon test (c'est la nouvelle observation) pour détecter le cancer du sein – la mammographie. Le taux de détection correcte [p (X/A)] indique que 80 % des femmes atteintes d'un cancer du sein auront une mammographie positive, tandis que le taux de faux positifs [p (X/~A)] indique que 9,6 % des femmes épargnées par le cancer auront une mammographie positive. Cela est la vraisemblance des observations selon que notre croyance est correcte ou non. D'après ces chiffres, il semble évident que le dépistage systématique du cancer du sein est une bonne mesure. Alors, si toutes les femmes de plus de 40 ans font une mammographie, quelle proportion de celles dont le test sera positif auront vraiment le cancer ? Cette proportion s'exprime mathématiquement : p (A/X).

Étant donné que la mammographie semble un bon test, que pensez-vous d'une femme qui vient d'avoir un résultat positif pour le cancer du sein ? La plupart des gens croient qu'elle a de grandes chances d'avoir le cancer. L'application du théorème de Bayes montre que cette croyance est erronée. Nous pouvons le vérifier facilement si nous oublions pour un instant les probabilités. Prenons plutôt une population de 10 000 femmes de plus de 40 ans.

Avant le test, les 10 000 femmes peuvent être divisées en deux groupes :

— groupe 1 : 100 femmes avec cancer du sein ;

— groupe 2 : 9 900 femmes sans cancer du sein.

Le groupe 1 correspond au 1 % de femmes qui ont le cancer : p (A).

Après le test, les femmes peuvent être divisées en quatre groupes :

— groupe A : 80 femmes avec cancer du sein et mammographie positive ;

— groupe B : 20 femmes avec cancer du sein et mammographie négative.

Le groupe A correspond aux 80 % de détection correcte : p (X/A).

— groupe C : 950 femmes sans cancer du sein mais avec mammographie positive ;

— groupe D : 8 950 femmes sans cancer du sein et avec mammographie négative.

Le groupe D correspond au 9,6 % de faux négatifs : p (X/~A).

Le dépistage donne un résultat positif chez 950 femmes qui n'ont pas le cancer et chez 80 femmes qui ont le cancer. Pour répondre à la question : « Quelle proportion de femmes qui sortent positives ont un cancer ? », nous devons diviser le groupe A par la somme des groupes A et C (le nombre total de tests positifs). La proportion est de 7,8 %. En d'autres termes, plus de 90 % des femmes avec une mammographie positive n'auront pas le cancer du sein. Même si la mammographie est un bon test, le théorème de Bayes nous indique que cette observation n'est pas très utile[13]. Le problème vient de l'utilisation systématique du test sur toutes les femmes de plus de 40 ans sans distinction. Pour cette population, la probabilité *a priori* d'avoir un cancer est très faible. Le théorème de Bayes nous montre que le dépistage est beaucoup plus utile s'il est effectué sur les « groupes à risque », par exemple les femmes qui ont des cas de cancer du sein dans leur famille.

À ce stade, vous devez probablement penser que vous en avez appris plus qu'il ne faut sur la façon dont fonctionne le théorème de Bayes. En quoi ce théorème est-il pertinent pour résoudre le problème de la découverte de ce qui se trouve là-dehors dans le monde ?

L'observateur bayésien idéal

Le théorème de Bayes est important car il nous fournit une mesure précise de la façon dont une nouvelle observation doit modifier nos idées sur le monde. Le théorème nous offre un étalon contre lequel nous pouvons juger si nous faisons bon usage des nouvelles observations. Cela nous amène au concept d'observateur bayésien idéal : un être mythique qui fait toujours le meilleur usage des nouvelles observations. Comme nous venons de le voir avec l'exemple du cancer du sein, nous avons du mal à relativiser les observations quand on travaille sur des grands nombres et des événements rares. Les psychologues ont pris beaucoup de plaisir, et tiré beaucoup de bénéfice, à formuler des problèmes sur lesquels les étudiants, même ceux qui ont étudié la logique et les statistiques, échouent toujours désespérément[14]. Même si nous ne sommes pas des « observateurs idéaux » quand nous réfléchissons à ces problèmes, il y maintenant de nombreuses preuves de ce que le cerveau ne se laisse pas tromper par les grands nombres et les événements rares. Nos cerveaux sont des observateurs idéaux dans l'utilisation des observations fournies par nos sens.

Par exemple, l'un des problèmes que notre cerveau doit résoudre est comment combiner les observations provenant de sens différents. Quand nous écoutons quelqu'un, notre cerveau combine les observations de nos yeux (la vue des lèvres qui bougent) et celles de nos oreilles (le son de leur voix). Quand nous attrapons quelque chose, notre cerveau combine les observations de nos yeux (à quoi ressemble la

Digression sur le révérend Thomas Bayes

Tant que nous n'interférons pas, notre cerveau se comporte comme un observateur bayésien idéal. Pourquoi donc ce système idéal échoue-t-il quand nous commençons à réfléchir au problème ? Serait-ce parce qu'il y a des circonstances où l'observateur idéal n'est pas idéal ? Un exemple en est donné dans une étude de Jeremy Wolfe et ses collègues de Boston. Ils ont imaginé une tâche calquée sur ce que les employés de la sécurité doivent faire pour contrôler les bagages dans les aéroports – chercher des couteaux et des engins explosifs parmi toutes sortes d'objets. Quand les objets recherchés étaient fréquents, les résultats étaient bons : les participants n'en ont manqué que 7 %. Mais quand ces objets étaient rares, les résultats étaient très mauvais. Dans l'une de ces expériences, les participants ont manqué 50 % des cibles, lesquelles étaient présentes dans 1 % des bagages. Ils se sont en fait comportés comme des « observateurs idéaux ». Quand une cible est rare, un observateur idéal a besoin d'une observation plus probante pour détecter sa présence. Cependant si la cible est une bombe dans une valise, l'observateur idéal n'est plus tellement idéal. Les conséquences d'une cible ratée sont trop graves.

vue de l'objet) et celles de notre sens du toucher (à quoi ressemble le contact de l'objet). Quand il combine ces observations, notre cerveau se comporte exactement comme un observateur bayésien idéal. Les observations douteuses sont ignorées, les observations plus importantes sont amplifiées. Si je parle au professeur de littérature au cours d'une soirée bruyante, je vais fixer attentivement ses lèvres, parce que dans cette situation les observations de mes yeux seront meilleures que celles de mes oreilles.

Comment un cerveau bayésien peut élaborer des modèles du monde

Il y a un autre aspect du théorème de Bayes qui est encore plus important pour la compréhension de la façon dont le cerveau fonctionne. Le théorème comporte deux éléments cruciaux : p (A/X) et p (X/A). p (A/X) nous indique de combien nous devons changer notre croyance sur A étant donné la nouvelle observation X. p (X/A) nous indique à quelle observation X on doit s'attendre étant donné notre croyance sur A. Nous pouvons voir ces deux composants comme des appareils à générer des prédictions et des erreurs de prédiction. Maintenant, sur la base de ses connaissances sur le monde, mon cerveau peut prédire la distribution d'activité qui devrait être transmise par mes yeux, mes oreilles et les autres sens : p (X/A). Que se passe-t-il s'il y a une erreur dans cette prédiction ? Ces erreurs sont importantes car mon cerveau peut les utiliser pour mettre à jour ses croyances sur le monde et donc générer de meilleures connaissances : p (A/X). Après cela, mon cerveau dispose d'une nouvelle croyance sur le monde et peut répéter le processus. Il fait une nouvelle prédiction sur la distribution d'activités transmise par mes organes des sens. Chaque fois que mon cerveau parcourt cette boucle, l'erreur de prédiction se réduit. Lorsque l'erreur de prédiction est suffisamment petite, mon cerveau « sait » ce qui se trouve au-dehors. Tout cela se produit si rapidement que je n'ai aucune conscience de ce processus complexe. Savoir ce qu'il y a dans le monde peut paraître facile pour moi, mais mon cerveau ne se repose jamais de ces allers-retours entre prédiction et mise à jour.

Y a-t-il un rhinocéros dans la salle ?

Il y a différentes façons de parler de cette croyance qu'a mon cerveau à propos du monde. Par exemple, je peux parler de causes. Si je crois qu'il y a un rhinocéros dans la pièce, c'est la présence de ce rhinocéros qui cause les sensations qui animent mes yeux et mes oreilles. Mon cerveau a recherché la cause de mes sensations et a décidé qu'un rhinocéros en était la plus probable. Je peux aussi parler de modèles. Mon cerveau est capable de prédire quelles sensations causerait un rhinocéros parce qu'il a certaines idées *a priori* sur l'apparence des rhinocéros. Cette connaissance *a priori* a généré dans mon esprit un modèle de rhinocéros. Dans mon cas, il s'agit d'un modèle très limité. Il représente la taille de l'animal, sa force, sa corne peu commune, et pas grand-chose de plus. Il n'est pas grave que ma connaissance soit limitée, car un modèle n'est pas une liste exhaustive des faits relatifs à la chose modélisée. Un modèle est comme une carte, une représentation du monde sur une échelle réduite[15]. Bien des aspects du monde ne se trouvent pas sur la carte, mais les distances et les directions sont précisément indiquées. Grâce à une carte, je peux prédire que je vais rencontrer un virage à gauche dans cinquante mètres. Si c'est la carte du zoo, je peux même prédire que je vais trouver un autre rhinocéros là-bas. Je peux utiliser une carte pour prédire la durée d'un voyage sans avoir à faire réellement le voyage. Je peux déclencher un podomètre et suivre la route sur la carte, simulant le voyage réel, et y lire le nombre de kilomètres que contient le tracé. Mon cerveau contient beaucoup de cartes et de modèles de ce genre ; il les utilise pour faire des prédictions et simuler des actions.

Le professeur de littérature paraît quelque peu amusée. « Il n'y a pas de rhinocéros dans la pièce », dit-elle. « Vous ne pouvez pas le voir ? répondis-je, c'est que vos *a priori* sont trop faibles. »

Dans mon cerveau, la perception dépend des croyances préalables. Ce n'est pas un processus linéaire comme celui qui produit les images sur les photos ou sur les écrans de télé. Pour mon cerveau, la perception est une boucle. Dans une version linéaire de la perception, l'énergie, sous forme d'ondes lumineuses ou sonores, frapperait mes sens et ces indices du monde extérieur seraient d'une façon ou d'une autre traduits et classés par le cerveau en certains objets avec une certaine position dans l'espace. C'est cette approche qui a rendu la perception si difficile pour la première génération d'ordinateurs. Un cerveau qui use de la prédiction fonctionne en sens inverse. Quand nous percevons quelque chose, nous partons en fait de l'intérieur, d'une croyance *a priori* qui est un modèle du monde dans lequel certains objets sont à une certaine place. Grâce à ce modèle, mon cerveau prédit quels signaux mes yeux et mes oreilles vont transmettre. Ces prédictions sont comparées aux vrais signaux et, naturellement, il y aura des erreurs. Mon cerveau bénit ces erreurs, car elles lui apprennent à percevoir. L'existence d'erreurs signifie pour mon cerveau que son modèle du monde n'est pas adéquat. La nature de ces erreurs lui enseigne comment développer un meilleur modèle du monde. Ainsi nous parcourons la boucle encore et encore, jusqu'à ce que les erreurs deviennent négligeables. Généralement quelques tours de boucle sont suffisants, ce qui ne prend pas plus de 100 millisecondes.

Figure 5.6. Y a-t-il un rhinocéros dans la salle ?
Ce dessin de rhinocéros, publié en 1551, fut réalisé par Conrad Gesner, d'après un dessin précédent d'Albrecht Dürer. Dürer lui-même n'avait jamais vu un tel animal et l'avait dessiné d'après une esquisse et des descriptions envoyées par courrier.

Un système qui construit des modèles du monde extérieur de cette façon intégrera toutes les informations disponibles pour les améliorer. Aucune préférence particulière ne sera donnée aux sens de la vision, de l'ouïe ou du toucher ; ils seront utilisés du moment qu'ils sont informatifs. Le système fera aussi des prédictions sur la façon dont les signaux venant des organes des sens vont changer quand j'agis sur le monde. Ainsi, quand je vois un verre de vin, mon cerveau est déjà en train de faire des prédictions sur les sensations liées au contact du verre sur ma main et au goût du vin dans ma bouche. Imaginez l'horrible choc si vous prenez un verre de vin rouge pour découvrir qu'il est froid et sucré.

D'où viennent les connaissances a priori

Si la perception est une boucle qui part de l'intérieur avec la connaissance *a priori*, alors d'où vient cette connaissance *a priori* ? N'avons-nous pas créé un problème similaire à celui de la poule et de l'œuf ? Nous ne pouvons pas percevoir quelque chose à moins que nous n'en ayons déjà une certaine connaissance, mais nous ne pouvons pas connaître quelque chose à moins que nous ne l'ayons perçu auparavant.

Comment donc notre cerveau peut-il acquérir cette connaissance préalable nécessaire à la perception ? Une partie de cette connaissance est câblée en dur dans le cerveau à la suite de plusieurs millions d'années d'évolution. Par exemple, chez certains singes, la sensibilité aux couleurs de la rétine est idéalement adaptée pour détecter les fruits qui se trouvent dans leur environnement. L'évolution a implanté dans leur cerveau une connaissance *a priori* sur la couleur du fruit mûr. De nombreuses connexions cérébrales se fixent également dans notre cerveau durant les premiers mois de la vie, en conséquence de nos expériences visuelles. Il y a certains faits à propos du monde qui changent très peu et qui donc deviennent de forts *a priori*. Nous ne pouvons voir un objet que s'il y a de la lumière pour s'y refléter et frapper nos yeux. Cette lumière crée également des ombres qui nous donnent des indices sur la forme de l'objet. Pendant des millions d'années, il n'y eut qu'une seule source importante de lumière : le soleil. Et la lumière du soleil vient toujours du dessus. Ceci implique que les objets concaves seront lumineux à la base et sombres au sommet, tandis que objets convexes seront lumineux au sommet et sombres vers la base. Cette règle simple est implantée dans les connexions de notre cerveau. Celui-ci utilise cette règle pour savoir si un objet est concave ou convexe, ce que vous pouvez vérifier sur la figure ci-dessous. Ces objets sont sans ambiguïté : le domino du haut a cinq disques convexes et un concave, tandis que celui du bas a deux disques convexes et quatre concaves. Ou du moins cela semble ainsi – en fait la page est parfaitement plane. Nous interprétons les disques comme concaves ou convexes parce que le grisé suggère une ombre causée par de la lumière venant du dessus. Si vous retournez la page, les disques concaves vont devenir convexes, parce qu'on suppose toujours que la lumière vient du dessus. Si vous tournez la page de côté, les ombres n'auront plus aucun sens, et les disques auront l'air de trous remplis d'une matière grisée s'estompant vers le milieu.

Si le cerveau a un mauvais *a priori*, notre perception sera fausse. Avec les technologies modernes, nous pouvons

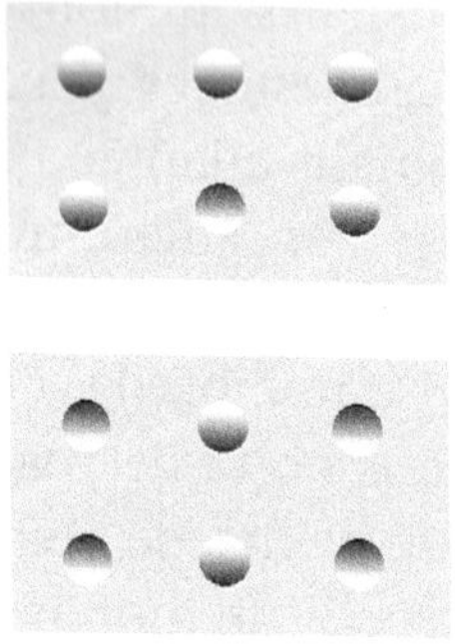

Figure 5.7. L'illusion des dominos.
Le domino du haut a cinq disques convexes et un disque concave. Celui du bas a deux disques convexes. En réalité vous regardez une feuille de papier plate. Les disques paraissent concaves ou convexes à cause de l'ombrage. Vous vous attendez à ce que la lumière vienne du dessus, de sorte que l'ombre apparaît en bas d'un disque convexe et en haut d'un disque concave. Si vous retournez la page, les disques concaves deviendront convexes, et *vice versa*.

Figure 5.8. L'illusion du masque creux.
Le masque de Charlie Chaplin tourne sur lui-même lorsque nous allons de l'image en haut à gauche vers celle située en bas à droite. Le visage en bas à droite est concave puisque nous voyons le masque de l'intérieur ; cependant nous ne pouvons nous empêcher de le voir comme convexe, avec le nez pointant vers nous. Dans ce cas notre certitude que les visages sont convexes prend le pas sur nos connaissances à propos de l'ombre et de la lumière.

fabriquer de nouvelles images que notre cerveau n'est pas fait pour comprendre. Nous ne pouvons pas nous empêcher d'avoir une mauvaise perception de ces images.

Un objet qui est presque impossible à percevoir correctement est l'intérieur d'un masque creux. Quand nous regardons l'intérieur d'un masque creux (figure en bas à droite), nous ne pouvons pas nous empêcher de voir un visage convexe normal. Notre croyance *a priori* que les visages sont convexes et pas concaves est trop forte pour être modifiée. Si le masque tourne doucement, une nouvelle illusion apparaît. Puisque nous voyons le masque inversé, la pointe du nez apparaît comme la partie la plus proche du visage, alors qu'elle en est de fait la plus éloignée. La conséquence est on interprète mal le mouvement du masque et qu'on voit le sens de rotation s'inverser chaque fois qu'on regarde à l'intérieur[16].

Comment l'action nous renseigne sur le monde

Pour le cerveau, la perception et l'action sont intimement liées. Nous utilisons notre corps pour nous instruire du monde. Nous expérimentons sur le monde et voyons ce qui se passe. C'est une autre caractéristique qui manquait aux premiers ordinateurs. Ils ne faisaient que regarder le monde. Ils ne faisaient rien. Ils n'avaient pas de corps. Ils ne généraient pas de prédiction. C'est aussi pour cette raison que la perception était si difficile pour eux.

Même un mouvement très simple peut nous aider à distinguer un objet d'un autre. Quand je regarde mon jardin, je peux voir une barrière devant un arbre. Comment puis-je savoir quelle plage marron fait partie de la barrière et laquelle va avec l'arbre ? Si mon modèle du monde dit que la barrière est devant l'arbre, alors je peux prédire que les sensations associées à l'arbre et à la barrière vont changer de façon différente quand je bouge ma tête. Comme la barrière est plus proche que l'arbre, les éléments de la barrière vont parcourir mes yeux plus vite que ceux de l'arbre. Mon cerveau peut lier ensemble tous les éléments de l'arbre parce qu'ils réalisent un mouvement cohérent. Or c'est moi, l'observateur, qui bouge, pas la barrière ni l'arbre.

De simples mouvements facilitent notre perception. Mais des mouvements poursuivant des buts, que j'appellerai actions, nous aident davantage encore. S'il y a un verre de vin en face de moi, je suis simplement conscient de sa forme

et de sa couleur. Je ne suis pas au courant que mon ce
a déjà trouvé comment conformer ma main pour attrap
pied, anticipant la sensation du verre sur mes doigts. Cet
préparation et cette anticipation se produisent même quand je n'ai pas l'intention d'attraper le verre (voir figure 4.6). Une partie de mon cerveau représente le monde en termes d'actions : l'action requise pour gagner la sortie, l'action nécessaire pour attraper la bouteille sur la table. Mon cerveau prédit continuellement et automatiquement quels seraient les mouvements optimaux pour les actions que j'aurai peut-être besoin d'entreprendre. Chaque fois que je

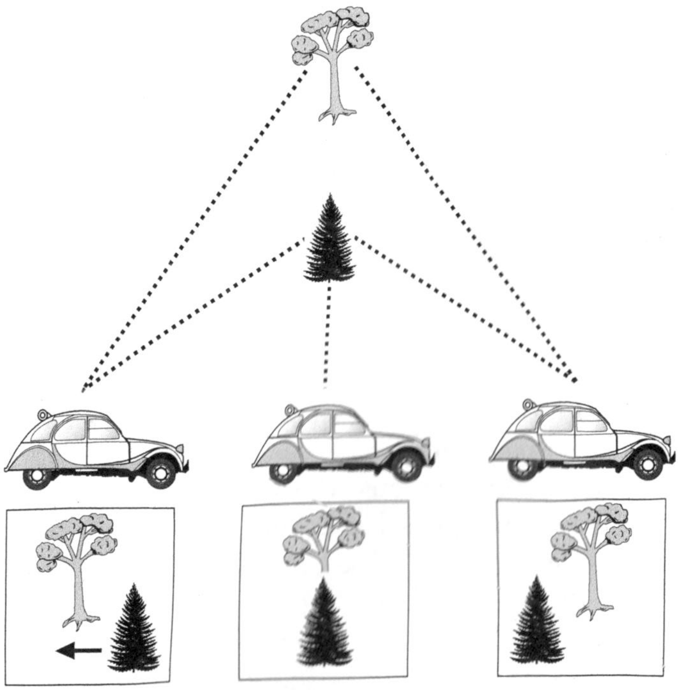

Figure 5.9. Nous pouvons découvrir où sont les choses en bougeant. Quand nous passons devant les deux arbres, le sapin (qui est plus proche) bouge plus vite que le pin (qui est plus loin). C'est ce qu'on appelle la parallaxe du mouvement. De ce phénomène nous pouvons déduire que le sapin est plus proche que le pin.

lise une action, ces prédictions sont testées et mon modèle du monde est raffiné sur la base des erreurs de prédiction. À travers mon expérience de tenir le verre, j'acquiers une meilleure idée de sa forme. À l'avenir, j'en aurais une meilleure perception, y compris par le médium ambigu et imparfait de la vision.

Mon cerveau découvre ce qu'il y a au-dehors en construisant des modèles du monde. Ces modèles ne sont pas arbitraires. Ils sont ajustés pour donner les meilleures prédictions possibles de mes sensations quand j'agis sur le monde. Or je ne suis pas conscient de ce mécanisme complexe. Mais de quoi suis-je donc conscient ?

Ma perception n'est pas le monde, mais le modèle du monde créé par mon cerveau

Ce que je perçois, ce ne sont pas les indices bruts et ambigus du monde extérieur qui affectent mes yeux et mes oreilles. Je perçois quelque chose de beaucoup plus riche : une image qui combine tous ces signaux bruts avec un vaste corpus d'expériences passées[17]. Ma perception est une prédiction sur ce qui doit être là dans le monde. Et cette prédiction est constamment testée par l'action.

Maintenant, tout système commet quand il échoue certaines erreurs caractéristiques. Par chance, ces erreurs sont très informatives. Non seulement les erreurs sont importantes pour que le système apprenne, mais elles sont également importantes pour que nous puissions comprendre comment le système fonctionne. Elles nous donnent des clés pour savoir de quel genre de système il s'agit. Quel type d'erreur va faire un système qui fonctionne par prédiction ? Il aura des difficultés dans les situations d'ambiguïté – quand deux objets différents peuvent causer les mêmes sensations[18]. Le problème peut généralement être résolu parce que l'un des modèles est bien plus vraisemblable que l'autre. Il est peu plausible qu'il y ait un rhinocéros dans la pièce. Cela signifie cependant que le système est piégé quand la situation improbable est en fait la bonne. Beaucoup des illusions visuelles chéries par les psychologues marchent parce qu'elles piègent le cerveau de cette façon.

Dans la chambre bizarrement conçue d'Ames, le dessin est arrangé de façon à causer les mêmes sensations dans notre œil qu'une banale chambre carrée (voir figure 2.8). Un modèle de cette chambre bizarre et un modèle d'une chambre carrée prédisent également bien les sensations dans votre œil. Cependant notre expérience des chambres carrées est tellement plus ordinaire que nous ne pouvons pas nous empêcher de percevoir la chambre d'Ames comme carrée, même si les gens dedans grandissent et rétrécissent de manière improbable lorsqu'ils passent d'un côté à l'autre. La probabilité *a priori* (l'attente) que nous voyions une chambre d'Ames est si faible que notre cerveau bayésien tient peu compte de cette étrange observation.

Mais que se passe-t-il si nous n'avons pas de raison *a priori* pour favoriser une interprétation plutôt qu'une autre ? C'est le cas avec le cube de Necker. Nous pourrions le voir comme une figure bidimensionnelle complexe, mais nous avons bien plus d'expérience avec les cubes. Donc nous voyons un cube. Le problème est qu'il y a deux cubes possibles. Pour l'un, la face de devant est en haut à droite, pour l'autre elle est en bas à gauche. Nous n'avons aucune raison de préférer une version à l'autre, et notre perception oscille spontanément entre les deux cubes possibles.

Même les figures plus complexes, comme les figures du vase de Rubin et la figure de la femme/belle-mère, entraînent des oscillations spontanées d'un percept à l'autre, parce que

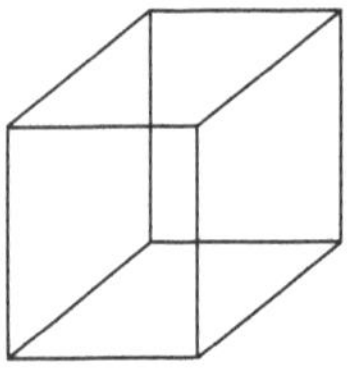

Quelle est la face avant du cube :
le carré de gauche ou le carré de droite ?

S'agit-il d'un vase ou de deux visages
qui se regardent ?

Est-ce la femme ou la belle-mère ?
(Le menton de la jeune femme devient le nez de la vieille dame.)

Figure 5.10. Des figures ambiguës.

les deux visions sont également plausibles. Le fait que notre cerveau réponde de cette façon aux figures ambiguës témoigne de ce qu'il est une machine bayésienne, qui découvre ce qui se trouve dans le monde en faisant des prédictions et en cherchant les causes des sensations.

Les couleurs sont dans le cerveau, pas dans le monde

Mais toutes ces figures ambiguës ont été inventées par les psychologues, direz-vous. Nous ne croisons jamais ce genre d'objet dans le monde réel. C'est vrai. Cependant le monde réel est aussi d'une inhérente ambiguïté. Considérons le problème de la couleur. Nous ne connaissons la couleur des objets que par la lumière qu'ils réfléchissent. C'est la longueur d'onde de la lumière qui fait la couleur. Les grandes longueurs d'onde donnent le rouge, les plus courtes donnent le bleu, et toutes les autres couleurs sont intermédiaires. Il y a dans l'œil des récepteurs spécifiques de ces différentes longueurs d'onde. L'activité de ces récepteurs peut-elle à elle seule nous renseigner sur la couleur d'une tomate ? Il y a là un problème. La couleur n'est pas dans la tomate. Elle est dans la lumière réfléchie par la tomate. Quand elle est éclairée par une lumière blanche, la tomate réfléchit une couleur rouge. Mais c'est nous qui la percevons comme rouge. Que se passe-t-il si la tomate est éclairée par une lumière bleue ? Elle ne peut plus refléter de la lumière rouge, est-ce qu'elle devient donc bleue ? Non. Nous la percevons toujours comme rouge. D'après la couleur des autres objets notre cerveau décide que la scène est éclairée d'une lumière bleue et prédit ce que doit être la « vraie » couleur de ces objets. Ce que nous percevons est déterminé par cette couleur prédite, pas par la longueur d'onde de la lumière qui frappe nos yeux. Parce que nous percevons la couleur prédite et pas la vraie, nous pouvons être victimes d'illusions spectaculaires, dans lesquelles des surfaces qui sont identiques en termes de longueur d'onde semblent avoir des couleurs nettement différentes (voir figure 6, cahier hors texte[19]).

La perception est un fantasme qui coïncide avec la réalité

Nos cerveaux fabriquent des modèles du monde et les modifient sans cesse sur la base des signaux qui atteignent nos sens. Ainsi, ce que nous percevons vraiment ce sont les modèles du monde construits par notre cerveau. Il ne s'agit pas vraiment du monde mais, pour nous, c'est aussi bien. Vous pourriez dire que notre perception est un fantasme qui coïncide avec la réalité. Qui plus est, quand aucun signal sensoriel n'est disponible, notre cerveau remplace l'information manquante. Il y a dans notre rétine une tache aveugle dépourvue de photorécepteurs. C'est le point où se rassemblent toutes les fibres nerveuses (le nerf optique) acheminant les signaux de la rétine au cerveau, il n'y a donc pas de place à cet endroit pour les photorécepteurs. Nous ne sommes pas conscients de cette tache aveugle parce que notre cerveau fabrique quelque chose pour remplir cette partie du champ visuel. Notre cerveau utilise les signaux provenant des régions environnantes pour fournir l'information manquante.

Placez votre doigt bien en face de vous et regardez-le. Maintenant fermez votre œil gauche et bougez votre doigt doucement vers la droite, en regardant toujours droit devant. Il y a un point où le bout de votre doigt va disparaître, puis il va réapparaître de l'autre de côté de la tache aveugle. À l'intérieur de la tache aveugle, votre cerveau remplit le vide à l'aide de la tapisserie, pas par la pointe de votre doigt.

Même au centre de la vision, ce que je vois est déterminé par les attentes de mon cerveau, combinées aux occurrences des signaux sensoriels réels. Quelquefois ces attentes sont tellement fortes que je vois ce que j'attends et pas ce qui arrive. Une expérience de laboratoire assez frappante consiste à présenter aux volontaires des stimuli, comme des lettres de l'alphabet, si brièvement que les signaux sensoriels peuvent à peine être détectés. Si vous vous attendez fortement à voir la lettre A, vous pouvez parfois être convaincu que vous l'avez vue alors que la lettre présentée était un B.

Nous ne sommes pas les esclaves de nos sens

Vous pensez peut-être que cette tendance à halluciner est un prix trop fort à payer pour que nos cerveaux soient capables de former des modèles du monde. Le système ne pourrait-il pas être réglé de sorte que les signaux sensoriels prédominent toujours dans notre expérience ? Ainsi, il n'y aurait plus d'hallucination. En fait, c'est une mauvaise idée, et ce pour plusieurs raisons. D'abord on ne peut pas entièrement se fier aux signaux sensoriels. Ensuite leur domination ferait de nous les esclaves de nos sens. Comme un papillon, notre attention volerait continuellement d'une attraction à l'autre. Un tel asservissement aux sens peut résulter de lésions cérébrales. Il y a des gens qui ne peuvent s'empêcher de réagir à tout ce qu'ils voient. Ils chaussent une paire de lunettes, puis ils en voient une autre et ils la mettent aussi sur leur nez[20]. S'ils voient un verre, il faut qu'ils le boivent. S'ils voient un stylo, ils l'attrapent et se mettent à gribouiller. Ils sont incapables de suivre un plan ou de se conformer à une instruction. On a découvert que ces patients ont des lésions étendues de la partie frontale de leur cerveau. Leur comportement étrange fut décrit pour la première fois par François Lhermitte et dénommé « comportement d'utilisation ».

> Le patient [...] vint me soir dans mon appartement [...]. Nous retournons dans la chambre. Le dessus-de-lit avait été retiré et le drap du dessus retourné de la façon usuelle. Quand le patient vit ceci, il commença aussitôt à se déshabiller [enlevant entre autres sa perruque]. Il se mit au lit, remonta le drap jusqu'à son cou et se prépara à dormir.

Par son utilisation du fantasme contrôlé, notre cerveau échappe à la tyrannie de notre environnement. Émergeant de la polyphonie de la soirée mondaine, je peux saisir et suivre la voix de l'obstinée professeur de littérature. Je peux distinguer son visage dans une mer de visages. Les études d'imagerie cérébrale montrent que lorsque je choisis de prêter attention aux visages, l'activité de l'« aire cérébrale des visages » augmente avant même qu'un visage fasse son apparition dans le champ visuel. Même si je ne fais qu'imaginer un visage, cette région va s'activer (voir figure 2 du prologue). C'est le pouvoir de mon cerveau de générer des fantasmes contrôlés. Je peux anticiper l'apparence d'un visage. Je peux imaginer un visage lorsqu'il n'y a pas de visage du tout.

Comment savons-nous alors ce qui est réel ?

Fantasmer le monde pose deux problèmes. D'abord, comment savons-nous que le modèle du monde généré par notre cerveau est vrai ? Ceci n'est pas vraiment un problème. Pour pouvoir agir sur le monde, il n'est pas crucial de savoir si notre modèle est vrai. Tout ce qui importe, c'est qu'il marche. Est-ce qu'il nous permet de réaliser les actions appropriées pour survivre un jour de plus ? Dans l'ensemble, la réponse est oui. Comme nous le verrons dans les chapitres suivants, la question de la vérité des modèles de notre cerveau ne se pose que lorsqu'il communique avec un autre cerveau, et que nous découvrons que le modèle du monde chez cette autre personne est différent du nôtre.

L'autre problème fut révélé par les études d'imagerie cérébrale sur les visages. L'aire des visages s'active quand je vois un visage et également quand j'imagine un visage. Comment donc mon cerveau sait-il si je vois un visage ou si je ne fais que l'imaginer ? Dans les deux cas, mon cerveau a créé un visage. Comment savons-nous quand le modèle représente un visage réellement présent dans le monde ? Ce problème ne concerne pas que les visages mais toutes les représentations.

La solution est très simple. Quand nous imaginons un visage, il n'y a pas de signal sensoriel à comparer avec notre prédiction. Il n'y a pas d'erreur. Quand nous voyons de vrais visages, le modèle de notre cerveau n'est jamais parfait. Notre cerveau réactualise le modèle en permanence pour rendre compte des changements fugaces d'expression et de lumière. Par bonheur, la réalité est toujours surprenante.

L'imagination est extrêmement ennuyeuse

Nous avons déjà vu que les illusions visuelles peuvent révéler comment le cerveau modélise la réalité. Le cube de Necker, mentionné ci-dessus, est une illusion visuelle bien connue (voir figure 5.10). Nous pouvons le voir comme un cube dont la face avant pointe en bas à gauche. Puis soudain notre perception change et nous voyons un cube dont la face avant pointe en haut à droite. L'explication est simple. Notre cerveau voit le cube plutôt que le dessin en deux dimensions qu'il est en réalité. Or, comme cube, le dessin est ambigu. Il a deux versions tridimensionnelles possibles. Notre cerveau bascule aléatoirement de l'une à l'autre dans sa tentative perpétuelle de trouver la meilleure adéquation avec les signaux sensoriels.

Mais que se passerait-il si je pouvais trouver une personne qui n'a jamais vu un cube de Necker auparavant et qui ne sait rien de sa tendance à basculer d'une forme à l'autre ? Je lui montre brièvement la figure de sorte qu'elle ne la voie pas basculer. Va-t-elle maintenant basculer si elle l'examine en imagination ? Je constate alors qu'en imagination, le cube ne se renverse jamais. L'imagination est extraordinairement peu créative. Elle n'a pas de prédictions à faire ni d'erreurs à résoudre. Nous ne créons rien dans notre tête. Nous créons en externalisant nos pensées dans des esquisses et des brouillons, afin de bénéficier de l'inattendu du réel. C'est ce perpétuel inattendu qui fait de notre interaction avec le monde une telle joie.

Dans ce chapitre, j'ai montré comment notre cerveau découvre ce qui existe dans le monde, par la construction de modèles et la formation de prédictions. Nos modèles sont élaborés en combinant les informations sensorielles avec nos attentes préalables. Les sensations et les attentes sont également importantes dans ce processus. Nous ne sommes pas conscients de tout ce travail que fait notre cerveau. Nous ne sommes conscients que des modèles qui en résultent. Cela fait que notre expérience de monde paraît directe et sans effort.

CHAPITRE 6

COMMENT LES CERVEAUX FAÇONNENT LES ESPRITS

« Alors les romans vous ennuient et vous détestez la poésie. » Le professeur de littérature semble presque inquiète pour moi.

« Qu'est-ce qui vous fait penser ça ? »

« Vous venez de dire que seul le monde physique était passionnant et que l'imagination était parfaitement ennuyeuse. Vous avez balayé toutes les facultés créatrices de l'esprit humain, les mondes imaginaires des grands écrivains et des grands peintres qui ont créé notre culture proprement humaine. »

« Je parlais du monde imaginaire créé par un cerveau unique et coupé du monde. Vous parlez du monde des autres esprits. Je suis d'accord avec vous. Le monde des autres esprits est encore plus imprévisible et passionnant que le monde physique. Cependant, il nous est également révélé par notre cerveau. »

« Vous ne pouvez pas réduire la culture à de l'activité cérébrale, dit-elle. Connaître les autres esprits demande de la compréhension. Or la science ne fait qu'expliquer. »

« Je rejette tout cet absurde courant postmoderne[1] », intervient le nouveau directeur du département de physique qui nous a rejoints. « Mais le monde des autres esprits est subjectif et privé. Vous ne pouvez pas l'étudier scientifiquement. »

Comme vous pouvez l'imaginer, nous avons tous trouvé fatigant de continuer cette conversation à un si haut niveau et sommes vite retournés aux ragots du monde universitaire. Cependant, je pense naturellement qu'ils ont tous les deux tort. C'est notre cerveau qui nous permet d'entrer en contact avec les esprits des autres, il est donc légitime de se demander : comment fait-il ?

La science peut tenter d'expliquer comment nous comprenons les autres esprits. Ce n'est pas fondamentalement différent que tenter d'expliquer comment nous, en tant qu'individus, comprenons le monde physique. C'est en fait l'objet central de la psychologie. Comme nous l'avons vu dans le chapitre précédent, notre connaissance du monde physique est essentiellement subjective. Ce que je sais du monde physique est compris dans un modèle créé par mon cerveau. Ce modèle est formé à partir de mes connaissances *a priori* et des indices fournis par mes sens. Mon cerveau crée un monde physique d'arbres, d'oiseaux, et de gens. Ma connaissance du monde mental, le monde des autres esprits, peut se construire exactement de la même façon. À partir des indices fournis par mes sens, mon cerveau peut créer un monde de croyances, de désirs et d'intentions.

Mais quels sont ces signaux qui nous renseignent sur ce qui se passe dans l'esprit des autres ? Je ne parle pas du discours et du langage. Nous en apprenons beaucoup sur les autres par la simple observation de la façon dont ils agissent sur le monde, la façon dont ils bougent.

Le mouvement biologique : la façon dont bougent les êtres vivants

En regardant comment quelque chose bouge vous pouvez dire si c'est un être vivant ou seulement une feuille soulevée par le vent. Vous pouvez même faire bien mieux que ça. Vous pouvez voir que c'est un humain et vous pouvez comprendre ce qu'il fait. Vous n'avez pas besoin de beaucoup d'information pour pouvoir faire ça. En 1973, Gunnar Johansson attacha des petites lumières sur les principales articulations de l'un de ses étudiants (environ 14 lumières sur les chevilles, les genoux, les coudes, etc., sont suffisantes) et le filma alors qu'il marchait dans le noir. Tout ce que vous pouvez voir sur le film, c'est 14 points lumineux qui se déplacent selon un mouvement très complexe. Si vous ne voyez qu'un seul point lumineux, le mouvement ne sera pas intelligible. Si vous voyez tous les points lumineux et qu'ils restent statiques, vous n'y trouverez aucune signification particulière. Mais dès que les spots se mettent à bouger, vous voyez immédiatement une silhouette émerger. Vous pouvez dire si c'est un homme ou une femme et si il ou elle marche, court ou danse. Vous pouvez même dire si la personne est triste ou joyeuse[2]. Je ne peux pas vous présenter d'image dynamique dans un livre, mais la figure 6.1 montre que si on joint les points, même l'image statique peut donner une indication du sexe.

Cette capacité à voir le mouvement biologique est bien établie dans notre cerveau. Dès l'âge de 4 mois, les enfants préfèrent regarder des points mobiles formant une silhouette humaine que des points bougeant de la même façon mais sans cohérence d'ensemble. Même les chats peuvent être entraînés à distinguer des points lumineux formant un chat qui bouge par rapport à des points lumineux se déplaçant de manière aléatoire.

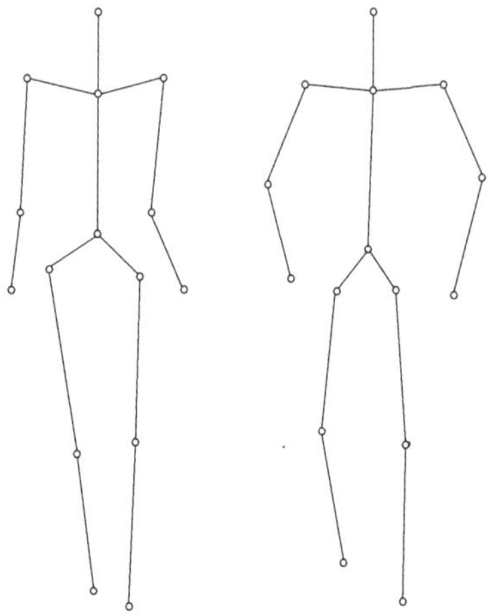

Figure 6.1. Même les personnages en allumettes peuvent avoir un sexe. Pour une version dynamique, essayez le site du laboratoire de BioMotion dirigé par le professeur Nikolaus Troje (http://www.biomotionlab.ca/Demos/BMLgender.html).

Comment les mouvements peuvent révéler les intentions

Reconnaître que quelque chose est un chat par sa façon de bouger n'est pas différent de reconnaître un chat par sa forme ou par le cri qu'il pousse. Notre cerveau utilisera toutes les informations disponibles pour découvrir ce qu'il y a dans le monde autour de lui. Les mouvements complexes font partie des indices auxquels notre cerveau est extraordinairement sensible. Identifier un objet comme un chat et un autre comme une femme qui danse ne nous donne pas accès au monde mental des croyances et des intentions. Mais peut-être que reconnaître un chat poursuivant sa proie, ou une femme se sentant triste, nous amène à la lisière du monde mental. Dans ces exemples, le mouvement que nous percevons nous renseigne sur les intentions du chat ou les sentiments de la femme.

Même les mouvements très simples peuvent révéler quelque chose des buts et des intentions. Gyorgy Gergely et ses collègues ont montré un dessin animé à des enfants âgés de 12 mois (voir la phase d'apprentissage sur la figure 6.2). Au début, il y a une petite balle grise et une grande balle noire séparées par une barrière. Ensuite, la petite balle grise saute par-dessus la barrière et s'arrête tout près de la grande balle noire. Les enfants regardent ce clip plusieurs fois jusqu'à en être relativement fatigués. La barrière est alors retirée et deux nouveaux films clips sont présentés.

L'idée derrière les expériences comme celle-ci est qu'un enfant ennuyé regardera d'autant plus le film qu'il est

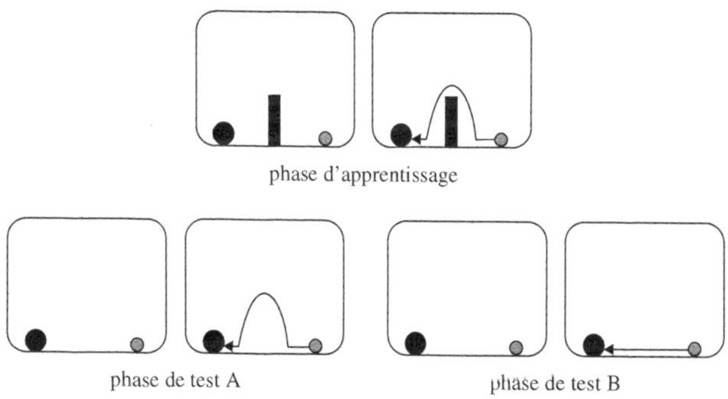

Figure 6.2. Les enfants de 12 mois connaissent le but des actions. Lorsqu'ils observent la phase d'apprentissage, les enfants infèrent que la balle grise saute par-dessus la barrière pour rejoindre la balle noire. Quand on retire la barrière, les enfants s'attendent à ce que la balle grise roule directement vers la balle noire (phase de test B) plutôt que de continuer à sauter (phase de test A).

inattendu. Un film inattendu est plus intéressant. Il contient davantage d'information et nous contraint à réviser nos croyances vis-à-vis de ce qui s'est passé dans l'épisode précédent.

Quel est donc le clip le plus inattendu ? Dans la condition A, le mouvement de la balle grise est exactement le même que dans la phase d'apprentissage. La balle grise saute et s'arrête près de la noire. Dans la condition B, le mouvement de la balle grise est assez différent. Elle va directement rejoindre la noire. Ainsi, en termes de mouvement, la condition B est plus inattendue. Mais ce n'est pas ce qu'ont pensé les enfants. Ils se sont montrés davantage surpris par la condition A, où la balle grise saute par-dessus une barrière inexistante. Cette expérience suggère[3] que les enfants interprètent le mouvement de la balle grise en termes de but : ce que veut la balle grise, c'est être près de la balle noire. Si une barrière est sur son chemin, alors elle saute par-dessus pour rejoindre la balle noire. S'il n' y a pas de barrière, alors elle va la rejoindre par la voie la plus directe. Elle n'a plus besoin de sauter. C'est donc le comportement que nous (et les enfants) attendons quand la barrière est retirée. Le comportement inattendu, c'est quand la balle grise continue à sauter alors que la barrière n'est plus là. Alors nous devons changer d'idée sur le but de la balle grise. Peut-être qu'elle aime le saut en hauteur ?

Les gens sont bien plus intéressants que les petites balles grises. Nous regardons leurs mouvements constamment et essayons de prédire ce qu'ils vont faire. Lorsque nous marchons dans la rue, nous devons prédire de quel côté la personne qui s'avance vers nous va nous contourner. Notre prédiction est si souvent correcte que si nous esquivons du même côté, il s'agit là d'un événement marqué par des sourires embarrassés.

Nous prêtons une attention particulière aux yeux des autres. Lorsque nous regardons les yeux, nous pouvons détecter de très petits mouvements. Nous pouvons voir des yeux bouger de 2 millimètres à un mètre de distance. Cette sensibilité aux mouvements oculaires nous permet de faire un premier pas dans le monde mental d'autrui. À partir de la position de leurs yeux, nous pouvons déduire précisément où les gens regardent. Et si nous savons où ils regardent, alors nous pouvons découvrir ce qui les intéresse. Si on regarde la figure 6.3, on s'aperçoit que Larry est intéressé par la balle et on ne peut pas s'empêcher de la regarder aussi.

Figure 6.3. Nous savons ce que veut Larry en regardant ses yeux. Nous pouvons voir que Larry regarde la balle. Nous regardons la balle avant les autres objets.

Je vois le professeur de littérature de l'autre côté de la pièce surpeuplée. La première chose que je remarque, c'est qu'elle ne me regarde pas. Mais à qui s'intéresse-t-elle ? Je ne peux pas m'empêcher de suivre son regard. Ce n'est tout de même pas ce petit impudent de biologiste moléculaire ?

L'imitation

Il n'y a pas que les mouvements des yeux que nous suivons si servilement. Notre cerveau a tendance à imiter automatiquement tout mouvement qu'il perçoit. L'observation la plus frappante au sujet de l'imitation vient d'une étude où l'activité électrique de neurones isolés était enregistrée chez le singe. Giacomo Rizzolatti et ses collègues de Parme étudiaient les neurones impliqués dans les mouvements de saisie. Ils ont découvert que des neurones distincts participaient à différents types de mouvements. Un neurone s'activait lorsque le singe pinçait avec précision un petit objet comme une cacahuète entre le pouce et l'index. Un autre neurone s'activait quand le singe attrapait à pleine main un objet plus large comme un stylo. Ainsi, dans la partie du cerveau concernée par le contrôle des mouvements (le cortex prémoteur), les neurones représentaient tout un répertoire de gestes.

Or, à la surprise des chercheurs, certains neurones ne répondaient pas qu'aux mouvements de saisie. Ils s'activaient également quand le singe voyait l'expérimentateur saisir quelque chose. Le neurone qui répondait lorsque le singe attrapait une cacahuète répondait aussi lorsque l'expérimentateur attrapait une cacahuète. On parle maintenant de neurones miroirs. Le répertoire de gestes représenté par ces neurones s'applique à l'observation de l'action aussi bien qu'à l'exécution de l'action.

Le même phénomène est à l'œuvre dans le cerveau humain. Chaque fois que nous bougeons, on peut observer une distribution caractéristique d'activités dans les aires motrices. L'une des premières surprises que nous a réservées l'imagerie cérébrale a été que cette distribution d'activité est

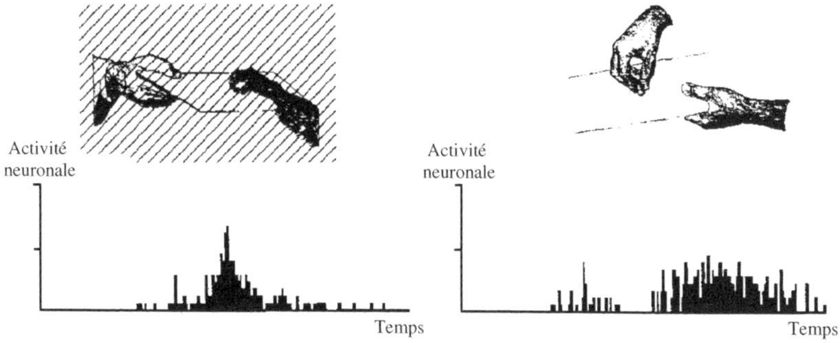

Figure 6.4. Les neurones miroirs
Ces neurones s'activent lorsque le singe effectue une certaine action ou lorsqu'il voit quelqu'un exécuter cette même action. Graphique de gauche : le singe agit (sans voir sa main). Graphique de droite : le singe observe l'expérimentateur exécuter la même action.

également observée lorsque nous nous préparons à faire un mouvement ou lorsque nous imaginons faire un mouvement (voir figure 7 du prologue). La même chose se produit lorsque nous regardons quelqu'un d'autre bouger. Notre cerveau active ces mêmes régions qui seraient actives si nous bougions nous-mêmes. La différence majeure étant bien sûr que nous ne bougeons pas réellement.

Notre cerveau répond de cette façon quand nous voyons quelqu'un d'autre bouger, même si cela peut interférer avec nos propres actions, et parfois se révéler embarrassant. Un de mes oncles a une jambe raide. Lorsque j'étais petit garçon et que je marchais derrière, je devais me concentrer pour m'empêcher de boiter comme lui. Cette tendance à imiter les autres peut prendre des formes extrêmes chez les personnes atteintes du syndrome de Gilles de la Tourette[4]. Ces patients ont une compulsion à imiter en permanence ce que font les autres : tousser, renifler et se gratter. Ceci peut leur rendre la vie très difficile ainsi qu'à leur famille.

Imitation : percevoir les buts d'autrui

L'imitation est comme la perception. Nous la pratiquons automatiquement sans avoir besoin d'y penser. Pour nous cela semble facile. Ce n'est que lorsque nous essayons de fabriquer des machines capables de l'effectuer que nous réalisons à quel point l'imitation est difficile. Quand je vous vois bouger votre bras, je fais simplement le même mouvement. Mon cerveau interprète la modification des rayons lumineux sur ma rétine causée par votre mouvement. Mais comment le cerveau parvient-il à traduire une séquence de stimulations visuelles en une séquence de commandes motrices qui produiront le même mouvement ? Premièrement, je ne peux pas voir quels sont les muscles impliqués. Deuxièmement, si j'imite un enfant, je devrai envoyer à mes muscles des commandes différentes, puisque j'ai le bras plus long.

Nous tombons précisément sur ce problème lorsque nous essayons de développer une machine intelligente. Dans un système de traitement automatique de la parole, comment la machine traduit-elle la séquence de vibrations acoustiques engendrée par ma voix en symboles imprimés sur le papier ? La solution est de former des modèles internes qui vont combler les trous. Dans le cas du traitement automatique de la parole, les modèles seraient des mots. Une fois que les entrées – les vibrations acoustiques (ou les stimuli visuels ou les touches frappées sur le clavier) – ont été traduites en mots, ceux-ci peuvent constituer les sorties – les chaînes de caractères (ou les séquences de points) – vers l'imprimante.

Dans le cas des mouvements, les modèles internes sont les buts de l'action. Cependant les mouvements sont par eux-mêmes ambigus. Comme John Searle l'a noté, si nous rencontrons quelqu'un marchant vers l'ouest, nous ne savons pas s'il se dirige vers la boulangerie de l'autre côté de la rue ou vers la Patagonie. Mais nous sommes maintenant tous bayésiens. Nous pouvons résoudre l'ambiguïté parce que nous savons d'avance quel est le but le plus probable.

On peut démontrer l'importance des buts en étudiant les erreurs commises par les enfants dans les jeux d'imitation. Dans l'un de ces jeux, je dis au bambin assis en face de moi d'imiter tout ce que je fais. Je lève ma main droite, il lève sa main gauche. Est-ce une erreur ? Il ne bouge pas la même main, mais la main en miroir. Je touche mon oreille gauche avec ma main gauche. Il touche son oreille droite avec sa main droite, se comportant de nouveau comme un miroir. Maintenant je croise mon mouvement et touche mon oreille droite avec ma main gauche. Il ne croise pas, il touche son oreille gauche avec sa main gauche. S'agit-il d'une erreur ? Il n'a pas copié le mouvement croisé, il a copié le but : toucher son oreille gauche. Il est parvenu à ce but de la façon la plus sensée – en touchant l'oreille avec la main la plus proche.

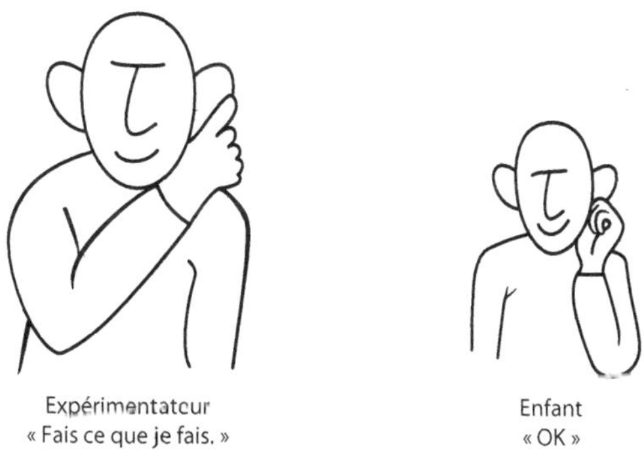

Figure 6.5. Les enfants imitent les buts, pas les mouvements : main gauche ou main droite ?
Les enfants imitent le but (toucher l'oreille gauche) mais pas l'action (avec la main droite). Ils réalisent le mouvement le plus simple, touchant leur oreille gauche avec la main gauche.

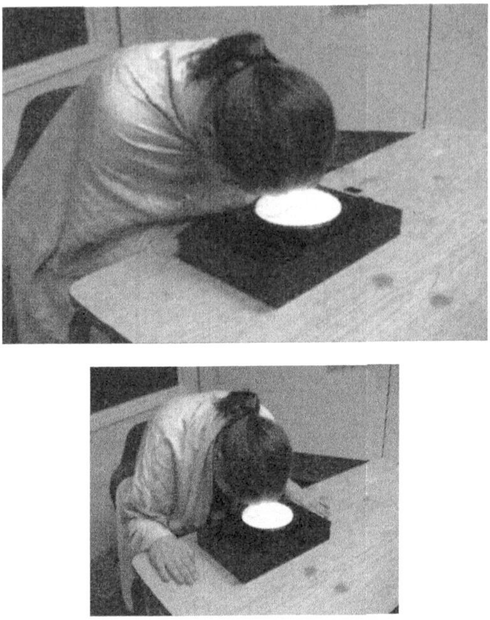

Figure 6.6. Les enfants imitent les buts, pas les mouvements : la tête ou la main ? L'enfant doit imiter le modèle, qui presse le bouton avec sa tête. En haut : quand les mains du modèle sont emprisonnées dans la camisole, l'enfant presse le bouton avec sa main. En bas : quand les mains du modèle sont libres, l'enfant presse le bouton avec sa tête.

Maintenant je le mets vraiment à l'épreuve. Il y a un gros bouton au milieu de la table. Je me penche et le presse avec mon front. Que va-t-il faire ? Pourquoi devrais-je presser le bouton avec ma tête ? Son comportement va dépendre de mes mains. Si mes mains sont ostensiblement entravées parce que j'ai décidé qu'il faisait froid et que j'ai enroulé une couverture autour de mes épaules, il va presser le bouton avec sa main. Il suppose que mon but était de presser le bouton et que si je ne l'ai pas fait avec ma main, c'est parce qu'elle était déjà occupée à autre chose. Si mes mains sont clairement libres de tout mouvement, car posées de part et d'autre du bouton, il va presser le bouton avec sa tête. Il suppose que mon but était de presser le bouton avec ma tête.

Pour imiter quelqu'un, nous regardons ses mouvements attentivement, mais nous ne copions pas ses mouvements. On utilise les mouvements pour découvrir quelque chose de l'esprit de la personne que nous regardons : le but de son action. Ensuite nous l'imitons en faisant un mouvement qui parvient au même but.

Les humains et les robots

À partir du moment où nous percevons les mouvements en termes de buts, ils prennent un caractère spécial. Tout peut bouger : les pierres peuvent rouler dans le courant, les branches peuvent s'envoler avec le vent. Mais seules certaines créatures peuvent bouger par elles-mêmes afin d'atteindre leur but. J'appellerai actions ces mouvements dirigés vers un but. Ce ne sont que les actions des créatures poursuivant des buts (que j'appellerai agents) que notre cerveau va automatiquement imiter.

Nous n'avons pas besoin de mesurer l'activité du cerveau pour montrer qu'il va automatiquement imiter les actions d'autrui. Si je ne fais que regarder une personne bouger, je ne peux pas dire que mon cerveau imite le mouvement. L'activité cérébrale se produit, mais ne se manifeste pas de façon visible dans mon comportement. Que se passe-t-il si j'essaie de faire un mouvement alors que je regarde quelqu'un d'autre ? Si j'effectue la même action que l'autre personne alors je vais le faire plus facilement. Cela constitue la base de la gymnastique de masse. Mais si j'essaie de faire un mouvement différent, il sera plus difficile à réaliser.

James Kilner a conduit là-dessus une expérience très claire, où il demandait aux participants de simplement lever et baisser les bras en rythme, alors qu'ils regardaient quelqu'un d'autre bouger les bras d'un côté à l'autre. Des

Le sujet (S) et l'expérimentateur (E) font le même mouvement.

le sujet (S) et l'expérimentateur (E) font des mouvements différents.

Enregistrements des mouvements de balayage horizontal et vertical réalisés par les sujets. Ces mouvements sont plus variables (à droite) lorsqu'on regarde quelqu'un d'autre effectuer des mouvements différents.

Figure 6.7. Voir quelqu'un d'autre bouger peut interférer avec nos propres mouvements.

mesures précises ont montré que la vision de ces mouvements différents a rendu ceux des participants plus variables. C'était une manifestation de la tendance du cerveau à imiter automatiquement le mouvement des autres. Mais si les mouvements étaient effectués par un robot, ils n'interféraient plus avec ceux des observateurs. Le cerveau n'imite pas automatiquement un bras robotisé, parce que les mouvements de ce bras sont subtilement incorrects ; nous les percevons comme mécaniques et non comme biologiques. Le robot n'est pas perçu comme un agent ayant des buts et des intentions. Quand le bras mécanique bouge, mon cerveau ne voit que des mouvements, pas des actions[5].

L'empathie

L'imitation nous donne également accès au monde privé d'autrui. Nous ne faisons pas qu'imiter les mouvements grossiers des bras et des jambes. Nous imitons aussi les mouvements subtils des visages. Cette imitation fait que nous nous sentons différents. Si je vois un visage souriant, je souris aussi un peu, et je me sens plus joyeux[6]. Si je vois un visage exprimant le dégoût, je vais me sentir également dégoûté. Ainsi, même ces sentiments privés sont automatiquement partagés, grâce à la capacité du cerveau à trouver des correspondances entre perceptions et actions.

On pense souvent que la douleur est l'expérience la plus privée de toutes. Je sais que j'éprouve de la douleur, mais comment pourrais-je jamais connaître quoi que ce soit de la vôtre ? Des philosophes comme Wittgenstein étaient très préoccupés par ce problème et sont parvenus à des conclusions que je trouve très difficiles à suivre. On peut apprendre quelque chose de la douleur des autres en observant leur comportement et en écoutant ce qu'ils disent. À l'aide de l'imagerie cérébrale, nous avons découvert un réseau de régions, la matrice de la douleur, qui s'active lorsque quelqu'un a mal. Le corrélat physiologique de la douleur n'est donc pas privé.

Cependant l'expérience subjective de la douleur n'est pas directement liée à la nature physique du stimulus qui la cause. Une tige brûlante semble moins douloureuse lorsqu'on est distrait, même si la température n'a pas changé. L'expérience subjective de la douleur peut aussi être atténuée par l'hypnose ou par une pilule inoffensive qu'on présente comme un antalgique. L'activité de certaines régions du cerveau reflète la température réelle de la tige.

L'activité d'autres régions correspond à l'expérience subjective de la douleur. On peut ainsi opposer l'aspect physique et l'expérience mentale de la douleur.

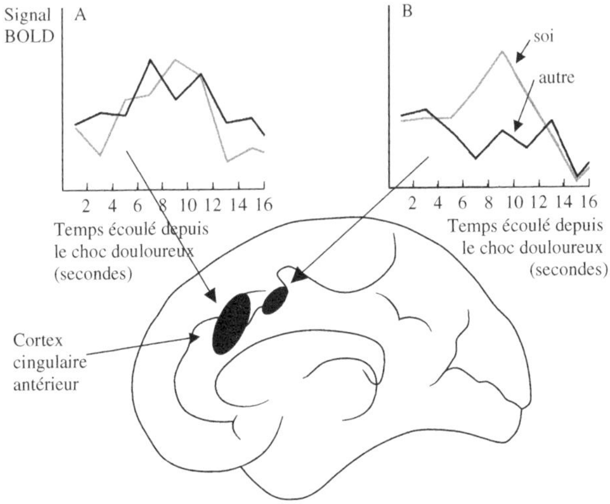

Figure 6.8. Éprouver la douleur des autres.
Le cortex cingulaire antérieur s'étend sur la face médiane à l'avant du cerveau. Cette région s'active lorsque nous ressentons de la douleur. Que se passe-t-il dans le cortex cingulaire antérieur lorsqu'on apprend que la personne aimée reçoit un choc douloureux ? La partie postérieure de cette région (B) répond à notre propre douleur. Un peu plus en avant cependant, il existe une région (A) qui répond à la douleur des autres autant qu'à la nôtre.

Que se passe-t-il si nous voyons quelqu'un d'autre éprouver de la douleur ? Nous activons les mêmes régions cérébrales que si nous éprouvions nous-mêmes de la douleur. Est-ce la base de l'empathie, cette capacité à partager les sentiments intérieurs d'autrui ? Les personnes les plus empathiques[7] ont de plus importantes activations cérébrales lorsqu'elles voient quelqu'un éprouver de la douleur.

Comment est-ce possible ? Comment puis-je éprouver ce que vous ressentez ? On peut répondre à cette question en regardant quelles aires exactement sont allumées par l'empathie dans le cerveau. Comme on vient de le voir, l'activité de certaines aires cérébrales représente les aspects physiques de la douleur : quelle est la chaleur de la tige ou à quel endroit elle vous touche. Ces régions ne s'allument pas quand vous savez que quelqu'un d'autre a mal[8]. L'activité d'autres régions cérébrales représente l'expérience subjective de la douleur[9]. Ces régions s'activent effectivement en réponse à la douleur d'autrui. Ce que nous pouvons partager est donc l'expérience mentale de la douleur, pas ses aspects physiques. Ces régions cérébrales deviennent également actives lorsque vous anticipez la douleur, par exemple si vous savez que cinq secondes après un son avertisseur, on vous appliquera une tige brûlante sur la main. Si vous pouvez anticiper la douleur que vous allez ressentir, est-il si difficile d'anticiper ce que vont éprouver les autres ? Évidemment vous ne pouvez pas ressentir les sensations physiques qui affectent les autres. Mais vous pouvez construire des modèles mentaux basés sur ces stimuli. C'est parce que nous formons des modèles mentaux du monde physique que nous pouvons partager nos expériences subjectives.

L'expérience de l'agentivité

Il y a une autre expérience, plus répandue que la douleur, mais également privée. Il s'agit de la sensation d'avoir le contrôle, de pouvoir décider de faire quelque chose avant de le faire. La sensation d'être un agent qui maîtrise sa destinée. Nous sommes tous des agents. Il y a toutefois bien plus dans notre sens de l'agentivité que réaliser des actions pour atteindre des buts. Nous faisons des choix. Nous décidons quels buts poursuivre. Nous décidons quand réaliser une action. Nous ne sommes pas que des agents. Nous sommes des agents libres. Pour les petites choses de la vie au moins, nous pensons tous avoir le contrôle et pouvoir causer des événements. Ma main repose sur la table et je regarde mon doigt, attendant qu'il bouge. Rien ne se passe. Pourtant, dès que je le souhaite, je peux bouger mon doigt. C'est le mystérieux pouvoir de l'esprit sur la matière : comment la pensée peut causer des événements du monde physique.

« Quel mystère ? », s'exclame le professeur de littérature. Elle m'a observé regardant fixement ma main, ce qui a confirmé son préjugé que je suis un peu spécial. « Bien sûr que je peux lever mon doigt quand je le souhaite. Êtes-vous l'un de ces neuroscientifiques qui prétendent que le libre arbitre n'existe pas ? »

Il n'y a pas que les scientifiques qui se demandent comment nous pouvons contrôler nos actions

Elle leva une main, replia ses doigts et se demanda, comme elle l'avait fait quelquefois auparavant, comment cette chose, cette machine à saisir, cette araignée de chair au bout de son bras, avait pu devenir sienne, à ses ordres. Ou bien avait-elle sa propre vie ? Elle courba puis redressa son doigt. Le mystère résidait dans le moment juste avant le mouvement, le moment frontière entre bouger et ne pas bouger, où son intention avait pris effet. C'était comme briser une vague. Si elle pouvait se maintenir sur la crête, pensa-t-elle, elle pourrait percer son propre secret, la part d'elle-même réellement responsable. Elle amena son index près de son visage et le regarda, le pressant de bouger. Il demeura immobile parce qu'elle faisait semblant, elle n'était pas absolument sérieuse, et parce que souhaiter qu'il bouge, ou être sur le point de le bouger, ce n'était pas la même chose que le bouger vraiment. Et quand finalement elle le plia, l'action sembla partir du doigt lui-même, pas d'un coin de son esprit. Quand a-t-il su qu'il fallait bouger, quand a-t-elle su qu'elle le bougeait ?

Ian McEwan, *Expiation*

Je n'ai pas vraiment envie de répondre à la question du professeur car mes croyances sur le libre arbitre sont très ambivalentes. Ce que je sais, c'est que j'ai une incontestable impression de libre arbitre. Je sens que j'ai le contrôle de mes actions. Quelle que soit la force de ce qui me presse à faire quelque chose, j'ai toujours le sentiment d'avoir en fin de compte le choix. Certains d'entre nous choisiront de mourir plutôt que de perdre leur liberté. Cependant la plupart du temps, ce sont les petites choses de la vie qui nous donnent le sentiment d'avoir le contrôle.

Je peux sonner à la porte en appuyant sur le bouton. Je suis un peu surpris par le son de cloche, mais le bruit que fait la sonnerie n'est pas mon propos. La sonnerie va amener le professeur de littérature à venir ouvrir la porte. C'est le but de mon action. C'est ce qui fait de moi un agent. Les agents font que les choses arrivent. Être un agent, c'est une affaire de cause et de conséquence.

Or nos cerveaux sont très forts pour relier les effets aux causes. C'est une histoire de prédiction et de timing. L'effet suit la cause. Ayant observé la cause, on peut prédire ce que sera l'effet et quand il se produira. C'est ce que fait le cerveau. Il génère des prédictions sur l'état du monde et regarde ensuite si ces prédictions sont vérifiées. Grâce à ce processus de prédiction, le cerveau découvre quelles causes vont avec quels effets. Les causes et les effets sont ensuite rassemblés dans une même unité, qui dans ce cas correspond à une action réalisée par un agent[10]. (Exactement comme la couleur, la forme et le mouvement sont combinés pour former un objet.)

Cet assemblage des causes et des effets en actions se révèle lorsqu'on demande aux gens de préciser à quels moments les différents événements de l'action ont lieu. Je peux par exemple vous demander de réaliser une action très simple, comme presser un bouton de sonnette. Je vous demande aussi de rapporter, au moyen d'une horloge informatisée spécialement conçue pour cela, à quel moment

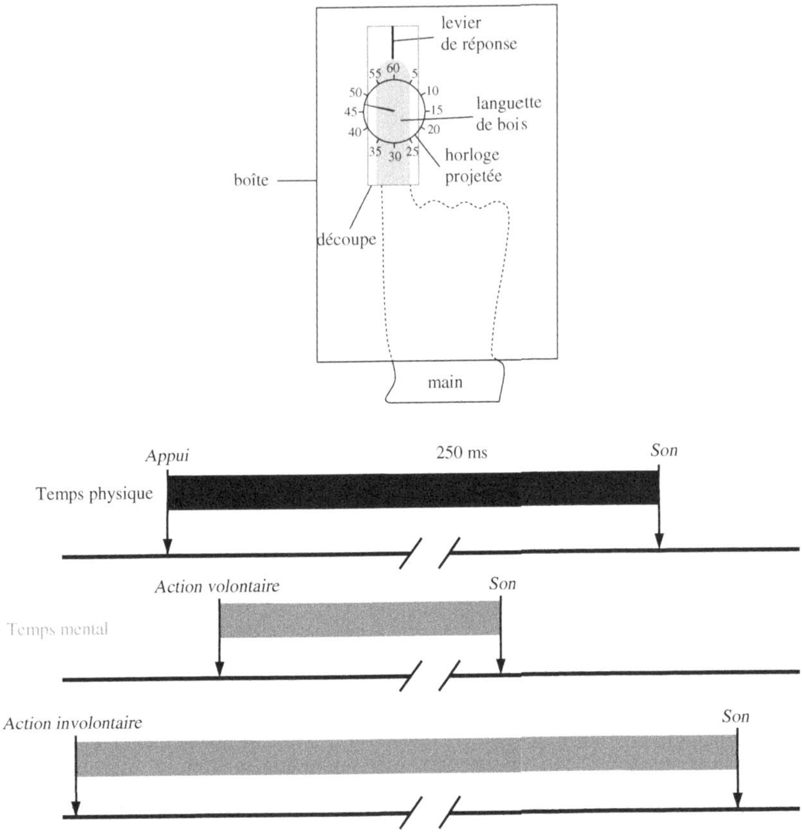

Figure 6.9. Le cerveau assemble les causes et les effets des actions.
Dans cette expérience, les participants pressent un bouton avec leur doigt, déclenchant un son 250 millisecondes plus tard. Grâce à l'horloge virtuelle projetée sur le bout de leur doigt, ils notent les temps auxquels ces deux événements se produisent. Quand les participants pressent le bouton et déclenchent le son, les deux événements sont plus rapprochés dans le temps mental que dans le temps physique. Le cerveau a rassemblé dans le temps les causes et les effets. Quand les participants font un mouvement involontaire (parce que l'expérimentateur stimule leur cerveau à l'aide d'une forte impulsion magnétique), le mouvement et le son sont plus éloignés dans le temps mental.

exact vous appuyez sur la sonnette et à quel moment débute la sonnerie (comme dans l'expérience de Benjamin Libet décrite dans le chapitre 3). Nous pouvons appeler ces moments des temps mentaux. Ce sont les temps des événements qui se produisent dans votre esprit. Je peux aussi enregistrer les temps auxquels les mêmes événements se produisent dans le monde physique. Un ordinateur enregistre les temps exacts où vous appuyez sur le bouton et où la cloche se met à sonner. Ce que nous appellerons des temps physiques. Les temps mentaux et physiques ne sont pas les mêmes. Dans votre esprit, l'appui se produit légèrement plus tard et la sonnerie légèrement plus tôt. La cause et l'effet vous semblent plus proches dans le temps. Dans le temps mental, les composants de l'action sont liés les uns aux autres.

Reprenons maintenant l'expérience, en éliminant l'agentivité. Que se passe-t-il si vous ne pressez pas le bouton vous-même, mais que je fais bouger votre doigt en appliquant une forte stimulation magnétique sur votre tête, au niveau du cortex moteur ? Si je fais cela (une stimulation magnétique transcrânienne), vous n'avez pas l'impression de causer la secousse dans votre doigt. Le mouvement se produit sans que vous ayez l'intention de le produire. Si la cloche sonne après que j'ai déclenché le mouvement de votre doigt, vous n'avez pas le sentiment d'avoir fait sonner la cloche. La secousse du doigt n'est pas une action. Dans cet exemple, quand votre doigt bouge, mais que vous ne réalisez pas une action, votre cerveau ne fait plus le lien entre le mouvement du doigt et le son de la cloche dans votre temps mental. Dans ce cas, les temps mentaux des deux événements sont disjoints, de sorte que l'intervalle mental est maintenant plus grand que l'intervalle physique. Votre cerveau réalise que vous n'êtes pas l'agent et ne vous considère plus comme causant un effet. Il défait donc le lien temporel entre les différents éléments de l'action.

Que se passe-t-il si je vois quelqu'un d'autre presser le bouton et faire sonner la cloche ? Puis-je éprouver le sentiment d'agentivité de quelqu'un d'autre ?

Le problème avec l'accès privilégié

Il y a des choses que je connais sur moi-même et que je ne pourrai jamais connaître à votre propos. Quand je réalise une action, j'ai toutes sortes de sensations que je ne peux pas partager avec vous : l'effort que j'investis dans la pression du bouton, la sensation tactile du bouton que je presse. Ces signaux, pour lesquels j'ai un accès privilégié, me donnent une expérience de ma propre agentivité que je ne pourrai jamais éprouver pour l'agentivité d'un autre. C'est une expérience privée. Je ne peux pas partager avec vous l'expérience de mes propres mouvements. Et je ne peux pas partager votre expérience de vos mouvements. Cela signifie-t-il que ma perception de ma propre agentivité est franchement différente de ma perception de votre agentivité ? Est-il possible que je sache être un agent mais pas que vous en êtes un aussi ? Notre expérience quotidienne va à l'encontre de cette idée.

Le cerveau crée mon impression d'agentivité en liant ensemble les causes et les effets des actions que je réalise. Que se passe-t-il si, au lieu de rapporter les temps de ma propre action, je vous regarde presser le bouton pour faire retentir la sonnerie et si je relève les temps de ces deux événements ? Dans ce cas, je n'éprouve pas votre expérience de presser le bouton. Pourtant, en dépit de ce manque, je perçois les deux événements comme plus proches dans le temps mental qu'ils ne le sont dans le temps physique. Je lie les causes et les effets des actions même si vous êtes l'agent et pas moi.

Il semble donc que, même pour mon sens de ma propre agentivité, je n'aie pas à me fier aux sensations privées qui accompagnent mes actes. Le sens de l'agentivité repose simplement sur le fait de lier les causes et les effets par la prédiction. Je peux ainsi éprouver ma propre agentivité dans le même sens que j'éprouve la vôtre.

« Je suis perdue, dit le professeur de littérature, ces sensations privées dont vous parlez, ce sont les sentiments que j'éprouve quand je bouge mon doigt. Mais vous m'avez longuement expliqué, quand vous essayiez de me chatouiller, que ces sentiments sont supprimés quand nous effectuons une action. Par conséquent je ne peux pas utiliser ces sensations privées. »

« Bien sûr, dis-je, ne voulant pas révéler que je n'avais pas pensé à ça. » Les implications de sa remarque perspicace sont des plus profondes. C'est précisément quand nous ne sommes pas des agents, quand quelqu'un d'autre bouge notre doigt, que nous sommes le plus conscients de ces signaux internes. Quand nous sommes des agents, ces signaux internes sont supprimés. Ceci signifie que nous nous percevons comme des agents de la même façon que nous percevons les autres comme des agents : nous notons les relations entre les actions et les effets qu'elles causent. Nous prenons en compte ce que nous savons des intentions préalables. Mais nous ne tenons pas compte des sensations physiques éprouvées par les agents. C'est précisément parce que nous n'avons pas de connexions directes avec le monde physique, y compris avec le monde de nos propres corps, que nous sommes capables d'entrer dans le monde mental des autres. Les mécanismes qui ont évolué dans notre cerveau pour comprendre le monde physique nous permettent également de pénétrer le monde mental d'autrui.

Illusions d'agentivité

Cependant notre capacité à former des modèles du monde mental peut aussi nous créer des problèmes. De la même façon que notre image du monde physique est un fantasme contraint par les signaux sensoriels, notre image du monde mental, le nôtre ou celui des autres, est un fantasme contraint par les signaux sensoriels relatifs à ce que nous pouvons, ou à ce qu'ils peuvent, dire et faire. Si ces contraintes échouent, nous serons victimes d'illusions quant à nos propres actions.

Je peux parfois penser que j'ai causé un événement alors que je n'ai en réalité rien fait. J'ai décrit dans le chapitre 3 comment Daniel Wegner a pu amener ses sujets à croire qu'ils ont déplacé la souris d'un ordinateur, en introduisant dans leur esprit l'idée de faire un mouvement juste avant qu'il ne se produise. Ce qui est suffisant pour nous faire croire que nous avons réellement causé le mouvement. On peut également observer l'effet contraire, dans lequel nous attribuons nos propres actions à autrui. Nous bougeons, mais nous croyons que le mouvement est effectué par quelqu'un d'autre.

Il existe une technique dite de « communication facilitée », développée comme moyen d'expression alternatif pour les personnes handicapées qui ne parlent pas ou peu. L'idée est de permettre au patient de communiquer par l'intermédiaire d'un clavier. Le facilitateur place ses mains sur celles du patient, au-dessus du clavier. Il détecte ce que le patient veut faire et l'aide à réaliser les mouvements requis. On a fait beaucoup de réclame autour de cette technique. Il est possible que, dans certains cas, cette réclame soit justifiée. Il est davantage clair que, dans beaucoup d'autres cas, la communication vient du facilitateur et pas du patient. Dans une expérience de contre-vérification, un examinateur posait une série de questions au patient. Mais il s'arrangeait secrètement pour que le facilitateur voie d'autres questions. Les résultats montrent que c'est le facilitateur qui répond aux questions, pas la personne qu'il est censé aider. Pourtant, jusqu'à ce qu'il soit placé devant ces preuves confondantes, il reste persuadé que c'est le patient qui répond aux questions. Le facilitateur est victime d'une forte illusion d'agentivité. Ces illusions d'agentivité peuvent survenir chez toute personne se trouvant dans la situation appropriée. Tout comme les illusions visuelles.

Halluciner d'autres agents

Pour certaines personnes infortunées, les fantaisies du cerveau à propos du monde mental semblent délivrées de toute contrainte. Ces personnes sont typiquement diagnostiquées comme schizophrènes.

La schizophrénie est l'une des maladies mentales les plus mal comprises. Premièrement, la schizophrénie n'est pas la personnalité divisée où deux esprits habitent un seul corps. La division passe entre deux parties de l'esprit : entre l'émotion et la connaissance, entre la volonté et l'action. Deuxièmement, la schizophrénie n'est ni rare ni dangereuse. Environ un pour cent d'entre nous risque d'y succomber[11]. Et peut-être l'idée la plus erronée de toutes : la schizophrénie est rarement associée à la violence. Elle peut néanmoins causer de terribles souffrances aux patients et à leurs familles.

Il n'y a pas de signes physiques objectifs dans la schizophrénie. Le diagnostic est fondé sur ce que le patient dit au médecin. Les patients diront qu'ils entendent des voix quand il n'y en a pas (fausses perceptions – hallucinations). Ils décriront comment ils sont persécutés par leurs collègues de travail alors qu'il n'y a aucun indice que ce soit effectivement le cas (fausses croyances – délires). On dit parfois des patients victimes d'hallucinations et de délires qu'ils ont perdu le contact avec la réalité. Cependant c'est avec le monde mental, plutôt qu'avec le monde physique, qu'ils ont perdu contact. Dans le chapitre 1, je vous ai présenté George Trosse et L. Percy King. Ils entendaient des voix qui n'existaient pas. Or ce n'étaient pas seulement des voix. Il s'agissait de voix d'agents qui donnent des ordres et commentent ce que faisait le patient. Quelquefois ces agents prennent le contrôle. Dans le chapitre 4, nous avons rencontré des personnes qui croyaient que leurs actions étaient causées par des forces étrangères. J'ai montré comment ces personnes restent conscientes des sensations, associées à leurs mouvements, que pour notre part nous supprimons. Plutôt que de dire « mon bras me fait tout drôle quand je le bouge », ces personnes préfèrent croire que le mouvement est causé par quelqu'un d'autre. Elles hallucinent des agents.

Peter voit des agents partout. Même une feuille emportée par le vent a des intentions et essaie de lui dire quelque chose. Mani sent que des agents implantent en elle des émotions indésirables. Elle partage contre son gré les expériences émotionnelles d'autrui.

> Il essaie d'insérer en moi la jalousie. Je ne me sens pas jalouse de cette personne. Il y a une fille en particulier dont il [l'esprit malin] essaie de me rendre jalouse. Il essaie de rendre sa présence plus frappante... Je ne suis pas jalouse de cette personne, mais il essaie de me rendre jalouse.

Mystérieux entre tous sont les agents qui interfèrent avec les pensées. C'est l'expérience décrite par Mary : ses pensées ne sont pas les siennes.

> Je regarde par la fenêtre et je trouve que le jardin est beau et que l'herbe est belle, mais les pensées d'Eamonn Andrews[12] me viennent à l'esprit... Il traite mon esprit comme un écran et y projette ses pensées comme on projette une image.

Que veut dire : avoir des pensées à l'esprit qui ne sont pas les nôtres ? Le philosophe français René Descartes est célèbre pour sa formule « Je pense, donc je suis ». Descartes essayait de déterminer s'il y a quoi que ce soit dans notre expérience du monde dont nous pouvons être sûrs. Nous ne pouvons pas être sûrs de nos sens, parce que ces visions et ces sons pourraient bien être des hallucinations ou des rêves fabriqués par notre cerveau[13]. Nous ne pouvons pas être sûrs de nos souvenirs du passé, parce qu'ils pourraient avoir été fabriqués quelques secondes auparavant. Descartes conclut que la seule chose dont nous sommes certains est d'avoir des pensées. Les philosophes contemporains appellent cela l'immunité à l'erreur de mauvaise identification. Si quelqu'un a mal aux dents, cela n'a pas de sens, prétendent les philosophes, de lui demander : « Êtes-vous sûr que c'est bien vous qui avez mal aux dents ? » L'expérience est nécessairement la sienne. Elle ne peut pas être celle de quelqu'un d'autre.

Quand les personnes diagnostiquées comme schizophrènes rapportent que des pensées qui ne sont pas les leurs sont insérées dans leurs esprits, il semble que le dernier îlot de certitude quant à notre expérience soit submergé.

D'où viennent les pensées ? Comment savons-nous que nos pensées sont les nôtres ? Ce sont les mystères qu'on rencontre non seulement quand on réfléchit à la schizophrénie, mais chaque fois qu'on se préoccupe de l'esprit. Ma réponse est qu'il faut également se préoccuper du cerveau. C'est le cerveau qui fabrique le monde mental de l'esprit, que ce soit un esprit normal ou un esprit qui a perdu contact avec la réalité.

L'une de mes motivations à devenir un neuroscientifique était de comprendre le problème de la schizophrénie. Je crois que la clé du problème réside dans les mécanismes cérébraux qui nous permettent de construire des modèles du monde mental et d'utiliser ces modèles pour prédire ce que les gens vont faire. Je n'ai cependant toujours pas d'idée précise sur ce qui ne va pas dans cette maladie.

« Ce n'est pas très surprenant, dit le professeur de littérature, vous ne savez pas grand-chose non plus de ce qui se passe dans un cerveau normal. »

Je pense que j'ai un contact direct avec le monde physique, mais il s'agit d'une illusion créée par mon cerveau. Mon cerveau fabrique des modèles du monde physique en combinant les signaux sensoriels et les attentes préalables, et c'est de ces modèles que je suis conscient. J'acquiers ma connaissance du monde mental – les esprits des autres – de la même façon. Quelle que soit mon impression, mon contact avec le monde mental n'est pas plus direct que mon contact avec le monde physique. En combinant les indices glanés par mes sens et les croyances a priori *formées par l'expérience, mon cerveau construit des modèles de l'esprit d'autrui.*

TROISIÈME PARTIE

La culture et le cerveau

CHAPITRE 7

LA RENCONTRE DES ESPRITS

Le problème de la traduction

Nous passons le plus clair de notre temps dans un monde mental créé par notre cerveau, même lorsque le monde physique nous assaille de toutes parts. Chaque matin, comme des milliers d'autres, je prends le métro londonien pour me rendre au travail. Durant la majeure partie du temps, j'ignore le monde physique autour de moi. Je ne rêvasse pas dans mon monde intérieur, je lis des livres et des journaux. J'entre dans le monde mental de quelqu'un d'autre.

Le plus grand accomplissement de notre cerveau est sans aucun doute de permettre la communication des esprits. Le but de ce livre est de transférer des idées de mon esprit vers le vôtre. Le professeur de littérature a consacré sa vie à étudier comment nous utilisons les mots pour créer et communiquer des mondes imaginaires. Pour les esprits plus terre à terre, il a paru profitable de développer et produire des moyens de communiquer des idées. Pas seulement les livres, mais aussi les téléphones portables et Internet. Faire voyager des idées d'un esprit à l'autre semble vital

李商 隐
Li Shang-Yin

锦 瑟
incrustée harpe

锦 瑟 无端 五十 弦,
incrustée harpe, sans raison, cinquante cordes

一弦 一柱 思 华 年。
une corde, une clé, pensant splendides années

庄 生 晓 梦 迷 蝴蝶,
sage Zhuang, aube rêveuse, déboussolé papillon

望帝 春 心 托 杜鹃。
roi Wang printemps cœur prisonnier coucou

沧海 月明 珠有泪,
bleue mer, lune brillante, perles comme pleurs

蓝 田 日暖 玉 生 烟。
indigo champ, soleil chaud, jade dégage fumée

此 情 可待 成 追 忆,
ce sentiment devrait durer, devenir recherché souvenir

只是 当时 已 惘然。
seulement à ce moment déjà consumé

Figure 7.1. Le problème de la traduction.
« Le luth orné » : Li Shang-Yin (812 ?-858)

pour nous, presque une compulsion. Mais si chaque esprit est un endroit privé, alors ce processus de communication est impossible, n'est-ce pas ?

Prenons le problème de la traduction. La figure 7.1 montre un célèbre et obscur poème du Chinois Li Shang-

Yin (812 ?-858), qui a fait l'objet d'innombrables traductions. Même le titre a été traduit de diverses manières : « Le luth orné », « La harpe ornée de brocart », « La cithare incrustée ». Voici trois versions de la fin du poème :

Est-ce qu'elle attendit, cette humeur, de mûrir avec le temps ?
En transe depuis le commencement, alors comme maintenant.

Et le moment qui devait durer à jamais
Est venu et parti avant que je l'aperçoive.

Ce sentiment serait devenu une chose dont on se souvient
Seulement, à ce moment, tu étais déjà étonnée et perdue.

Comment décider quelle version rend le mieux le sens du poème original ? Le problème est que nous n'avons pas d'accès direct à ce sens caché. Nous ne connaissons le sens qu'à travers les caractères chinois qui le représentent. Il y a beaucoup de traductions également compatibles avec les caractères chinois et aucun critère pour décider si une version est « meilleure » qu'une autre. Donc, conclut le philosophe, l'idée qu'il y a un sens sous-jacent à découvrir est mal conçue[1].

« C'est tout à fait juste, dit le professeur de littérature. Tout ce que nous avons c'est le texte. » Mais cet argument s'applique aussi bien à une conversation entre deux personnes.

J'ai à l'esprit une idée que je veux vous communiquer. Pour cela je convertis le sens en mots. Vous entendez mes mots et vous les reconvertissez en une idée qui se forme dans votre esprit. Comment pouvez-vous savoir que l'idée dans votre esprit est identique à celle qui se trouve dans le mien ? Il n'y a aucun moyen de pénétrer mon esprit pour comparer directement les idées. La communication est impossible.

Et pourtant, en ce moment même, nous avons un échange vigoureux sur le problème de la signification. Nos cerveaux ont résolu ce problème impossible de la communication.

Les sens et les buts

Le problème des mots et de leur sens est une version plus complexe du problème des mouvements et de leurs buts. Quand je vois un mouvement, je lis quelle est l'intention derrière. Le professeur de littérature agite sa main et je comprends qu'elle m'invite à la rejoindre ou à m'éloigner. Je perçois le mouvement de sa main comme une action dirigée vers un but. Or les mouvements sont ambigus. Différents buts peuvent conduire au même mouvement. Comme je l'ai remarqué dans le chapitre précédent, si nous rencontrons quelqu'un marchant vers l'ouest, nous ne pouvons pas savoir s'il va à la boulangerie ou vers la Patagonie. Les mots sont tout autant ambigus dans leur relation au sens. Les mêmes mots peuvent signifier différentes choses. « Peter est très cultivé » s'entend comme un compliment innocent. Toutefois la phrase suivante, « il connaît même Shakespeare », nous fait réaliser que le professeur de littérature usait d'ironie. Elle nous signifie que Peter n'est pas cultivé[2].

Résoudre le problème inverse

Cette ambiguïté correspond au problème inverse des ingénieurs. Pour eux, mon bras est un appareil mécanique simple d'un genre qui est très bien compris. Il est fait de bâtonnets rigides (les os) connectés par des articulations. Je bouge mon bras en appliquant des forces sur les bâtonnets, grâce à mes muscles. Que se passe-t-il si j'applique un jeu de forces particulier à ce système ? Trouver une réponse à cette question constitue le problème direct. Ce problème direct peut être résolu. Étant donné un système mécanique comme mon bras, il y a une relation directe entre les causes (les forces appliquées aux muscles) et les effets (le mouvement de mon bras). Si un ingénieur connaît les forces, il peut prédire exactement où mon bras va aller.

Il y a aussi un problème inverse. Si je veux que mon bras aboutisse à une position particulière, quelles forces dois-je appliquer ? Il n'y a pas de solution exacte à ce problème. Je peux suivre différents chemins et les parcourir à différentes vitesses, et pourtant finir à la même position. Beaucoup – en fait une infinité – de forces différentes peuvent amener mon bras à la position désirée. Alors comment choisir les forces à appliquer ? Heureusement je ne suis pas conscient de ce problème quand je bouge mon bras. Mon cerveau a trouvé moyen de le résoudre. Certaines solutions sont meilleures que d'autres et, dans mon expérience, mon cerveau se débrouille très bien pour choisir la meilleure[3].

C'est le problème inverse qui doit être résolu quand nous entendons les mots. Bien des significations différentes peuvent conduire aux mêmes mots. Alors comment choisissons-nous quelle est la meilleure signification ?

La clé est qu'il s'agit du même problème que notre cerveau a résolu depuis longtemps pour pouvoir percevoir le monde physique. Le sens (dans ce cas, la cause) des signaux qui frappent nos sens est tout aussi ambigu. De nombreux objets peuvent générer les mêmes signaux sensoriels. Ce qui ressemble à un enchevêtrement complexe de lignes en deux dimensions pourrait être un simple cube en trois dimensions (voir figure 5.10). Comme nous l'avons vu, notre cerveau résout ce problème par des suppositions permettant de prédire ce qui va se passer quand nous agissons sur le monde. L'erreur dans nos prédictions nous permet d'affiner ces suppositions jusqu'à ce que nous ayons un bon modèle de ce qui se trouve là au-dehors. De la même façon, nous devinons (ou plutôt nos cerveaux devinent) ce que peuvent être les buts des autres et prédisent ce qu'ils vont faire ensuite. Nous devinons également ce que quelqu'un essaie de nous communiquer et nous prédisons ce qu'il va dire ensuite.

Préjugés et connaissances a priori

Sur quelle base pouvons-nous deviner ? Faire des suppositions sur les gens avant de les connaître, c'est constituer des préjugés. Le mot « préjugé » est sans doute péjoratif de nos jours, mais il est en fait crucial pour le fonctionnement de notre cerveau[4]. Préjuger nous permet de commencer à deviner, et peu importe si la première supposition est fausse, du moment que la suivante est corrigée en fonction de l'erreur. Pour employer un exemple inoffensif du chapitre 5, quand nous percevons des objets du monde physique notre cerveau s'attend à ce que la lumière vienne d'en haut (voir figure 5.7). C'est un préjugé forgé par l'évolution. Quand notre cerveau voit des gens bouger, il s'attend à ce qu'ils atteignent leur but avec un minimum d'effort (rappelez-vous les études sur l'imitation que j'ai décrites dans le chapitre 6). Ceci est également un préjugé inné. Ces préjugés nous permettent de démarrer le cycle d'inférences et de prédictions par lequel notre modèle du monde devient de plus en plus exact.

Nous sommes prédisposés au préjugé de façon innée. Toutes nos relations sociales commencent avec un préjugé.

Le contenu de ces préjugés est acquis au travers de nos interactions avec nos amis et connaissances, et par ce que nous entendons dire. Dans la soirée, je parle de façon assez différente avec mes collègues et avec les non-scientifiques. Il y a tellement de choses que mes collègues en imagerie cérébrale savent déjà, tellement de connaissances partagées. Je peux utiliser tout ce jargon à propos de la stimulation, du signal BOLD[5] et de la suppression de la réponse. Cependant le professeur d'anglais entend les mots « *bold* » (« gras » en français) et « suppression » dans un sens assez différent. Je dois faire attention à ce que je dis – elle croit indubitablement que tous les psychologues sont freudiens[6].

Nos préjugés commencent avec des stéréotypes. Le premier indice que je peux avoir sur les connaissances et les comportements probables de quelqu'un dont je ne sais rien vient de son sexe. Même des enfants de 3 ans ont déjà acquis ce préjugé. Ils s'attendent à ce que les garçons jouent avec les camions et à ce que les filles deviennent infirmières.

Les stéréotypes sociaux constituent le point de départ de nos interactions avec les gens que nous ne connaissons pas. Ils nous permettent de faire nos premières suppositions sur leurs intentions. Or nous savons que ces suppositions sont très grossières. Les suppositions et les prédictions que nous formons à partir de cette connaissance limitée ne seront pas très bonnes. Une fois que nous avons remarqué qu'une personne est d'une façon ou d'une autre différente de nos amis et connaissances, notre cerveau s'attend à ce que la communication soit plus difficile. Nous aurons moins en commun. Notre cerveau est plus incertain quant aux idées que nous partageons. Alors il devient plus difficile de prédire ce que cette autre personne va dire et faire. Par nécessité, la façon dont nous communiquons sera subtilement affectée lorsque nous essaierons de communiquer avec quelqu'un de différent.

Mesurer les préjugés chez les enfants

Voici deux enfants. Lui, c'est Jack, et elle, c'est Chloé. L'un de ces enfants a quatre camions avec lesquels ils peuvent jouer. Quel enfant joue avec les camions ?
Voici deux enfants. Elle, c'est Émilie, et lui, c'est Owen. L'un de ces enfants travaillera à l'infirmerie quand il sera grand. Quel enfant travaillera à l'infirmerie ?
Voici deux personnes. Elle, c'est Ella, et lui, c'est Jonathan. L'une de ces personnes prépare à manger et nettoie la cuisine. Quelle personne prépare à manger et nettoie la cuisine ?

Que va-t-il faire ensuite ?

C'est le problème de la prédiction. Je prédis ce que vous allez faire sur la base de ce que je ferais si j'étais dans la même situation. Donc si vous êtes différents de moi, ma prédiction risque de s'avérer fausse.

Nous sommes très forts pour reconnaître nos propres actions, parce que nous pouvons prédire ce qui va se passer ensuite. Les pianistes peuvent se reconnaître dans des vidéos montrant seulement leurs mains sur le clavier et tournées des mois auparavant, même s'il n'y a pas de son et si les différences de tempo sont corrigées. Si nous pouvons voir le début du mouvement, nous pouvons prédire ce qui va se passer ensuite. Nous pouvons prédire où la fléchette va atterrir même si nous ne voyons que le début du lancer. Toutefois nous sommes encore meilleurs quand il s'agit de nos propres lancers. Mes prédictions fonctionnent mieux avec les gens qui sont exactement comme moi.

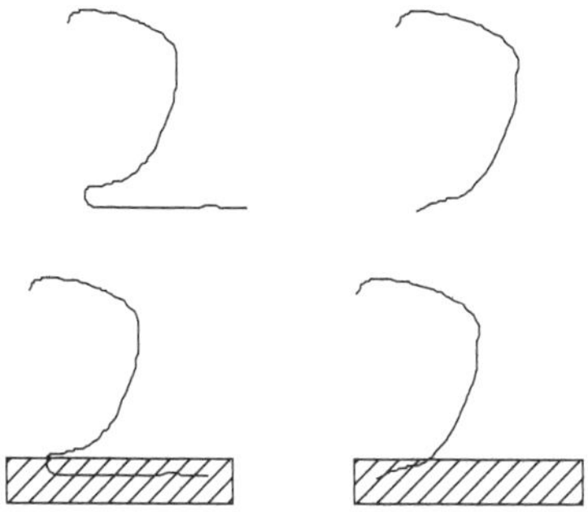

Figure 7.2. Nous pouvons prédire nos propres mouvements mieux que ceux des autres.
La figure montre un deux et un demi-cercle dans l'épouvantable écriture de l'auteur. Si vous observiez les mouvements du stylo, pourriez-vous prédire si le tracé va finir comme un deux ou comme un demi-cercle ? Vous le pourriez, mais seulement s'il s'agit d'un enregistrement de vos propres mouvements d'écriture.

Je vois à la soirée le professeur émérite de physique et je devine qu'il veut boire un coup. Je prédis ce qu'il va faire ensuite. Mon cerveau lance une imitation virtuelle. « Si je voulais boire un coup, voici ce que je ferais. Je me saisirais du verre. Mes doigts se refermeraient sur lui dans exactement 950 millisecondes. » Ceci fonctionne bien pour nos propres actions, mais les autres feront des mouvements légèrement différents. S'ils sont vieux et fatigués, ma prédiction sera largement erronée.

Les autres sont contagieux

Une autre des nombreuses illusions que crée le cerveau est le sens du moi. Je me vis comme un îlot de stabilité dans un monde en perpétuel changement. Le professeur de littérature est désespérément volatile, si compréhensive parfois et si critique ensuite. Je suis très différent d'elle, mais je ne peux pas m'empêcher de refléter ses changements d'humeur. Elle est contagieuse. Je ne peux pas m'empêcher de l'imiter.

Or il n'y a pas qu'elle. Cela vaut pour tout le monde. Nous avons déjà parlé de l'empathie au chapitre 6, de comment je partage automatiquement l'émotion que vous ressentez. Cela me rapproche de vous. Je vous ai également raconté comme votre cerveau imite automatiquement les actions que vous voyez accomplir par d'autres personnes. Observez deux personnes tenir une conversation captivante et vous les verrez progressivement synchroniser leurs mouvements. Croiser et décroiser les jambes simultanément. Se pencher l'une vers l'autre exactement au même moment. Quand nous interagissons avec quelqu'un, nous l'imitons. Nous devenons davantage comme lui.

Nous n'avons même pas besoin de voir l'autre pour que la contagion se produise. Un étudiant venu au laboratoire de psychologie sociale est testé pour ses « compétences linguistiques ». Il doit faire des phrases avec des mots pris au hasard. On ne lui dit pas que la plupart des mots concernent des stéréotypes de la personne âgée : inquiet, Floride, vieux, solitaire, gris, etc. L'expérimentateur ne s'intéresse pas vraiment aux compétences linguistiques. Il mesure la vitesse à laquelle l'étudiant marche quand il quitte le laboratoire pour se diriger vers l'ascenseur. Les étudiants à qui on a imprimé le stéréotype de la personne âgée marchent plus lentement. Ils se comportent comme une personne âgée. Et ils n'en savent rien.

Les autres sont très contagieux, même si on ne fait que penser à eux. Vos préjugés et vos observations sur leur comportement vous font automatiquement devenir, pour un moment, un peu comme les personnes avec qui vous interagissez. Cela vous facilite la tâche de prédire ce qu'ils vont dire ou faire ensuite.

La communication ne se réduit pas au discours

Comment est-ce que prédire ce qu'une personne va faire résout le problème de la communication ? Quelle que soit la justesse de mes suppositions et de mes prédictions, quelle que soit ma proximité avec vous, je ne peux jamais comparer directement les contenus de votre esprit et du mien. Comment puis-je savoir s'ils sont semblables ou non ?

Souvenez-vous qu'il n'y a rien de spécial avec le problème des esprits. Quand je regarde un arbre dans le jardin, je n'ai pas d'arbre dans mon esprit. Ce que j'ai à l'esprit, c'est un modèle (une représentation) de l'arbre construit par mon cerveau. Ce modèle s'est formé au travers d'une série de suppositions et de prédictions. De la même façon, quand j'essaie de vous dire quelque chose, je ne peux pas voir votre idée dans mon esprit, mais mon cerveau, encore une fois par des suppositions et des prédictions, peut construire un modèle (une représentation) de votre idée dans mon esprit. Maintenant j'ai deux choses à l'esprit : 1) mon idée ; 2) mon modèle de votre idée. Je peux les comparer directement. Si elles sont proches, alors je vous ai probablement communiqué mon idée avec succès. Si elles sont différentes, alors j'ai certainement manqué mon but.

Je peux savoir si ma communication a été défaillante lorsque ma prédiction sur ce que vous allez faire s'avère erronée. Toutefois le processus ne s'arrête pas là. Si je sais que ma communication a été défaillante, je vais changer ma façon de communiquer. Je devrais aussi avoir un indice sur ce que je dois modifier. Je compare mon idée avec mon modèle de votre idée et je constate qu'ils ne correspondent pas. Il y a une erreur de prédiction. Or je peux également examiner la nature de cette erreur. Quelles sont précisément les différences entre mon idée et mon modèle de votre idée ? La nature de l'erreur de prédiction me dit comment modifier ma façon de communiquer : quels sont les points que je dois souligner et quels sont ceux qui n'ont pas d'importance. Je ne choisis pas mes mots seulement en fonction de ce qu'ils signifient ; j'adapte mes mots à la personne avec qui je parle. Plus je parle à quelqu'un, plus je sais quels mots vont fonctionner – exactement comme j'apprends à percevoir le monde en regardant autour de moi.

Un enseignant est davantage qu'un modèle à imiter

En modélisant l'esprit de la personne à qui nous parlons, nous pouvons adapter la façon dont nous communiquons avec elle. Nous pouvons tenir compte de ce qu'elle sait et de ce qu'elle est capable de comprendre. Comme les gens ont différentes connaissances et compétences, nous ne communiquons pas avec tous de la même façon. Cela paraît évident, pourtant cela peut se manifester à notre insu, de façon subtile et inattendue.

Quand une mère parle à son enfant, elle le fait sur un ton très spécial. Elle emploie le « parler bébé[7] ». Une mère usera aussi d'une voix spéciale pour parler à son chat domestique. Il y a cependant une différence subtile entre les deux types de voix. La mère parlera au chat comme à son enfant d'une voix plus aiguë. Cette voix particulière est plus proche de celle des bébés et des chats puisqu'ils sont plus petits et que les petites créatures ont des voix plus aiguës. Or ce n'est qu'avec son bébé que la mère exagère les diffé-

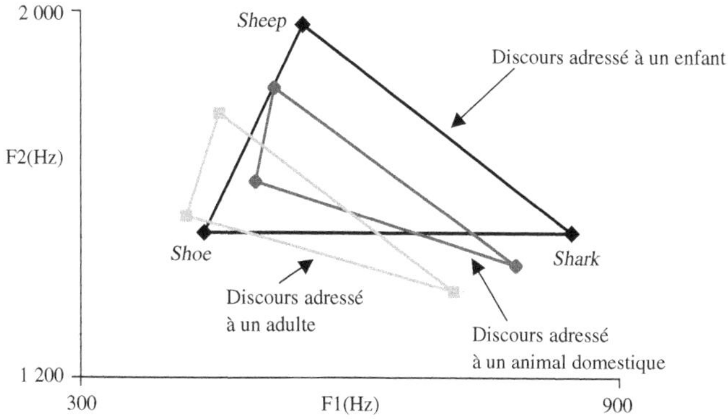

Figure 7.3. Comment les mamans apprennent à leurs enfants, mais pas à leurs animaux domestiques, à parler.
Le son des voyelles, comme le [i] de *sheep,* le [a] de *shark* et le [ou] de *shoe,* peut se caractériser par deux fréquences (F1 et F2). Les différents sons de voyelles peuvent être replacés dans un espace des voyelles défini par F1 et F2. Quand les mamans parlent à leurs enfants, elles emploient un langage particulier qu'on appelle le « parler bébé ». Elles exagèrent les sons de façon à mieux les séparer dans l'espace des voyelles. Ceci aide les enfants à percevoir les différences entre les voyelles de leur langue maternelle. Les mamans utilisent aussi une voix spéciale pour parler à leur chat, mais elles n'exagèrent pas les voyelles ; elles parlent simplement d'une voix plus aiguë que d'habitude.

rences dans le son des voyelles. Elle rend les sons [i], [ou] et [a] de *sheep* (mouton), *shoe* (chaussure) et *shark* (requin) plus distincts les uns des autres. Cet « étirement de l'espace des voyelles » produit une caricature de langage, qui exagère les traits distinctifs de la langue parlée par la mère.

Le bébé apprend les sons du langage maternel en imitant sa mère. En produisant ce parler caricatural, la mère rend l'apprentissage de la langue plus facile pour son bébé. Quand elle parle à son chat, elle ne caricature pas sa langue. Elle sait que le chat ne va pas l'apprendre.

Apprendre par imitation n'est pas propre aux humains. Les gorilles aiment à se nourrir d'orties. Ces plantes sont très nutritives, mais désagréables à manger en raison des piqûres. Les gorilles ont développé une technique très complexe pour éviter d'être trop piqués ; elle consiste à arracher les feuilles de la tige puis à les replier de façon à ce que les piquants se trouvent à l'intérieur du tas qu'ils mettent dans la bouche, évitant d'irriter les parties sensibles comme les lèvres. Les bébés gorilles apprennent cette technique en regardant faire leur mère. Il y a cependant une différence cruciale avec les mamans humaines. Les mamans gorilles ne se préoccupent pas d'aider leurs bébés à apprendre. Elles ne font pas d'effort pour faciliter l'apprentissage en caricaturant leur façon d'effeuiller les orties quand leur bébé regarde[8].

Quand les mères humaines interagissent avec leurs bébés, la boucle de la communication est complètement refermée. Ce n'est pas seulement que la mère s'intéresse à ce que fait son bébé. Le bébé sait que la mère s'intéresse à lui. Les bébés préfèrent écouter le parler bébé que le parler adulte. Ils savent que le parler bébé leur est destiné. Quand le bébé voit sa mère renverser la casserole et s'écrier « flûte ! », il n'en retient pas que flûte est le mot pour désigner une casserole[9]. Il sait quand sa mère lui enseigne le nom des choses.

Boucler la boucle

Alors que vous lisez ce livre, vous réagissez à ce que je dis, mais vos réactions n'ont aucun impact sur moi. Cette communication est à sens unique. La conversation face à face est à double sens. Vous écoutez ce que je dis et vous y répondez. En retour, je réponds à votre réponse. J'appelle cela « boucler la boucle ».

Ce qui est remarquable dans la communication face à face, c'est que cela fonctionne bien la plupart du temps. La conséquence est que les communications défaillantes peuvent être très drôles et constituer le pilier des comédies à quiproquos. Pensez à tous ces échanges bizarres entre Groucho et Chico Marx.

GROUCHO : Alors, voici une péninsule, et voilà le canal qui la sépare du continent.
CHICO : Pourquoi un canard ?
GROUCHO : Je n'aime pas les poules, et vous ?

La comédie britannique était dominée dans les années 1970 par Ronnie Barker et Ronnie Corbett. Leur émission à sketches *Les Deux Ronnies* a été diffusée pendant quinze ans. En 1999, dix ans après que leurs émissions avaient cessé, « Cadre en verre » était élu meilleur sketch de toute la série[10]. Cet échange illustre merveilleusement les ambiguïtés de la communication et l'idée qu'on peut les résoudre en bouclant la boucle.

« Cadre en verre » : les deux Ronnies bouclent la boucle (à la fin)

Dans une quincaillerie. Ronnie Corbett est derrière le comptoir, portant une blouse. Il finit de servir un client.
Corbett (bégayant) : Et voilà. Prenez soin de vous.
(Ronnie Barker entre dans le magasin, il porte un débardeur miteux et une casquette.)
BARKER : Cadre en verre !
CORBETT : Quatre verres ?
BARKER : Cadre en verre.
(Ronnie Corbett sort une boîte et en tire quatre verres.)
BARKER : Non, cadre en verre !
CORBETT : Eh bien voilà, quatre verres !

BARKER : Non, cadre en verre ! Un cadre fait avec du verre ! (Ronnie Parker range les verres et va chercher un cadre. Il le place sur le comptoir.
CORBETT (bégayant) : Ah, cadre en verre. Je pensais que vous vouliez quatre verres.

Ronnie B. essaie de communiquer son désir : « cadre en verre ! ». Pour vérifier qu'il a compris de quoi il s'agit, Ronnie C. répète la demande (« quatre verres ? »). Ronnie B. entend « cadre en verre ». Tout semble bien se passer. Ronnie C. amène quatre verres. Ronnie B. voit que sa prédiction à propos de ce que Ronnie allait faire (amener un cadre en verre) était erronée. Il n'a pas réussi à communiquer son désir. Il modifie sa communication (« un cadre fait avec du verre »). C'est un succès ! Ronnie C. se comporte comme prévu.

Boucler complètement la boucle

La communication, lorsqu'elle confronte deux personnes face à face, n'est pas un processus à sens unique. La façon dont vous me répondez change la façon dont je vous réponds. C'est une boucle de communication. De plus il n'y a pas que moi qui essaie de prévoir ce que vous allez dire, sur la base de mon modèle de votre idée. Vous avez aussi un modèle de mon idée dans votre esprit. Vous essayez également de prévoir ce que je vais dire ensuite. Vous allez vous aussi modifier vos propos pour indiquer que votre modèle de mon idée ne parvient pas à prédire ce que je vais dire.

C'est la grande différence par rapport à mes interactions avec le monde physique. Le monde physique est complètement indifférent à mes tentatives de l'interpréter. Lorsque deux personnes interagissent face à face, leur échange d'idées est une aventure coopérative. La circulation n'est pas à sens unique. Même lorsque mon but est de vous communiquer une idée, vous allez inévitablement la colorer. Le sens est comme un champ gravitationnel. La Lune tourne autour de la Terre, mais le mouvement de la Terre est aussi affecté par la présence de la Lune.

Une communication réussie atteint le point où mon modèle de votre idée colle à mon idée, où je n'ai plus besoin de vous montrer qu'il y a un problème. De façon cruciale, vous atteignez en même temps le point où il n'y a plus de divergence entre votre idée et votre modèle de mon idée. À ce point d'agrément mutuel la communication s'est accomplie[11]. En formant des modèles du monde mental, nos cerveaux ont résolu le problème de comment pénétrer dans l'esprit des autres. C'est cette capacité à élaborer des modèles du monde mental qui a creusé le fossé entre les humains et les autres espèces. Sans la capacité à construire et partager des mondes mentaux, il n'y aurait pas de langage ni de culture.

La connaissance peut être partagée

Notre capacité à fabriquer des modèles du monde mental ouvre de nouvelles possibilités pour changer le comportement des autres. Dans le monde physique, le comportement est modulé par les récompenses et les punitions. On cesse de faire ce qui cause de la douleur. On répète les actions qui conduisent au plaisir. On peut modifier le comportement des autres en utilisant la douleur et le plaisir – c'est ainsi que l'on dresse les animaux. Mais, dans le monde mental, le comportement est modifié par la connaissance. Je vais prendre un parapluie avec moi, non pas parce qu'il pleut ce matin, mais parce je crois qu'il va pleuvoir cet après-midi. De plus on peut utiliser la connaissance pour changer le comportement des autres. Imaginer une lointaine plage australienne où la mer est infestée de méduses. Vous pouvez apprendre par essais/erreurs, après bien des désagréments, qu'il faut éviter de nager à cet endroit. Une fois que vous avez appris cela, vous pouvez mettre un panneau « attention aux méduses ». Les autres visiteurs n'iront pas nager là. Ils auront bénéficié de votre expérience, que vous avez été capable de partager avec eux en leur transmettant votre connaissance.

Ce partage des connaissances ne se réduit pas aux mots. Quand je vous raconte mon expérience, mon cerveau va changer comme si vous aviez vécu cette même expérience. On peut montrer cela au moyen de la technique de conditionnement pavlovien. Lorsqu'on administre un choc électrique, on active un certain nombre d'aires cérébrales. En termes pavloviens, le choc est le stimulus inconditionné, et l'activation cérébrale la réponse inconditionnée. Il n'y a donc pas d'apprentissage jusqu'ici. Le choc électrique entraîne ces changements d'activité cérébrale dès la première fois où on le reçoit. Dans le paradigme de conditionnement de la peur, un indice visuel (un carré rouge) est présenté sur un écran juste avant le choc électrique, constituant ainsi un stimulus conditionné. Après avoir fait l'expérience de plusieurs appariements entre le carré rouge et le choc électrique, le sujet, que ce soit un rat ou un volontaire humain, va commencer à prendre peur dès l'apparition du carré rouge. L'une des composantes de cette réaction de peur est l'activation de l'amygdale[12]. La peur associée au choc électrique a été transposée sur le carré rouge.

Or il y existe un autre moyen d'attacher la peur au carré rouge. Ce moyen ne fonctionne qu'avec des sujets humains. Je peux simplement dire à de nouveaux volontaires que le carré rouge sera suivi d'un choc électrique. Avant qu'on leur dise ceci, ils ne témoignent d'aucune réaction particulière à la présentation du carré rouge. Immédiatement après qu'on

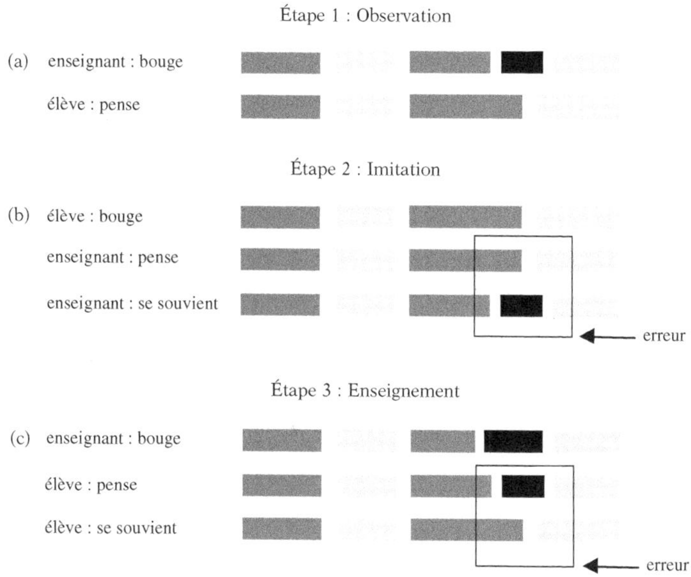

Figure 7.4. Comment pourrions-nous découvrir les états cachés dans l'esprit d'une autre personne ?
(a) L'enseignant effectue un mouvement complexe comprenant cinq étapes de contrôle. L'élève observe et essaie de « lire » dans le mouvement les étapes de contrôle. Il manque le numéro 4.
(b) L'élève imite le mouvement en utilisant quatre étapes de contrôle seulement. L'enseignant observe et « lit » les étapes de contrôle présentes dans le mouvement. Il ne compte que quatre étapes de contrôle. Il se rappelle qu'il en avait montré cinq. Il identifie la différence entre ce qu'il pense être l'intention de l'élève et sa propre intention.
(c) L'enseignant refait le mouvement en exagérant l'étape de contrôle manquée par l'élève. L'élève lit maintenant correctement les cinq étapes de contrôle. Il se rappelle qu'il n'en avait utilisé que quatre. Il identifie la différence entre ce qu'il pense être l'intention de l'enseignant et la sienne. La prochaine fois qu'il bougera, il corrigera l'erreur.

leur a dit, ils montrent une réaction de peur, avec une activation de l'amygdale. Mon expérience de l'association entre le carré rouge et le choc électrique a engendré la peur dans le cerveau d'un autre.

Le pouvoir de la connaissance

« Il y a un petit problème avec cette expérience, dit le professeur de littérature, je ne crois pas que vous ayez vraiment éprouvé vous-même le choc électrique. Vous ne choquez que les volontaires, pas vous-même. Vous ne partagiez pas votre expérience. Vous leur annonciez seulement qu'ils allaient recevoir un choc. »

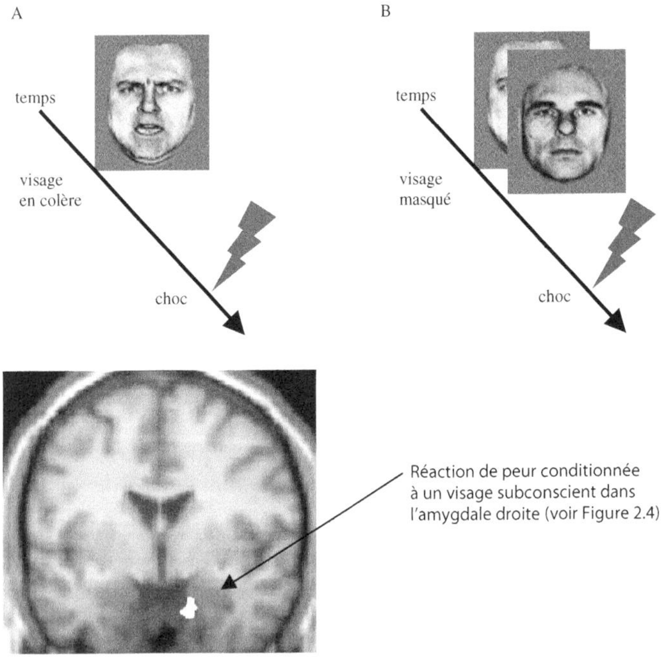

Figure 7.5. Conditionnement inconscient de la peur.
Si le visage est à plusieurs reprises suivi d'un choc, vous allez commencer à manifester une réaction de peur lorsqu'il réapparaît. Ceci se produit même lorsque vous n'êtes pas conscient de voir le visage (à cause du masquage).

En un sens, elle a tort. Je cherche toujours à savoir à quoi ressemblent mes expériences pour mes volontaires, en les essayant d'abord sur moi-même. Elle a cependant raison bien sûr, en un sens plus fondamental. Ce que nous disons aux autres n'a pas besoin d'être le résultat d'une expérience personnelle. Cela n'a même pas besoin d'être vrai.

On peut contrôler le comportement des autres en leur donnant de fausses informations. Je peux trouver en Australie une petite plage tranquille et sans danger. Je peux planter un panneau indiquant « attention aux méduses ». Ce panneau délivre une information fausse. Il peut toutefois être utile pour me débarrasser des gêneurs.

Nous comprenons que le comportement des gens dépend de leurs croyances, même lorsque ces croyances sont fausses. Et nous apprenons très vite à contrôler leur comportement en leur transmettant de fausses croyances. C'est la face obscure de la communication.

Sans cette compréhension que le comportement est sous le contrôle des croyances, même lorsque celles-ci sont fausses, la tromperie et le mensonge délibérés seraient impossibles. Il semble que cette compréhension fasse défaut chez les autistes, et que ces patients soient incapables de tromperie. À première vue, l'incapacité des personnes autistes à mentir nous apparaît comme un trait désirable et charmant. Pourtant ce trait fait partie d'une incapacité plus générale à communiquer, qui fait paraître les autistes comme des personnes impolies et difficiles. Cela les rend souvent solitaires, sans amis. En pratique, les interactions amicales sont maintenues par de petites périphrases et dissimulations qui cachent souvent nos vrais sentiments.

À l'autre extrême, par rapport aux autistes, se trouvent les schizophrènes paranoïaques, qui sont conscients d'intentions échappant à la plupart d'entre nous. Pour le paranoïaque, chaque parole peut constituer une tromperie ou un message caché qu'il s'agit d'interpréter. Les paroles hostiles peuvent être interprétées comme amicales. Un patient entendait des voix s'écrier « suicide-toi » et « c'est un idiot ». Il les considérait comme deux esprits bienveillants qui lui souhaitaient d'aller vers un monde meilleur. Un autre patient entendait des voix lui dire « fais attention » et « essaie encore ». Celles-ci étaient « de puissantes sorcières qui avaient été mes voisines et qui revenaient pour me punir ».

Cette conscience suraiguë des intentions et des sentiments des autres peut être si intense qu'elle en devient envahissante.

> La démarche d'un étranger dans la rue pouvait représenter un signe que je devais interpréter. Tous les visages aux fenêtres des voitures qui passaient étaient gravés dans mon esprit, ils étaient concentrés sur moi et essayaient de me délivrer une sorte de message. [...] L'importance des sentiments imaginaires ou réels des autres gens me faisait beaucoup souffrir. Sentir qu'un étranger passant dans la rue connaît votre âme intérieure est très perturbant. J'étais sûre que la fille dans le bureau à droite du mien était jalouse de moi. Je sentais que la fille dans le bureau de gauche essayait de devenir mon amie mais que je la déprimais... L'intensité avec laquelle je ressentais [ces impressions] faisait pratiquement crépiter l'air lorsque les secrétaires en question venaient dans mon bureau. Le travail dans de telles circonstances est trop difficile à endurer. Je renonçais chaque fois un peu plus.

Dans un tel état, la possibilité de rencontrer d'autres esprits est temporairement perdue. Cette perception intense de l'esprit des autres ne correspond plus à la réalité. Comme la personne autiste, la personne paranoïaque est seule.

La vérité

Dans un passé très lointain, nos ancêtres étaient seuls eux aussi, construisant leurs modèles du monde physique, mais incapables de les partager avec les autres. À ce moment-là, la notion de vérité n'était pas pertinente pour ces modèles. Cela n'importait pas que le modèle soit ou non une représentation fidèle de la réalité. Tout ce qui comptait, c'est que le modèle permette de prédire ce qui allait se passer par la suite. Mais dès que nous avons pu partager nos modèles du monde physique, nous avons découvert que les modèles des autres sont légèrement différents des nôtres. Certains individus sont des experts qui disposent de modèles clairement meilleurs, en ce qui concerne certains aspects de la réalité. En rassemblant les modèles d'un grand nombre de gens, nous pouvons construire un modèle qui sera meilleur que n'importe quel modèle élaboré par une personne seule. De plus, notre connaissance du monde ne sera plus tributaire d'une seule existence – la connaissance sera transmise d'une génération à l'autre.

Des modèles erronés peuvent-ils également être partagés ? Un cerveau malade peut fabriquer de faux modèles du monde physique ou mental. Un tel cerveau peut produire des visions ou des sons de voix alors que personne ne parle. Cependant des modèles erronés du monde physique ne sont pas si faciles à partager. Je n'entendrai pas les voix produites à l'intérieur de votre cerveau. Si je perçois une chose étrange, je vais la confronter à votre impression. « Vous entendez cet étrange bruit strident ou c'est moi ? »

Tous les modèles erronés du monde mental ne se vérifient pas si facilement. Quelquefois de faux modèles peuvent même

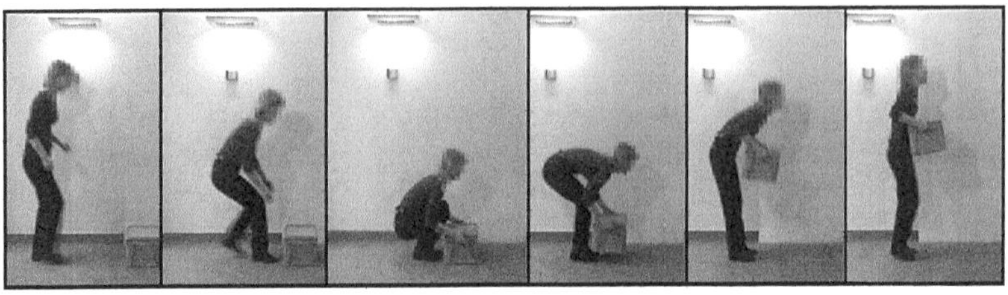

De nombreuses expériences ont recherché les régions cérébrales impliquées dans la lecture des pensées d'autrui. Les volontaires vont dans le scanner IRM et lisent des histoires à propos de gens qui ont des fausses croyances, ou regardent des animations dans lesquelles les personnages sont trompés. Deux régions du cerveau sont régulièrement activées lors de ces tâches : le sillon temporal supérieur et le cortex préfrontal médian. Nous n'avons cependant qu'une vague idée de ce que ces régions font vraiment. Julie Grèzes a développé une méthode simple et frappante pour étudier la lecture des pensées. Elle a enregistré des vidéos de gens portant des boîtes de différents poids. Quand vous regardez ces vidéos, il est relativement facile d'inférer le poids de la boîte. Pour cela vous observez la façon dont la personne bouge. Cela n'implique aucune lecture de pensée. Dans certains cas, on annonce à l'acteur de la vidéo que la boîte sera lourde alors qu'elle est en fait légère. Ce n'est plus si facile, mais vous pouvez déduire de ses mouvements si la personne a une fausse croyance vis-à-vis du poids de la boîte. La boîte se soulève plus vite si elle est plus légère que prévu et il faut ajuster sa posture. Ainsi vous faites maintenant (vous l'observateur) de la lecture de pensée à partir des mouvements, pour découvrir ce que croyait la personne de la vidéo à propos du poids de la boîte. Dans d'autres cas, on demande aux acteurs des vidéos de faire comme si la boîte était lourde alors qu'elle est en fait légère. Ils utilisent alors leurs mouvements pour communiquer quelque chose au spectateur. Ils essaient de vous faire croire (à vous spectateur) que la boîte est plus lourde qu'elle ne l'est réellement. À nouveau ce n'est pas facile mais, comme les acteurs recrutés par le Dr Grèzes étaient des neuroscientifiques et pas des artistes de mime, vous pouvez déceler lorsqu'ils essaient de vous tromper. Il s'agit là d'une véritable interaction entre esprits. Vous essayez de lire les pensées dans l'esprit de quelqu'un qui essaie d'établir une fausse croyance dans votre esprit.

Les volontaires étaient scannés alors qu'ils regardaient ces vidéos et essayaient de déceler quand les acteurs avaient une fausse croyance à propos du poids de la boîte, ou quand ils essaient de tromper le spectateur à propos de ce poids. Le sillon temporal supérieur s'activait lorsque les volontaires voyaient les mouvements inhabituels produits lorsque la boîte était plus lourde que prévu ou lorsqu'il y avait tentative de tromperie. Cette région pourrait être impliquée dans l'analyse subtile des mouvements afin de deviner les intentions des autres.

hémisphère droit, vue latérale

hémisphère gauche, vue médiane

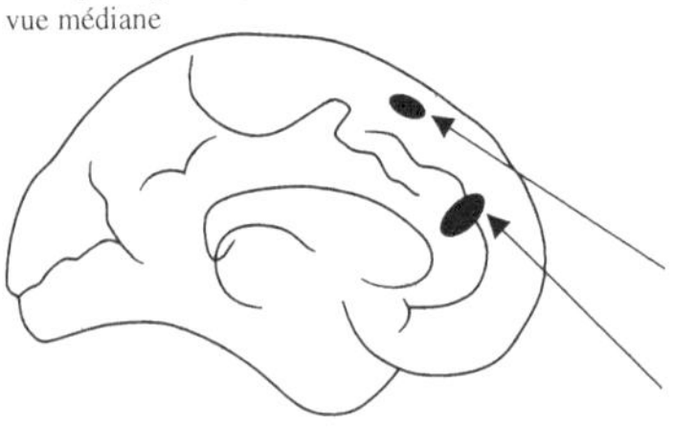

L'activité du cortex préfrontal médian augmentait lorsque le spectateur pensait que l'acteur avait été induit en erreur ou qu'il essayait de le tromper. Ces augmentations d'activité pouvaient toutefois concerner des régions différentes.

Quand les mouvements inhabituels de l'acteur étaient perçus comme non intentionnels, l'activation avait lieu plus en arrière.

Quand les mouvements de l'acteur étaient perçus comme procédant d'une intention de tromper, l'activation avait lieu plus en avant.

Figure 7.6. Où notre cerveau lit les intentions cachées.

être partagés par d'autres. Dans les cas de « folie à deux », plusieurs personnes peuvent partager le même délire psychotique.

> Une femme écrivain de 43 ans fut admise à l'hôpital dans un état d'agitation sévère. Son récit révéla qu'elle entretenait depuis dix ans un délire concernant un complot au sein du monde littéraire. Son mari et ses trois enfants adolescents partageaient ses croyances. On posa le diagnostic principal d'état paranoïaque avec psychose de type schizophrénoïde. La patiente fut rapidement améliorée par médicaments prescrits. Le mari et les enfants reconnurent après deux visites qu'ils s'étaient fourvoyés en souscrivant à « l'imagination plus qu'intense » de la patiente.

Aussi longtemps que ce modèle erroné du monde littéraire était resté dans la famille, les membres « normaux » ont cru qu'il était vrai. Dès qu'ils en discutèrent avec des gens extérieurs, l'absence de vérité devint immédiatement évidente. Mais lorsque les croyances sont partagées par des groupes plus nombreux, la vérité devient plus fragile. Il semble que ce fut le cas pour le tragique « massacre de Jonestown ».

> Le 18 novembre 1978, dans une clairière aménagée de la forêt guyanaise, le révérend Jim Jones ordonna aux 911 membres de sa troupe de se tuer en buvant une potion au cyanure, ce qu'ils firent.

Jim Jones était le leader charismatique d'un culte religieux. Il était presque certainement psychotique. Il était envoûté par de mystérieux charmes évanescents, il écoutait les conseils d'extraterrestres, pratiquait la guérison par la foi et éprouvait la vision d'un holocauste nucléaire. Il emmena ses fidèles dans une partie reculée de la jungle guyanaise, où ils établirent une communauté isolée du reste de la société. La communauté vécut dans la peur d'un ennemi inconnu et destructeur. Cet ennemi allait fondre sur eux et les exterminer sans pitié. Le suicide de masse se produisit après une visite d'un membre du Congrès des États-Unis, qui enquêtait sur des plaintes affirmant que des gens étaient maintenus dans la communauté contre leur gré.

Après le suicide de masse on trouva une cassette contenant ce qu'on pense être le discours final de Jim Jones. Voici un fragment de ce discours.

> JONES : Tout est fini. L'homme du Congrès a été assassiné. Eh bien, c'est la fin des fins. Quel héritage, quel héritage. Quel sens pour la brigade rouge d'avoir fait cela ? Ils ont envahi notre intimité. Ils sont venus dans notre foyer. Ils nous ont suivis à plus de dix mille kilomètres. La brigade rouge leur a rendu justice. L'homme du Congrès est mort. Apportez-nous le médicament s'il vous plaît. C'est très simple. C'est très simple. Il ne donne pas de convulsions. C'est parfaitement simple. Seulement, prenez-le s'il vous plaît. Avant qu'il ne soit trop tard. Le GDF20[13] va venir, je vous le dis. Allez-y, allez-y, allez-y.
> UNE FEMME : Maintenant ! Faites-le maintenant !
> JONES : N'ayez pas peur de mourir. Vous verrez, des gens vont arriver par ici. Ils vont torturer certains de nos enfants ici. Ils vont torturer nos anciens. Nous ne pouvons pas le permettre.

La capacité de nos cerveaux à communiquer des idées d'un esprit à l'autre peut engendrer l'horreur autant que les bienfaits. Nous savons tous combien c'est facile, au moins momentanément, de se laisser abuser par de fausses croyances[14]. Je suis pourtant optimiste. Notre monnaie mentale est composée des croyances formées par nos cerveaux. Il est rare que des communautés entières embrassent de fausses croyances aussi absolument que les gens de Jonestown. Et les croyances ne sont pas aussi arbitraires que les devises monétaires. Nos croyances sont des modèles du monde, le monde réel est donc l'étalon-or de nos modèles. En dernier ressort, les fausses croyances peuvent toujours être éliminées car elles entraînent de mauvaises prédictions.

Je pense que la vérité se tient là au-dehors. Tant que nous avons des moyens de montrer qu'un modèle du monde physique fonctionne mieux qu'un autre, nous pouvons espérer faire progresser nos modèles. Au terme de cette série progressive de modèles, bien qu'elle soit infinie dans un sens mathématique, se tient la vérité – la réalité du monde. La science progresse en développant des modèles du monde, en dérivant des prédictions sur la base de ces modèles, et en examinant les erreurs de prédiction pour construire de meilleurs modèles. La science révèle maintenant que nos cerveaux utilisent les mêmes principes pour acquérir des connaissances sur le monde. C'est par le partage de ces modèles que le progrès de la science est possible.

« J'aurais dû deviner, dit le professeur de littérature, que vous alliez conclure en plaçant la science au pinacle des réalisations humaines. » C'est vrai. J'adore la science. Il existe cependant d'autres pinacles. Il y a quelque chose d'encore plus remarquable que notre capacité à partager des modèles pour en construire de meilleurs. C'est la capacité de certains individus extraordinaires à nous transmettre leur expérience à travers le temps. À transmettre leur expérience alors que nous ne pouvons pas les rencontrer face à face et boucler la boucle de la communication.

Nous ne trouverons sans doute jamais la « bonne » traduction du poème de Li Shang-Yin à propos du luth orné, mais nous ressentons sa mélancolie d'un amour impossible ou perdu. Nous ne ferons peut-être jamais l'expérience d'une tempête en mer, mais nous savons à quoi ça ressemble après avoir vu le tableau de J. M. W. Turner *Tempête de neige. Vapeur au large d'un port faisant des signaux et avançant à la sonde en eau peu profonde* (voir figure 7, cahier hors texte). Pour peindre cette scène, Turner obtint des marins qu'« ils [l]'attachent au mât pour l'observer ; [il resta] attaché pendant quatre heures et ne [s'] attendai[t] pas à en réchapper, mais [il se senti] tenu de l'enregistrer pour le cas où [il] en sortirai [t] vivant ». Turner ne doutait pas qu'il pourrait peindre cette expérience et que nous pourrions la partager.

« Tu n'entreras jamais dans mon esprit », dit le professeur de littérature. »

« Trop tard », répondis-je.

« Reviens te coucher », dit-elle.

En fabriquant des modèles de l'esprit des autres (de la même façon qu'il fabrique des modèles du monde physique), mon cerveau me permet d'entrer dans un monde mental partagé. En partageant mon monde mental avec d'autres, je peux aussi apprendre de leurs expériences et adopter leurs modèles lorsqu'ils sont meilleurs que les miens. À travers ce processus, la vérité et le progrès peuvent émerger, mais aussi la tromperie et les délires collectifs.

ÉPILOGUE

MON CERVEAU ET MOI

Nous sommes inscrits dans le monde mental des autres, exactement comme nous sommes inscrits dans le monde physique. Ce que nous faisons et pensons à un moment donné est modulé par les personnes avec qui nous interagissons. Or ce n'est pas la façon dont nous vivons les choses. Nous nous percevons comme des agents autonomes avec des esprits propres. C'est l'ultime illusion créée par notre cerveau.

Chris Frith et moi

Quand j'ai commencé d'écrire ce livre, je ne m'attendais pas à avoir des compagnons de voyage au pays des preuves. J'ai trouvé mes compagnons à cette soirée mondaine au cours du prologue et ils sont restés avec moi tout au long des autres chapitres. Ils sont maintenant partis. Mon livre achevé, le professeur de littérature et le professeur de physique, avec leurs idées opposées sur la science, se sont dissous dans le néant. Leurs mondes et eux n'existent pas en dehors de ce livre. Le narrateur, dont l'attitude vis-à-vis du professeur de littérature a si radicalement changé au cours du voyage, n'existe pas non plus. La question « qu'arriva-t-il ensuite ? » ne se pose pas. Pour eux tous, c'est la fin.

Pourtant le « je » qui raconte ce livre et s'évanouit à la dernière page n'est pas différent de cet autre « je », Chris Frith, qui surgit de nulle part tous les matins vers 7 heures et disparaît de nouveau chaque soir. Je ne sais pas bien lequel est en train d'écrire ces dernières pages, mais dans les deux cas ce « je » est une invention de mon cerveau.

Tout au long de ce livre, j'ai adopté la convention de distinguer mon cerveau de moi. Ainsi, lorsque des objets sont perçus ou des actions réalisées sans pensée consciente, je dis que mon cerveau perçoit ou agit. Cependant pour les perceptions conscientes et les actions volontaires, je dis que « je » perçois ou agis. Or je ne suis pas dualiste. Ce « je » qui fait des choses délibérées est aussi créé par mon cerveau.

À la recherche de la volonté dans le cerveau

Y a-t-il donc une zone cérébrale correspondant au « je » ? Ce serait la zone qui décide de quoi faire et qui dit ensuite au reste du cerveau comment le faire. Si une telle région existait[1], ce serait la source des signaux descendants qui, entre autres choses, active l'aire cérébrale des visages pour que je puisse imaginer un visage alors qu'il n'y en a pas autour de moi.

La première expérience que j'ai effectuée lorsque j'eus accès à un scanner cérébral, ce fut une tentative de localiser la volonté dans le cerveau. Il fallait que ce soit une expérience très simple parce que tout notre budget avait été consacré à l'achat du scanner. Dans la plupart des expériences, les participants font simplement ce qu'on leur dit de faire : « Bougez votre doigt chaque fois qu'on le touche. » On peut dire qu'il s'agit d'une action réflexe. Le stimulus tactile active le système du toucher. Le système d'association convertit le signal tactile en action (lever le doigt qui a été touché). Enfin le système moteur exécute l'action. Grâce au scanner, nous pouvons observer quelles aires cérébrales sont impliquées dans la reconnaissance du stimulus et le déclenchement de la réponse.

Dans mon expérience cependant, je voulais que les participants exercent leur propre libre arbitre. Ils devaient décider quoi faire par eux-mêmes, sans qu'on leur dise. Ce qu'on peut appeler une action volontaire. En même temps, ils devaient donner leur réponse dans les strictes limites d'une expérience bien contrôlée. L'instruction pour l'expérience sur l'action volontaire était : « Quand on touche votre doigt, levez le doigt que vous voulez[2]. » Pour effectuer cette tâche le cerveau doit faire un pas supplémentaire. Il ne suffit plus d'activer le système tactile, le système d'association et le système moteur. Il faut qu'une partie du cerveau décide quel doigt bouger. L'idée derrière cette expérience très simple était la suivante. Quand je compare une action volontaire avec une action réflexe, je dois par

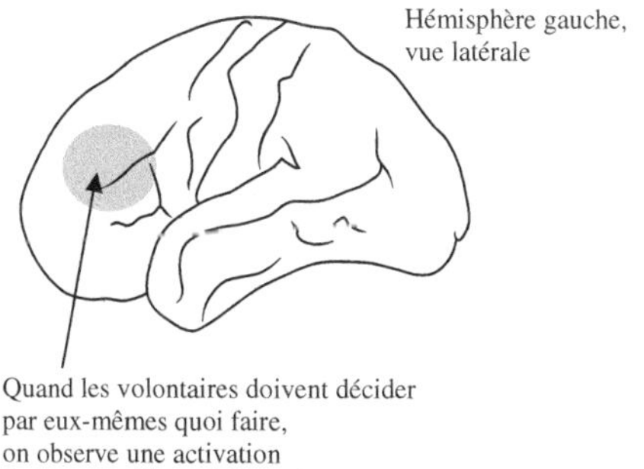

Figure 1. Est-ce là qu'on a localisé le libre arbitre ?

différence trouver la région du cerveau où se font les choix libres. De façon surprenante, cette expérience révéla qu'une partie du cerveau, le cortex préfrontal dorso-latéral, était plus active lorsque les participants devaient sélectionner la réponse par eux-mêmes que lorsqu'ils exécutaient une réponse prescrite.

Serait-ce l'aire du libre arbitre ? Bien d'autres expériences suggèrent que cette région située à l'avant du cerveau est importante pour décider ce qu'on va faire. Les patients dont le lobe frontal est endommagé deviennent apathiques et ne font plus grand-chose ; ou ils deviennent impulsifs et cèdent à toutes les tentations. Dans les deux cas, c'est le même problème fondamental : ils ne peuvent plus choisir leurs actions par eux-mêmes. Soit ils ne font rien, soit ils répondent au premier stimulus qui se présente.

Il y a cependant quelque chose de paradoxal dans mon expérience. J'exige de mes volontaires qu'ils fassent preuve de libre arbitre dans le scanner. Le participant n'a pas d'autre choix que de sélectionner librement une des réponses autorisées. Quelle sorte de liberté est-ce là ?

D'où part le contrôle descendant ?

Au cours du chapitre 3, j'ai décrit l'expérience de Benjamin Libet, dans laquelle les participants devaient lever le doigt chaque fois qu'ils en ressentaient l'envie. Dans ce cas les participants choisissent quand bouger le doigt, et non quel doigt bouger, mais le choix du moment est également libre. Là encore on trouve le paradoxe d'une injonction à se comporter librement. Cette liberté est dans une certaine mesure illusoire. L'expérimentateur ne le dit pas, mais il y a des contraintes sur ce que le participant peut faire. Chaque participant sait intuitivement que le Dr Libet ne serait pas content si, au bout d'une demi-heure, il n'avait toujours pas bougé son doigt une seule fois « parce que l'envie n'est jamais venue[3] ». Quelles sont donc les implicites contenus dans l'instruction de « lever votre doigt chaque fois que vous en éprouvez l'envie » ? Pour faire ce que le Dr Libet veut en réalité, les participants doivent sévèrement restreindre leur liberté. Ils doivent se résoudre à faire quelque chose comme ça : « Il faut que je bouge mon doigt après un intervalle chaque fois différent (mais pas trop), de sorte que l'expérimentateur ne pourra pas facilement prédire quand je vais bouger[4]. » Les participants ne font pas vraiment des choix libres à propos d'une action. Ils jouent un jeu complexe avec l'expérimentateur.

D'où viennent donc les signaux descendants qui choisissent les actions dans les expériences sur le libre arbitre ? Viennent-ils du cortex frontal, le siège cérébral du libre arbitre ? Ou viennent-ils insidieusement de l'expérimentateur à travers les contraintes qu'il impose aux sujets ?

Tout dépend du point de vue. Si on considère une personne isolée et son cerveau, alors le cortex frontal est l'ultime source de contrôle. Toutefois les gens et leurs cerveaux sont rarement isolés. L'isolement n'est pas bon pour eux. Le cerveau humain est magnifiquement réglé pour interagir avec les autres. Des concepts tels que la volonté, la responsabilité et même le sens émergent de ces interactions. J'ai montré dans le chapitre 7 comment le transfert du sens d'un esprit à l'autre nécessite une interaction. Nous prédisons chacun ce que l'autre va dire et nous ajustons nos prédictions jusqu'à parvenir à un accord mutuel. En conséquence, la signification finale acceptée par chacun dépend des deux interlocuteurs ; elle va donc légèrement changer selon la personne à qui on parle. Le sens émerge d'une interaction entre les esprits.

Si on veut comprendre les bases neurales de ces interactions, il ne sert à rien d'observer un cerveau isolé. Il faut étudier deux cerveaux en interaction. Ce programme de recherche commence à peine. Nous ne savons même pas encore très bien comment combiner les mesures effectuées sur deux cerveaux.

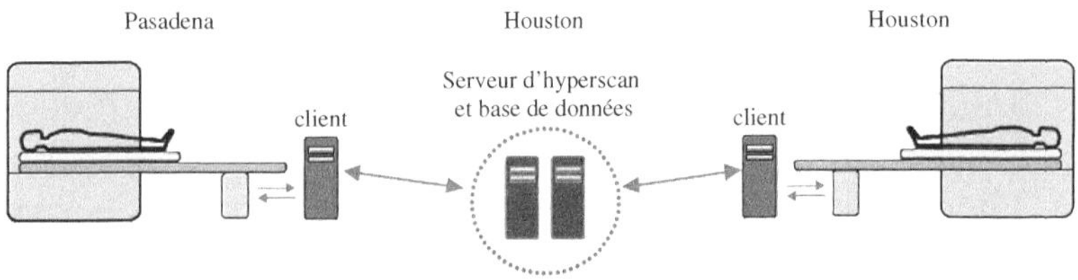

Figure 2. L'expérience aux deux cerveaux.
Si on veut comprendre les bases neuronales des interactions sociales, il faut enregistrer l'activité de chaque cerveau quand deux personnes interagissent. Read Montague et ses collègues ont relié des scanners situés à Pasadena et à Houston pendant que les volontaires jouaient au jeu de la confiance.

L'homoncule

Quand nous pensons à la façon dont le cerveau fonctionne, nous tombons souvent dans le piège qui consiste à créer un cerveau plus petit à l'intérieur du cerveau que nous essayons de comprendre. Dans mon expérience sur l'action volontaire, j'ai suggéré qu'une partie spéciale du cerveau, le cortex préfrontal, était responsable des libres choix. Ce n'est pas que je fais librement un choix, mais plutôt que cette région du cerveau fait librement ce choix pour moi. Elle ne constitue rien d'autre qu'un petit moi à l'intérieur de mon cerveau qui fait des choix libres. Ce petit moi est souvent désigné sous le terme d'homoncule. Et à l'intérieur de ce petit moi, y a-t-il une autre région encore plus petite, un moi encore plus réduit, qui fait réellement les choix libres ?

Figure 3. L'homoncule.
Il s'agit du petit *alien* à l'intérieur de la tête de Rosenberg dans *Men in Black*.

Les psychologues ont cogité dur pour essayer de se débarrasser de cet homoncule à l'intérieur du cerveau. Plutôt qu'une seule aire qui fait des choix, peut-être y a-t-il un réseau d'aires cérébrales qui appliquent des contraintes de façon à déterminer le choix final. Ces contraintes proviennent de plusieurs sources : nos corps – il y a des actions impossibles à réaliser –, nos émotions – il y a des actions qu'on pourrait regretter. Et, là-dessus, viennent les contraintes du monde social – il y a des actions qui « ne se font pas » devant un professeur de littérature.

Mais je suis très peu conscient de ces contraintes. De mon point de vue, il semble que j'aie le plein contrôle de mes actions. C'est pour cela qu'il est si difficile de se débarrasser de l'homoncule. Le sentiment d'avoir le contrôle domine notre expérience. Il y a un monde physique dans lequel j'agis et dans lequel il y a d'autres agents qui ont également le contrôle d'eux-mêmes.

C'est l'illusion finale du cerveau : cacher tous ces liens avec les mondes physiques et sociaux et inventer un soi autonome.

Ceci n'est pas un livre sur la conscience

Quand mes amis me demandaient quel était le sujet de mon livre, je répondais que ce n'était pas la conscience. Après l'âge d'environ 50 ans, beaucoup de neuroscientifiques pensent qu'ils ont suffisamment de sagesse et d'expertise pour se lancer à l'assaut du problème de la conscience[5]. Étant des neuroscientifiques, ils se sentent concernés par la question des bases neurales de la conscience et de comment une expérience subjective peut émerger de l'activité d'un cerveau physique. Bien des solutions ont été proposées, aucune ne s'est vraiment montrée satisfaisante. Je savais que je ne pouvais pas faire mieux. C'est pourquoi ce livre ne porte pas sur la conscience.

En effet, plutôt que d'écrire sur la conscience, j'ai insisté sur la quantité de choses que mon cerveau sait et fait sans que j'en aie conscience. Mon cerveau me fait redouter des choses que je ne suis pas conscient de percevoir et peut contrôler mes mouvements de façon complexe sans que je sache ce que je suis en train de faire. Il semble qu'il reste peu à faire pour la conscience. Plutôt que me demander comment une expérience subjective peut émerger d'activités neuronales, je pose la question : « À quoi sert la conscience ? » Ou plus particulièrement : « Pourquoi mon cerveau me fait-il croire que je suis un agent autonome ? » Je soupçonne qu'il y a un avantage à se vivre comme un agent libre. La question devient alors : « Quel est cet avantage ? » Ma réponse est, pour le moment, pure spéculation.

Pourquoi les gens sont-ils si gentils (pour autant qu'on les traite bien) ?

En comparaison avec les autres animaux, les gens font plein de choses étranges. Nous parlons. Nous utilisons des outils. Nous nous conduisons parfois de façon altruiste. Et, plus étrange que tout, nous nous montrons parfois altruistes envers des étrangers[6]. Les économistes étudient ce comportement en faisant jouer des gens à des jeux d'argent très simples. L'un d'eux s'appelle le jeu du dictateur : un joueur reçoit 100 dollars et peut décider d'en donner une fraction de son choix à un autre joueur ; il ne connaît pas l'autre joueur et ne le reverra jamais. Rien n'empêche le joueur (le dictateur) de garder tout l'argent pour lui. Pourtant les joueurs donnent en moyenne 30 dollars. Pourquoi ? Il y a un autre jeu, assez similaire, celui de l'ultimatum. Là encore un joueur reçoit 100 dollars et peut en donner une partie à l'autre joueur. Mais, cette fois, l'autre joueur peut influencer le résultat. S'il rejette l'offre, les gains des deux joueurs sont annulés. À nouveau les joueurs ne se connaissent pas et ne se reverront pas. Si le second joueur rejette l'offre, il ne touche aucun argent. Pourtant les joueurs refusent typiquement les offres inférieures à 30 dollars. Pourquoi ?

Une explication possible est que nous avons tous un grand sens de la justice. Cela semble injuste de ne rien partager avec l'autre, mais notre égoïsme demande qu'on en garde plus que la moitié. De la même façon, cela semble injuste de recevoir beaucoup moins que la moitié. Donc, dans le jeu de l'ultimatum, nous punissons l'autre joueur en rejetant l'offre, même si nous y perdons aussi. De fait nous donnons de l'argent pour pouvoir punir l'autre. C'est ce qu'on appelle une punition altruiste.

Quel est l'avantage d'avoir ce sens de la justice et cette propension à punir ceux qui se comportent de manière injuste ? Ernst Fehr a étudié des jeux économiques beaucoup plus complexes – des jeux de pot commun – dans lesquels il y a de nombreux joueurs. Si tout le monde coopère en mettant un peu d'argent dans le pot commun, tout le monde y gagne. Or il y a toujours quelques personnes qui se comportent mal. Ce sont les francs-tireurs, des joueurs qui réalisent qu'ils peuvent profiter du comportement altruiste des autres sans avoir à donner eux-mêmes de leur argent. Lorsque des francs-tireurs apparaissent dans un groupe, celui-ci cesse peu à peu de coopérer. Même le joueur le plus généreux ne voit pas pourquoi il devrait continuer à soutenir quelqu'un qui ne contribue pas au bien commun. Le résultat est que le groupe ne prospère pas autant qu'il l'aurait pu en coopérant pleinement.

C'est ici qu'intervient la punition altruiste. Ernst Fehr et Simon Gächter ont autorisé les joueurs à punir les francs-tireurs. Cette punition est altruiste dans le sens où cela coûtait 1 dollar de punir un autre joueur, qui lui perdait 3 dollars. Grâce à cette possibilité de punir les francs-tireurs[7], la coopération du groupe augmente peu à peu et tout le monde y gagne au final.

Toutefois lorsque nous punissons un franc-tireur, nous ne pensons pas délibérément à augmenter la coopération ou aux bénéfices du groupe à long terme. Nous éprouvons une satisfaction immédiate à punir les gens qui se comportent injustement. Nous ne ressentons pas d'empathie pour la souffrance de ces personnes indésirables. Nous avons appris à les détester. Notre cerveau nous donne même du plaisir à punir les francs-tireurs.

Même une illusion a des responsabilités

Mais qu'est-ce que cela a à voir avec l'homoncule et mon sentiment d'être un agent libre ? Une conséquence importante de ce sentiment d'être libre est que nous tenons les autres pour des agents autonomes comme nous. De ce fait nous les tenons pour responsables de leurs actions. Dès l'âge de 3 ans, les enfants font une nette distinction entre les actes délibérés et les événements accidentels.

Quand les gens font quelque chose par accident, on ne peut pas considérer qu'ils se sont mal comportés. Quand les gens ont été forcés de faire quelque chose contre leur gré, on ne peut pas considérer qu'ils se sont comportés injustement. Seuls les actes librement choisis et délibérément commis peuvent être injustes. Les francs-tireurs ne se contentent pas d'agir de façon injuste. Ils agissent délibérément de façon injuste. Ce ne sont que les méchants intentionnels que nous souhaitons punir.

Tania Singer a montré combien nous sommes prompts à détester quelqu'un que nous n'avions jamais rencontré s'il se comporte injustement. Après seulement quatre interactions injustes, nous témoignons d'une réaction émotionnelle à la vue de son visage. Cependant nous ne concevons pas d'aversion pour quelqu'un dont on nous dit qu'il suit simplement des instructions[8].

Il y a une relation étroite entre notre expérience d'être un agent libre et notre volonté d'être altruiste. Nous sommes contents de nous-mêmes lorsque nous nous comportons de façon juste et nous sommes ulcérés par l'injustice que manifestent les autres. Pour que ces sentiments interviennent, il

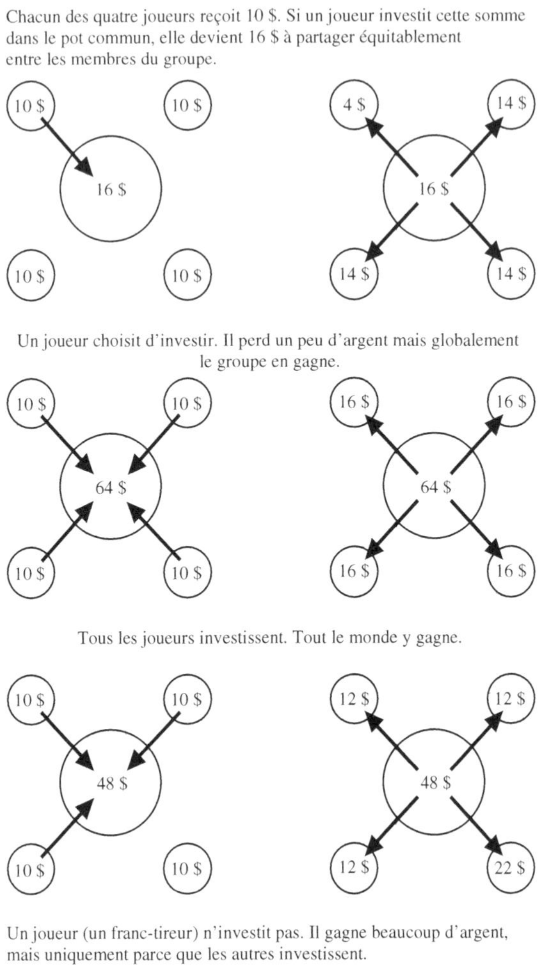

Figure 4. Un jeu de pot commun.

est crucial que nous percevions les autres et nous-mêmes comme des agents libres. Nous croyons que nous faisons tous des choix délibérés. Autrement notre volonté de coopérer s'effondrerait. Cette illusion finale créée par notre cerveau – que nous sommes détachés du monde social en tant qu'agents autonomes – nous permet de créer ensemble une société et une culture qui sont bien plus que n'importe quel individu.

À cette soirée avec laquelle ce livre a débuté, notre narrateur connut beaucoup d'interactions navrantes. L'accusation la plus embarrassante était que, puisqu'il était psychologue, il pouvait lire dans les pensées. À la fin de ce livre, nous avons découvert qu'il est possible à chacun d'entre nous de lire dans les pensées. C'est possible parce que notre cerveau créatif usera de tous les signaux disponibles pour fabriquer des modèles de ce qui se tient au-dehors dans le monde physique et aussi dans l'esprit des autres. Nos cerveaux créatifs utilisent ces modèles pour prédire ce qui va se passer quand nous agissons sur le monde et quand nous interagissons avec les autres. Si nos prédictions à propos des autres sont exactes, alors nous avons réussi à lire dans les pensées. Cependant toutes ces activités nous sont cachées. Il n'y a donc pas de quoi se sentir embarrassé. Retournez à la soirée et amusez-vous bien.

NOTES

PROLOGUE
LES VRAIS SCIENTIFIQUES SE MOQUENT DE L'ESPRIT

1. Je dois avouer qu'il reste quelques durs à cuire pour nier que l'étude du cerveau ou des ordinateurs puisse nous apprendre quoi que ce soit sur le fonctionnement de notre esprit.

2. Croyez-le ou non, il s'agit là d'une vraie référence à une méthode statistique importante, que vous trouverez à la fin de ce livre.

3. Elle est spécialiste de l'œuvre de la romancière australienne Elizabeth Costello.

4. La mémoire de travail est une forme active de la mémoire à court terme. C'est le genre de mémoire que vous utilisez pour garder un numéro de téléphone à l'esprit sans avoir à l'écrire sur un bout de papier. Les psychologues et les neuroscientifiques ont intensément étudié la mémoire de travail, mais ne sont pas encore parvenus à se mettre d'accord sur ce que c'est exactement.

5. Cette affirmation ne dénote aucun préjugé antigallois. Elle fait simplement référence à l'une des nombreuses et importantes découvertes que les psychologues ont faites à propos de la mémoire de travail. Les locuteurs gallois retiennent moins de nombres parce que les séquences de chiffres en gallois sont plus longues à dire qu'en anglais.

6. Le professeur de littérature ne partage pas cette croyance.

7. Ce phénomène est connu comme l'illusion de la cascade, ou le mouvement de contrecoup. Si vous regardez une cascade pendant une minute ou deux, et si vous regardez ensuite les buissons sur le côté, vous aurez la nette impression que les buissons remontent la pente, même si vous savez très bien qu'en fait ils restent à la même place.

8. *Nullius addictus iuranae in verba magistri* : « Nul n'est contraint de prêter foi aux paroles du maître. »

9. C'étaient les béhavioristes, avec parmi les plus fervents John Watson et Burrhus Skinner.

10. En effet, les études d'imagerie cérébrale suggèrent que la douleur physique et le rejet social impliquent les mêmes zones du cerveau.

11. C'est la décision du Medical Research Council de fermer le centre de recherche clinique où j'ai travaillé pendant des années sur la schizophrénie qui m'a forcé à prendre le risque d'un tournant majeur dans ma carrière de psychologue. Par la suite, le MRC et le Wellcome Trust ont montré une grande clairvoyance dans leur soutien aux nouvelles technologies d'imagerie cérébrale.

12. Non, je ne sais pas vraiment comment marche un scanner IRM, mais voici un physicien qui comprend cette machine : J. P. Hornak, « The basics of MRI », http://www.cis.rit.edu/htbooks/mri/index.html.

13. En 1928, on a découvert chez un patient une anomalie de la circulation sanguine à l'arrière du cerveau. Il était possible d'entendre les changements de débit sanguin au niveau des aires visuelles lorsque le patient ouvrait et fermait les yeux.

14. Ce travail pionnier a été réalisé en Scandinavie. David Ingvar et Niels Lassen ont développé les premières formes d'imagerie cérébrale fonctionnelle chez l'homme. Dans leur étude princeps, ils ont injecté une substance radioactive dans chaque artère carotide ! Par la suite Per Roland a utilisé une technique plus conviviale, pour examiner l'activité cérébrale lorsqu'on imagine quitter sa maison.

15. Percevant le reproche dans l'œil du professeur de littérature, je m'empresse d'affirmer que cette phrase n'est pas sexiste. Les premières études d'imagerie fonctionnelle utilisaient la TEP plutôt que l'IRM. Cette technique implique l'injection de petites quantités de substance radioactive. En raison des risques pour la santé, ces études étaient réservées aux hommes, ou pour être plus précis aux jeunes étudiants mâles.

16. La région du cerveau qui répond spécifiquement aux visages a été d'abord décrite par Aina Puce et ses collègues en 1995. Nancy Kanwisher a ensuite confirmé cette observation, forgeant les appellations de *fusiform face area* (aire fusiforme des visages) et de *parahippocampal place area* (aire para-hippocampale des lieux).

17. En fait, les ordinateurs ne sont pas très bons pour reconnaître les visages ou attraper les objets.

18. Les lettres utilisées pour écrire en anglais sont très ambiguës. Il y a 1 120 façons de représenter les 40 sons de la langue anglaise. Il n'y a que 33 façons de représenter les 25 sons de l'italien. Le résultat est que les personnes qui ont grandi dans les pays anglophones utilisent pour lire des régions cérébrales légèrement différentes de celles utilisées par les personnes élevées en Italie.

PREMIÈRE PARTIE

Voir à travers les illusions du cerveau

CHAPITRE PREMIER
LES RÉVÉLATIONS D'UN CERVEAU ABÎMÉ

1. Environ un tiers de la population générale est myope. Cependant la myopie est encore plus fréquente chez les gens comme vous qui sont très intelligents et lisent beaucoup.

2. La mise au point d'une méthode permettant de mesurer l'information a été d'une importance cruciale pour le développement des ordinateurs et pour comprendre comment fonctionne le cerveau.

3. La lumière doit traverser divers vaisseaux sanguins avant d'atteindre les cellules photoréceptrices de la rétine. Nous n'avons pas conscience de ces vaisseaux sanguins que notre regard doit traverser pour apercevoir le monde. Ils pourraient cependant être à l'origine des éléphants roses que sont censés voir les gros buveurs.

4. Je ne suis pas dualiste.

5. Je suis matérialiste. J'admets cependant que je parle parfois comme un dualiste. Je déclare par exemple que mon cerveau « ne me dit pas tout ce qu'il sait » ou « me trompe ». J'utilise de telles formules parce que c'est de cette façon qu'on ressent les choses. La majeure partie de ce que fait mon cerveau n'accède pas à ma conscience. Ce sont ces faits que mon cerveau connaît mais pas moi. Cela dit, je suis fermement convaincu que je suis un produit de mon cerveau, comme l'est la conscience qui m'accompagne.

6. Les neurophysiologistes disent souvent que l'activité des neurones « représente » quelque chose du monde extérieur. Par exemple, on peut trouver des neurones qui ne s'activent que lorsqu'ils sont frappés par de la lumière rouge. On dit que l'activité de ces neurones représente la couleur rouge. On prétend même que certains neurones à l'avant du cerveau représentent « l'information à ne pas manquer ».

7. Le professeur de littérature n'aime pas cette formulation. « Est-ce que le cerveau "sait" des choses ? Seuls les esprits peuvent savoir des choses. Une encyclopédie peut contenir des informations sur le monde, mais nous ne dirions pas qu'elle connaît le monde. Le cerveau n'est-il pas comme une encyclopédie où l'activité des neurones remplacerait les lettres sur la page ? Si c'est le cas, qui est-ce qui le lit ? »

8. Si vous voulez en apprendre davantage sur le système visuel, lisez le livre de Semir Zeki : *A vision of the brain*.

9. C'est ce qu'on appelle une représentation rétinotopique, car chaque neurone représente l'arrivée de la lumière dans une zone particulière de la rétine. Ceci implique que chaque fois que je bouge mes yeux, l'activité de mon cortex visuel primaire change dramatiquement. Cependant je ne vois pas le monde bouger.

10. Le terme « agnosie » a été introduit par Freud, avant qu'il ne soit distrait par la psychanalyse.

11. Les neuropsychologues étudient, et parfois essaient d'aider, les gens souffrant de lésions cérébrales.

12. Dans les années 1960, il s'agissait d'une petite salle d'eau transformée en laboratoire, grâce à une planche de contreplaqué posée sur la baignoire.

13. Une demi-douzaine de personnes souffrant de vision aveugle ont maintenant été identifiées. Elles ont été intensivement étudiées par un nombre bien plus considérable de neuropsychologues.

14. Le philosophe suisse Charles Bonnet a d'abord décrit les hallucinations visuelles associées à des problèmes ophtalmiques. Il a raconté les expériences visuelles de son grand-père avant de développer lui-même le syndrome qui porte son nom.

15. Un truc utile dont tout le monde peut profiter durant une conférence ennuyeuse est d'appuyer fortement les phalanges sur les yeux. La pression active les neurones de la rétine, créant des formes mouvantes de couleur vives.

16. Il y a de frappantes similitudes entre les hallucinations visuelles associées à la cécité chez les personnes âgées, à l'épilepsie avec foyer dans le cortex visuel et aux drogues telles que la mescaline et le LSD. Comment des phénomènes si différents peuvent-ils conduire en fin de compte aux mêmes effets sur l'activité cérébrale ?

17. Le cactus mexicain *Anhlalonium lewini* a été pour la première fois introduit dans la science occidentale en1886. La racine de ce cactus, connue sous le nom de peyotl, tenait un rôle majeur dans les cérémonies religieuses des premiers habitants du Mexique et du sud-ouest des États-Unis. Les psychologues occidentaux ont découvert que la mescaline, le principe actif de cette racine, avait de profonds effets sur la conscience. Dans les années 1950, l'intérêt pour ces effets a été rehaussé par la synthèse d'une substance voisine, le LSD, et par une meilleure compréhension du mode d'action de ces drogues sur le cerveau. On pensait alors que l'étude des effets de la mescaline et du LSD allait permettre d'expliquer les symptômes de la schizophrénie. Ce ne fut pas le cas.

18. Les effets psychotropes du LSD ont été découverts par accident en 1943. Une petite quantité de drogue a coulé entre les doigts du chimiste Albert Hoffmann pendant une synthèse de routine. Durant les semaines suivantes, il a exploré les effets de la drogue et gardé des notes détaillées, comme celles citées ici et dans l'extrait précédent.

19. Prise de LSD décrite dans la banque d'expériences Erowid. Erowid.org est une librairie en ligne d'informations sur les plantes et substances psychoactives, et autres thèmes liés.

20. Je crois qu'il existe un monde physique réel.

21. Un chef d'entreprise de 54 ans se plaignait de maux de tête atroces. Un scanner cérébral a révélé une lésion du côté gauche du cerveau, dans la région du cortex visuel. Au cours des jours suivants il a eu des hallucinations, durant chaque fois des heures, dans lesquelles des hérissons rampaient sur son plafond. Ils revenaient notamment lorsqu'il était somnolent. Il les trouva curieux et amusants.

22. Les idées de persécution se sont révélées plus fréquentes chez les personnes sourdes et âgées.

23. Peter Chadwick est un psychologue qui a raconté son expérience de délire schizophrénique. À ce moment de son existence « je devais trouver un sens, n'importe lequel, à toutes ces coïncidences troublantes. Je l'ai fait en changeant radicalement ma conception de la réalité ».

24. Aussi loin que je me souvienne, j'ai toujours été fasciné par ces fausses perceptions et croyances à propos du monde. Sont-elles vraiment fausses ? Ou bien y a-t-il un autre monde, parallèle à celui-ci, que je ne peux pas atteindre ? Je voudrais que ce livre soit comme une aventure de Sherlock Holmes : ce qui apparaît au début comme surnaturel recevrait à la fin une explication physique rationnelle.

CHAPITRE 2
CE QUE NOUS RACONTE UN CERVEAU SAIN

1. Galvani révéla la nature du fonctionnement neuromusculaire en 1791. En 1826, Johannes Müller proposa la théorie des « énergies nerveuses spécifiques ». Celle-ci postulait que les différents nerfs (visuel, auditif, etc.) transportent une forme de « code », qui informe le cerveau de leur origine.

2. La notion d'inférence inconsciente ne fut pas très populaire. Elle était perçue comme une attaque des fondements de la morale, puisqu'on ne pouvait rien reprocher à l'individu si ses inférences étaient inconscientes. Helmholtz a par la suite cessé d'utiliser cette expression, « afin d'éviter toute confusion avec l'idée, pour moi complètement obscure et injustifiée, que Schopenhauer et ses disciples ont désignée du même nom » (comme Freud par exemple). Hermann von Helmholtz (1821-1894) a été l'un des grands scientifiques du XIXe siècle, avec des contributions majeures en physique, en physiologie et en médecine. En 1882 il fut promu von Helmholtz.

3. Évidemment, j'ai maintenant gâché cette démonstration en ce qui vous concerne. Pour observer l'effet, il vous faudra essayer avec un ami naïf (ou trouver un autre exemple). Cet effet est difficile à obtenir avec un livre, mais beaucoup de psychologues ont des exemples sur leurs sites web (par exemple http://www.usd.edu/psyc301/Rensink, où vous trouverez la scène de l'avion).

4. En 1957, James Vicary annonça qu'il avait inséré deux messages publicitaires, « mangez du pop-corn » et « buvez du Coca-Cola » dans les images du film *Picnic*. Les messages étaient présentés de façon répétée, mais leur durée était si courte qu'ils n'étaient jamais perçus consciemment. Vicary a prétendu que, sur une période de six semaines, les ventes de pop-corn avaient augmenté de 58 % et celles de Coca-Cola de 18 %. Aucune preuve n'a pu être fournie à l'appui de ces chiffres et, en 1962, Vicary avoua qu'il avait monté l'histoire de toutes pièces. De nombreux livres à succès ont néanmoins été publiés sur la base de cette anecdote, avec des titres tels que *Séduction subliminale*.

5. Les études classiques ont été conduites dans les années 1970 par le psychologue britannique Anthony Marcel. Marcel montrait un premier mot (comme « hôpital ») qui pouvait faciliter la perception d'un second mot au sens lié (comme « docteur »), même lorsque les participants ne voyaient pas consciemment le premier mot. Ce résultat a par la suite été confirmé par de nombreuses études.

6. En 1846, la Société des dilettantes envoya Francis Penrose mesurer le Parthénon dans le but de tester la théorie de John Pennethorne, selon laquelle ce qui paraît droit et symétrique dans l'architecture grecque de la meilleure période est généralement incurvé ou incliné, parce que c'est la seule façon d'obtenir l'effet optique d'une ligne droite. Immédiatement après son retour en Angleterre, en 1847,

Penrose publia, comme premier résultat de son enquête, un article intitulé « Anomalies dans la construction du Parthénon », dans lequel il prouva que les lignes du stylobate sont incurvées vers l'intérieur.

7. Environ 1 personne sur 2 000 connaît des expériences synesthétiques.

8. Les synesthètes ne sont pas d'accord sur la couleur des lettres. Pour le romancier russe Vladimir Nabokov la lettre M est rose, alors que pour sa femme elle est bleue. Mme H., « la belle-sœur d'un homme de science très connue », rapporta à sir Francis Galton une querelle élargie à toute la famille au sujet de la couleur des lettres. « De mes deux filles, l'une voit les couleurs assez différemment de [moi]. L'autre ne déroge que pour les A et les O. Ma sœur et moi ne sommes jamais tombées d'accord sur les couleurs, et je doute que mes deux frères ressentent la force chromatique des voyelles. »

9. Il s'agit de S., le synesthète étudié par Luria, décrivant la voix du cinéaste Sergei Eisenstein.

10. Il s'agit de Mlle Stones, un autre témoin de l'étude de Galton sur la synesthésie.

11. D'après une série de rêves rassemblés par Richard Jones.

12. Durant les rêves, et particulièrement quand nous nous endormons, le cerveau représente souvent ce que nous avons fait dans la journée. Robert Stickgold a demandé à des gens de jouer à Tetris 7 heures par jour pendant 3 jours. Les nuits après avoir joué à Tetris, ils disaient voir des formes géométriques flottant autour d'eux. Cela se produisait même avec des patients souffrant d'amnésie sévère, qui ne se rappelaient pas avoir joué à Tetris. « Je vois des images qui sont tournées sur le côté. Je ne sais pas d'où elles viennent. J'aimerais pouvoir me souvenir, mais elles ont l'air de simples blocs. »

13. C'est une méditation sur les rêves, entre autres choses, qui conduisit Descartes à douter de tout sauf de ses propres pensées. « Je vois clairement qu'il n'y a jamais aucun signe infaillible à partir duquel être éveillé pourrait être distingué d'être endormi. »

14. Ceci ressemble à ce qu'éprouvent certains patients au cerveau endommagé. Ils reconnaissent leurs proches dans des personnes inconnues qui n'ont aucune ressemblance physique évidente (c'est le syndrome de Fregoli). Sophie Schwartz et Pierre Maquet ont suggéré que, pendant le rêve, certaines régions cérébrales sont inactives, de sorte qu'un cerveau normal va fonctionner comme un cerveau endommagé.

15. L'émotion de peur survient plus fréquemment dans les rêves qu'à l'état de veille.

16. La Société anglaise de recherche psychique s'est constituée en 1882, avec pour président le professeur Henry Sedgwick de l'Université de Cambridge. Parmi les vice-présidents, officiels et investigateurs principaux on trouve le professeur Balfour Stewart de l'Académie royale, le très honorable Arthur J. Balfour, le professeur W. F. Barrett de l'Université de Dublin, Monsieur F. W .H. Myers, sir William Crookes de l'Académie royale, sir Oliver Lodge, et l'évêque de Ripon. Sur la valeur des recherches, Gladstone déclara : « Ce sont les travaux les plus importants au monde – de loin les plus importants. »

17. Comme les auteurs du recensement l'ont remarqué, ce chiffre est très différent de celui qu'on trouve dans les maladies mentales. « Parmi les hallucinations de personnes malades, il n'y a aucun doute que les cas auditifs sont bien plus fré-

quents que les visuels, les proportions étant selon certains experts de 3 pour 1, et selon d'autres de 5 pour 1. »

18. Une expérience similaire a été rapportée par une personne souffrant de maladie de Parkinson, plus de cent ans plus tard. « Il semblait y avoir plein de chats dans la pièce. Ils étaient noirs ou marron et se déplaçaient silencieusement tout autour. L'un deux sauta sur mes genoux et je pus lui mettre un coup. »

19. George Johnstone Stoney (1826-1911) était un éminent scientifique irlandais qui introduisit le terme « électron ».

CHAPITRE 3
CE QUE LE CERVEAU NOUS DIT DE NOTRE CORPS

1. Dans ce cas l'expérience a réellement été réalisée au cours d'une soirée.

2. La position du lobe pariétal est indiquée sur la figure 5 du prologue. Le lobe pariétal contrôle les actions d'atteinte et de saisie.

3. Pendant longtemps, j'ai confondu les termes primates, singes (*monkeys*) et grands singes (*apes*). Primate, c'est la catégorie supérieure. Nous sommes des primates. Les chimpanzés sont des primates. Les singes sont des primates. Les lémuriens sont des primates. Les grands singes forment une sous-catégorie qui contient les chimpanzés, gorilles, humains, orangs-outans, etc. Les singes forment une autre sous-catégorie contenant les marmousets, macaques, babouins, etc.

4. On a longtemps cru que les singes, au contraire des chimpanzés, n'utilisaient pas d'outils. En 1996, Atsuchi Iriki démontra qu'on pouvait apprendre aux singes à se servir d'un râteau.

5. Quand j'ai rejoint le Medical Research Council en 1975, on m'a donné un PDP-11 pour effectuer mes recherches. Il coûtait autant qu'une petite maison, avait la taille d'une armoire et une mémoire de 16 Ko.

6. En fait, cette expérience a d'abord été réalisée en 1965 par un psychologue danois, T. I. Nielsen. Il n'avait pas d'ordinateur. Il a fabriqué une boîte spéciale avec un miroir à l'intérieur. La main que les gens voyaient dans le miroir n'était pas la leur mais celle de l'assistant du chercheur. Pour renforcer l'illusion, le volontaire et l'assistant mettaient tous deux des gants blancs.

7. Un outil vraiment très intelligent qui peut changer de fonction selon les circonstances.

8. Les psychologues les plus pédants ont soulevé bien des critiques sur cette façon de mesurer le temps auquel l'envie survient. Patrick Hagard a cependant reproduit l'expérience de Libet récemment, en utilisant diverses façons de mesurer le temps de l'envie, et confirmé les conclusions initiales.

9. Cet effet peut s'observer encore plus clairement si vous poursuivez la cible avec vos yeux plutôt qu'avec votre main.

10. Une illusion décrite à l'origine par Roelofs en 1935.

11. Chez les oiseaux, la région du cerveau qui permet de chanter s'accroît pendant la saison des chants et se rétrécit ensuite.

12. Ce phénomène fut décrit pour la première fois par V. S. Ramachandran et ses collègues.

13. Écrire des articles scientifiques, c'est un peu comme écrire de la poésie dans une versification antique. Tout ce que vous voulez dire doit rentrer dans des sections prédéfinies : introduction, méthode, résultat, discussion. Vous ne devez jamais dire « je » et la forme passive est préférée. Inévitablement, tout ce qu'il y a d'intéressant en est exclu.

14. Et aussi ceux qui ont des tatouages ou un maquillage permanent.

15. Si vous voulez vraiment le savoir, cette région était située au niveau du mur médian droit, dans l'aire motrice supplémentaire.

16. Lisez toute la théorie dans son excellent livre *L'Illusion de la volonté consciente*.

17. Cette expérience est de fait une version de la planche ouija, mais il vaut mieux ne pas le mentionner dans les demandes de financement.

18. Le passage suivant est tiré du chapitre de George H. Estabrook sur « l'hypnose en temps de guerre », dans son livre *Hypnotisme*. Eastbrook fut un élève du Rhodes College d'Oxford, puis diplômé d'Harvard et titulaire d'une chaire dans le département de psychologie à l'Université de Colgate. Il fut un expert de l'hypnose, actif durant la Seconde Guerre mondiale. On lui doit l'idée d'utiliser l'hypnose pour créer le parfait agent secret : l'agent qui ne sait pas qu'il est un agent.

19. Ce qui lui valut d'éviter la Révolution, contrairement à certains membres de la commission royale, qui furent envoyés à la guillotine.

20. Ceci est dû à un processus d'amorçage inconscient qui est épargné par les lésions ayant entraîné la perte de mémoire. Il reste dans notre cerveau une trace temporaire de chaque réponse que nous faisons. Ceci facilite la répétition de la même réponse.

DEUXIÈME PARTIE
Comment le cerveau s'y prend

CHAPITRE 4
PROGRESSER PAR ESSAIS/ERREURS

1. Les rats albinos ont été introduits dans les laboratoires pour des études physiologiques dès 1928. La plus ancienne lignée d'élevage remonte à 1856, année où le Jardin des Plantes divulgua sa colonie de rats à tête noire. Cette colonie existait toujours cent trente-deux ans plus tard, en 1988.

2. L'importance du travail de Pavlov a été presque immédiatement reconnue et il obtint le prix Nobel de physiologie en 1904. Aujourd'hui, le travail de Pavlov est parfois écarté comme inscrit dans l'école béhavioriste, qui pendant une bonne partie du XXe siècle a retardé le progrès des recherches psychologiques en niant toute possibilité d'étudier scientifiquement la vie mentale. En fait, l'approche de Pavlov était fondamentalement différente du béhaviorisme. Au contraire des béhavioristes, il était passionnément intéressé par la recherche des mécanismes physiologiques qui pouvaient sous-tendre des phénomènes psychiques comme les réflexes conditionnés.

3. Techniquement parlant, le terme de conditionnement « pavlovien » ou « classique » ne s'applique qu'à l'association entre le son et la salivation. L'orientation de la tête et l'attente de la nourriture impliquent des processus plus complexes.

4. L'enseignement se fait souvent sans langage. Nous acquérons beaucoup de nos compétences par la démonstration mieux que par les mots. J'ai bêtement passé quelques mois à essayer d'apprendre comment nouer une cravate à l'aide d'une description écrite et d'un schéma, sans succès. Or même ce type d'apprentissage semble ne pas se produire chez les autres animaux. Les bébés chimpanzés apprennent à utiliser de nouveaux outils en regardant faire leurs mères, mais celles-ci ne font aucun effort pour les enseigner.

5. B. F. Skinner fut le plus éminent des psychologues béhavioristes. Il eut une vie intéressante, à propos de laquelle on raconte de nombreuses histoires. Il voulut écrire un roman du genre courant de conscience, mais au lieu de cela devint béhavioriste (vrai). Il éleva sa fille dans une boîte de Skinner et plus tard elle se suicida (faux). J'ai eu le privilège de rencontrer Skinner quand il visita le laboratoire où je préparais ma thèse. Il a dû être absolument déconcerté par ma tentative d'expliquer mon enthousiasme pour un rapprochement entre béhaviorisme et théorie de l'information. Sa façon polie de feindre un intérêt a depuis lors constitué un modèle pour moi.

6. Des avancées majeures dans notre compréhension du fonctionnement du cerveau sont venues de l'enregistrement de l'activité de cellules nerveuses isolées. En 1958, Hubel et Wiesel furent les premiers à montrer que des neurones du cortex visuel étaient réglés pour répondre à des stimuli spécifiques et reçurent pour ce travail un prix Nobel en 1981. Par exemple, certaines cellules répondaient fortement à des lignes verticales mais pas du tout à des lignes horizontales.

7. Dans le roman de Michael Crichton *L'Homme terminal*, un humain a des électrodes implantées dans les centres du plaisir, avec des conséquences désastreuses.

8. Un programme d'ordinateur utilisant les méthodes de différence temporelle peut jouer au backgammon aussi bien que les meilleurs humains.

9. Ceci est un exemple entièrement fictif. Dans le monde compétitif de l'université actuelle, je ne discute plus les nouvelles idées excitantes avec mes collègues au déjeuner, je m'assois tout seul devant mon ordinateur avec un bol de soupe sans calories pour écrire une autre demande de financement.

10. Elle commence avec la tentative de description par William James de la vie intérieure du bébé – une confusion de bruit et de fureur –, poursuit par la tentative du frère de William, Henry James, de créer des personnages en décrivant leurs pensées et leurs sentiments, et finit par le roman *Les Vagues* de Virginia Woolf, dans lequel la réalité est la perception du monde par des esprits individuels. Ce qui mène à un paradoxe. Dans ce roman, les personnages vivent dans un isolement subjectif et solitaire, et pourtant le lecteur devient intimement familier de chacun d'entre eux.

11. Après le conditionnement, le visage non vu qui annonçait le bruit entraînait une activation de l'amygdale et de la transpiration – deux reflets de la peur.

12. Du moment que vous n'enfoncez pas vos yeux trop brutalement, c'est une expérience qu'on peut faire à la maison. Elle marche vraiment.

13. Mais alors pourquoi est-ce que le cerveau ne peut pas prédire ce qui va précisément se passer lorsqu'on enfonce son doigt dans l'œil ? Eh bien, premièrement notre cerveau n'a pas tellement eu l'expérience de ce genre d'action et donc l'occasion d'apprendre à prédire ses conséquences. Deuxièmement, chaque fois qu'on se met le doigt dans l'œil, on le fait de façon légèrement différente, de sorte que la prédiction n'est jamais tout à fait la même.

14. En d'autres termes, susceptible d'être reprise dans la presse populaire. Mais gare à vous. Si c'est trop amusant, on peut vous infliger un prix igNobel

(« ignoble » en anglais). Ces prix sont pour des recherches qui a) « vous font rire puis vous font réfléchir » et b) « ne peuvent pas et ne doivent pas être reproduites ».

15. Vous vous demandez avec raison : comment peut-il être sûr que j'effleure ma main exactement de la même façon qu'il l'a effleurée ? Par l'utilisation combinée de détecteurs sensibles au mouvement et de bras robotisés. Un ordinateur enregistre les mouvements que vous faites et ensuite les reproduit exactement par l'intermédiaire d'un robot qui vous chatouille.

16. Je continue avec la convention de dire « mon cerveau fait... » pour rendre compte des situations où je ne suis pas conscient de ce que fait mon cerveau. Au contraire, « je fais... » désigne les situations où je suis conscient de ce que fabrique mon cerveau. Toutefois, le « je » dans ce cas est toujours mon cerveau (voir l'épilogue).

17. Les machines peuvent aussi apprendre à reconnaître les objets de cette façon (voir chapitre 5). On les appelle parfois machines de Helmholtz parce qu'elles utilisent les « inférences inconscientes » que celui-ci avait postulées. Elles utilisent une technique dénommée « algorithme d'éveil-sommeil », qui fait également deux sortes de prédictions : une reconnaissance, prédisant quel objet pourrait causer les sensations (le modèle inverse) et une génération, prédisant quelles sensations cet objet pourrait causer (le modèle direct). On peut spéculer que le rêve survient durant l'harmonisation de ces deux prédictions. Celle-ci se déroule pendant le sommeil, alors qu'il n'y a pas d'entrée sensorielle.

18. Cette merveilleuse fondation médicale qui a financé ma recherche ces dix dernières années.

CHAPITRE 5
NOTRE PERCEPTION DU MONDE EST UN FANTASME QUI COÏNCIDE AVEC LA RÉALITÉ

1. On estime qu'il y a entre 12 et 15 milliards de neurones dans le cortex cérébral humain et encore 70 milliards dans le cervelet, donnant un total proche de 100 milliards (10^{11}).

2. L'existence de ces espaces n'a été définitivement confirmée qu'en 1954, quand le microscope électronique devint disponible. Santiago Ramon y Cajal reçut le prix Nobel en 1906 avec Camillo Golgi, qui avait inventé une méthode de coloration du tissu cérébral permettant de révéler sa structure en détail. Dans son discours d'acceptation, Golgi rejeta la doctrine du neurone, restant sur l'idée que le cerveau consistait en un réseau continu de fibres interconnectées. Ramon y Cajal devint furieux contre Golgi, pour sa « démonstration de vanité et d'autosatisfaction », pour un « ego hermétiquement fermé et imperméable aux changements incessants qui font progresser le monde intellectuel ».

3. Proposé par Hartley en 1928.

4. Développée par Shannon en 1948.

5. Bit signifie « nombre binaire » (*binary digit* en anglais). 2,58, qui est le logarithme de 6 en base 2, est le nombre moyen de questions « oui/non » que nous devrions poser pour découvrir le chiffre sorti sur le dé. Je demande d'abord : « Est-il plus grand que 3 ? » Si la réponse est oui, alors ce doit être 4, 5 ou 6. Je demande ensuite : « Est-il plus grand que 4 ? » Si la réponse est non, alors le chiffre est 4 et

je l'ai découvert en deux questions. Si la réponse est oui, alors le chiffre est 5 ou 6 et j'ai besoin d'une question supplémentaire. J'aurai toujours à poser entre deux et trois questions quand il y a six possibilités.

6. L'une des lois les plus fondamentales de la nature est que, quelle que soit l'énergie que vous y mettez, une partie de votre effort sera perdue. La chaleur dégagée par une ampoule, le frottement des roues, le bruit de la ligne de téléphone et peut-être même l'erreur humaine ne pourront jamais être totalement éliminés.

7. La redondance peut être utilisée pour surmonter le problème du bruit et des erreurs dans une ligne téléphonique, mais elle a un coût puisque davantage de caractères doivent être transmis. Grâce à la théorie de l'information, il est devenu possible de trouver la manière optimale d'utiliser la redondance au moindre coût. Un exemple en est la vérification cyclique des redondances opérée par les modems qui nous connectent à Internet.

8. En 1997, le superordinateur d'IBM, Deep Blue, battit Garry Kasparov, considéré par beaucoup comme le plus grand champion de tous les temps. Le succès de l'ordinateur était largement dû à sa consommation de chiffres. Il pouvait examiner 200 millions de coups par seconde. Ce n'est pas la façon dont les gens jouent aux échecs.

9. J'ai exagéré l'échec de la théorie de l'information. L'observateur bayésien idéal, que nous allons bientôt rencontrer, peut aussi être décrit dans les termes de la théorie de l'information : il maximise l'information mutuelle entre le monde et lui-même.

10. Ou peut-être pas.

11. J'utilise le terme « croyance » dans un sens assez spécifique : mon degré de croyance dans une proposition correspond à mon estimation de la probabilité qu'elle soit vraie.

12. Cet exemple est tiré de Elieder Yudkowsky, « Une explication intuitive du raisonnement bayésien », http://yudkowsky.net/bayes/bayes.html

13. C'est pourquoi, même si à première vue le dépistage systématique du cancer du sein semble une bonne idée, la question est devenue très controversée.

14. Stuart Sutherland a rendu compte de ce travail d'une façon particulièrement distrayante.

15. Jorge Luis Borges a imaginé un pays où les géographes étaient devenus si influents qu'ils obtinrent un financement pour dresser une carte qui « soit de la même taille que le pays et coïncide avec lui en chaque point ». Cette carte était parfaitement inutile.

16. Les idées présentées dans ce chapitre sont toutes préfigurées dans le travail de Richard Gregory, dont j'ai suivi les formidables leçons dans les années 1960. Le masque creux et d'autres belles démonstrations se trouvent sur son site http://www.richardgregory.org/experiments/index.htm.

17. Quand Whistler exposa son *Nocturne en noir et or : la fusée tombante* (voir figure 5, cahier hors texte), Ruskin écrivit que l'artiste était bien impudent de demander 1 000 guinées pour « jeter un pot de peinture à la face du public ». Quand Whistler le poursuivit pour diffamation, il déclara au tribunal que le tableau ne lui avait pris que « quelques heures ». L'avocat de Ruskin demanda : « Vous demandez 1 000 guinées pour quelques heures de travail ? » Whistler répondit : « Non, je les ai demandées pour la connaissance de toute une vie. »

18. En réalité la situation est toujours ambiguë. Il y a toujours plus d'une cause possible pour la distribution d'activité dans nos organes sensoriels. C'est la difficulté du « problème inverse ». C'est pour cela que la connaissance *a priori* est importante.

19. Certaines de ces illusions peuvent se trouver là : http://www.lottolab.org.

20. Cet effet de la connaissance *a priori* se produit à un niveau bien plus élevé que ceux s'exerçant sur la perception des objets. La machine bayésienne fonctionne à tous les niveaux du fonctionnement cérébral.

CHAPITRE 6
COMMENT LES CERVEAUX FAÇONNENT LES ESPRITS

1. Il taquine le professeur de littérature en se référant au canular que le physicien Alan Sokal a publié dans *Social Text*, une revue sérieuse de sciences humaines. Mais comme nous allons le voir dans le chapitre suivant, nous nous dirigeons peut-être vers une herméneutique des neurosciences.

2. Pour quelques jolies démonstrations, voir par exemple http://www.biomotionlab.ca/projects/php.

3. Pour justifier cette conclusion, les auteurs ont employé bien plus de conditions contrôles que celle que j'ai décrite ici.

4. Il s'agit d'un trouble du système cérébral moteur, associé notamment à des tics : des mouvements et des cris répétés sans but apparent. Cette maladie fut décrite pour la première fois par le médecin français Gilles de la Tourette. Ceci n'est que son nom de famille. Son nom complet est Georges Albert Édouard Brutus Gilles de la Tourette.

5. Cependant, dans certaines circonstances, les mouvements eux-mêmes peuvent bien sûr constituer des buts. Le danseur de ballet poursuit le but de réaliser un parfait grand jeté.

6. Il existe un moyen facile de vous sentir plus heureux même si vous ne voyez pas un visage souriant. Serrez un stylo entre les dents, en écartant les lèvres. Cela vous force à sourire et vous vous sentez plus heureux. Si vous voulez vous sentir misérable, pincez le stylo entre vos lèvres.

7. On évalue ceci en demandant aux sujets s'ils acceptent d'endosser des descriptions telles que : « Les films qui finissent mal me hantent à la sortie pendant des heures » ou de rejeter des descriptions telles que : « Je n'ai pas beaucoup de peine pour ceux qui sont responsables de leur propre misère. »

8. Toutefois si vous voyez une aiguille plantée dans la main de quelqu'un d'autre, vous allez tressaillir et il y aura des changements d'activité neuronale comme si une aiguille était plantée dans votre main.

9. L'expérience mentale de la douleur est associée à l'activité du cortex cingulaire antérieur. Les patients souffrant de douleurs chroniques sévères ont parfois été soulagés par l'ablation de cette région cérébrale (une opération appelée cingulotomie). Après la chirurgie, ces patients ressentaient toujours la douleur, mais n'y répondaient plus sur le plan émotionnel.

10. Cet assemblage des causes et des effets pour former des actions a été démontré par une série d'expériences ingénieuses de Patrick Haggard.

11. À peu près le même risque que pour l'arthrite rhumatoïde.

12. Eamonn Andrews fut une personnalité majeure de la télévision britannique des années 1950 aux années 1980.

13. Descartes imaginait qu'ils pouvaient être créés par un démon malicieux.

TROISIÈME PARTIE
La culture et le cerveau

CHAPITRE 7
LA RENCONTRE DES ESPRITS

1. C'est l'idée de l'indétermination de la traduction proposée par Willard Van Orman Quine.

2. La façon dont nous comprenons les figures de style, comme ici l'ironie, a été analysée en détail par Dan Sperber et Deirdre Wilson.

3. Nous ne savons toujours pas précisément ce que le cerveau considère comme « meilleur » pour le mouvement. Le meilleur mouvement pourrait être celui qui consomme le moins d'énergie ou celui qui entraîne le moins de variations.

4. Bien avant que les neuroscientifiques deviennent bayésiens, le préjugé avait été réhabilité par Hans-Georg Gadamer dans son développement de l'herméneutique (la théorie de la compréhension). Plutôt que de nous refermer sur nous-mêmes, suggérait-il, les préjugés (ou les connaissances *a priori*) nous ouvrent sur ce qu'il y a à comprendre.

5. *Blood oxygen level dependent signal* (signal dépendant de l'oxygénation sanguine) : c'est le signal qu'on mesure avec l'imagerie par résonance magnétique fonctionnelle.

6. Un signe regrettable de préjugé chez notre narrateur.

7. Le « parler bébé » existe aussi chez les pères, mais ceci est beaucoup moins étudié.

8. Dick Byrne a réalisé un travail magnifique sur les procédures qu'utilisent les gorilles pour préparer les orties et montré qu'elles pouvaient être imitées. Il ne fait pas de commentaire particulier sur l'absence d'enseignement. J'ai inféré cela à partir d'autres études indiquant que, tandis que les bébés gorilles montrent beaucoup d'intérêt pour ce que font leurs mères, les mères témoignent peu d'intérêt pour les activités de leurs petits.

9. Cela peut toutefois arriver aux enfants autistes, comme Paul. Un jour la mère Paul récitait la comptine « Gribouille mangeur de citrouille », alors qu'elle préparait la cuisine, quand elle renversa soudain la casserole. Depuis ce jour, Paul a scandé « Gribouille citrouille » chaque fois qu'il a vu quelque chose qui ressemblait à une casserole.

10. En 2005, il a été élu troisième sketch le plus drôle de tous les temps.

11. Nous ne sommes pas conscients de tous ces processus durant la plupart de nos interactions. Serait-ce parce que les gens sont tellement prévisibles, ou parce que la complexité des mécanismes de la compréhension nous échappe ?

12. Comme vous vous en souvenez sans doute, il s'agit d'un petit noyau cérébral situé dans le lobe temporal. Il a un rôle clé dans l'attribution de valeurs (agréables ou déplaisantes) aux objets (voir figure 2.4).

13. La Force de défense guyanaise.

14. Les chances de gagner à la loterie nationale britannique sont d'environ 1 sur 14 millions, ce qui est bien plus faible que le risque de mourir avant le jour du tirage de la semaine. À quel moment faut-il jouer pour que la chance de gagner dépasse le risque de mourir ? La réponse est apparemment trois minutes et demie avant le tirage (d'après le roman de John Lanchester, *Mr Philips*). Pourtant bon nombre d'entre nous pensent que ça vaut la peine d'acheter des tickets de loterie.

ÉPILOGUE
MON CERVEAU ET MOI

1. Semir Zeki, qui est neuroanatomiste, m'a fait remarquer qu'il ne peut pas y avoir d'aire cérébrale uniquement consacrée au « contrôle descendant ». En effet il n'y a pas de région cérébrale où les neurones envoient des signaux de sortie sans recevoir de signaux d'entrée.

2. Seuls l'index et le majeur de la main droite étaient impliqués dans cette expérience.

3. On raconte que le compositeur Karlheinz Stockhausen écrivit une pièce pour orchestre dans laquelle les concertistes avaient l'instruction de « faire ce qu'ils voulaient » durant deux mesures. Au cours de la première répétition, le compositeur arrêta l'orchestre après ce passage en s'écriant : « Ce n'est pas du tout ce que j'ai voulu dire. »

4. Dans une série d'expériences sur la volonté, ma collègue Marjan Jahanshahi a donné explicitement de telles instructions : « Bougez votre doigt toutes les 2 à 7 secondes » ; elle a observé une activation des mêmes aires cérébrales que dans les expériences où on demande aux sujets de sélectionner leur action « par eux-mêmes ».

5. Qu'ils aient ou non conduit un travail expérimental sur le sujet.

6. L'explication de l'altruisme est un des problèmes majeurs de la biologie évolutionniste. La sélection naturelle nous incite à penser que les animaux vont se comporter de manière à augmenter leurs propres chances de survie et de reproduction, pas celles des autres. L'explication de l'altruisme en termes de sélection de parentèle fut une des avancées importantes de la biologie du XXe siècle. Si nous prenons soin de nos proches, nos gènes vont pouvoir survivre sans nous. Comme le dit Haldane : « Je donnerais ma vie pour deux frères ou huit cousins. » Pourquoi cependant aider des étrangers ?

7. La possibilité de punition introduit une complication supplémentaire – l'apparition de francs-tireurs de second ordre. Ce sont les joueurs qui comptent sur les autres pour infliger les punitions et ne le font jamais eux-mêmes.

8. Ironiquement, dans ces diverses expériences, les joueurs injustes, quand il y en a, sont aussi des comparses de l'expérimentateur à qui il a été demandé de se comporter injustement. C'est ce que nous croyons qui compte. Tout est dans la tête.

LES PREUVES

PROLOGUE
LES VRAIS SCIENTIFIQUES SE MOQUENT DE L'ESPRIT

Une inférence statistique

Box G. E. P. & Cox D. R. (1964), « An analysis of transformations », *Journal of the Royal Statistical Society*, série B, 26 (2), p. 211-243.

La capacité de la mémoire de travail

Miller G. A. (1965), « The magic number seven, plus or minus seven », *Psychological Review* 63, p. 81–97.

La mémoire de travail en gallois

Murray A., Jones D. M. (2002), « Articulatory complexity at item boundaries in serial recall : The case of Welsh and English digit span », *J. Exp. Psychol. Learn.*, 28 (3), p. 594-598.

L'illusion de la cascade

Mather G., Verstraten F. & Anstis S. (1998), *The Motion Aftereffect : A modern perspective*, Cambridge (Mass.), MIT Press.

La douleur du rejet

Eisenberger N. I., Lieberman M. D., Williams K. D. (2003), « Does rejection hurt ? An FMRI study of social exclusion », *Science*, 302 (5643), p. 290-292.

La valeur de l'entraînement mental

Yue G., Cole K. J. (1992), « Strength increases from the motor program : comparison of training with maximal voluntary and imagined muscle contractions », *J. Neurophysiol.*, 67 (5), p. 1114-1123.

Un cerveau endommagé

Engelien A., Huber W., Silbersweig D., Stern E., Frith C. D., Doring W., Thron A. & Frackowiak R. S. (2000), « The neural correlates of "deaf-hearing" in man : conscious sensory awareness enabled by attentional modulation », *Brain*, 123 Pt 3, p. 532-545.

Entendre les changements de débit sanguin

Fulton J. F. (1928), « Observations upon the vascularity of the human occipital lobe during visual acuity », *Brain*, 51, p. 310-320.

Mesurer le débit sanguin

Lassen N. A., Ingvar D. H. & Skinhoj E. (1978), « Brain function and blood flow », *Sci. Am.*, 239 (4), p. 62-71.

Imaginer marcher le long de la rue

Roland P. E. & Friberg L. (1985), « Localization of cortical areas activated by thinking », *J. Neurophysiol.*, 53 (5), p. 1219-1243.

Imaginer le mouvement

Stephan K. M., Fink G. R., Passingham R. E., Silbersweig D., Ceballos-Baumann A. O., Frith C. D. & Frackowiak R. S. (1995), « Functional anatomy of the mental representation of upper extremity movements in healthy subjects », *J. Neurophysiol.*, 73 (1), p. 373-386.

L'aire cérébrale des visages

Puce A., Allison T., Gore J. C. & McCarthy G. (1995), « Face-sensitive regions in human extrastriate cortex studied by functional MRI », *J. Neurophysiol.*, 74 (3), p. 1192-1199.

Kanwisher N., McDermott J. & Chun M. M. (1997), « The fusiform face area : a module of extrastriate cortex specialized for face perception », *J. Neurosci.*, 17, p. 4302-4311.

L'aire cérébrale des lieux (des maisons)

Epstein R., Kanwisher N. (1998), « A cortical representation of the local visual environment », *Nature*, 9, 392 (6676), p. 598-601.

Imaginer des visages et des maisons

O'Craven K. M. & Kanwisher N. (2000), « Mental imagery of faces and places activates corresponding stimulus-specific brain regions », *J. Cogn. Neurosci.*, 12 (6), p. 1013-1023.

Un effet de la culture sur le cerveau

Paulesu E., McCrory E., Fazio F., Menoncello L., Brunswick N., Cappa S. F., Cotelli M., Cossu G., Corte F., Lorusso M., Pesenti S., Gallagher A., Perani D., Price C., Frith C. D. & Frith U. (2000), « A cultural effect on brain function », *Nat. Neurosci.*, 3 (1), p. 91-96.

PREMIÈRE PARTIE

Voir à travers les illusions du cerveau

CHAPITRE PREMIER

LES RÉVÉLATIONS D'UN CERVEAU ABÎMÉ

Les neurones qui représentent l'information à ne pas manquer

Miller E. K. (2000), « The neural basis of the top-down control of visual attention in the prefrontal cortex », *in* Monsell S. & Driver J. (éd.), *Control of Cognitive Processes : Attention and Performance*, Cambridge (Mass.), MIT Press, 18, p. 511-534.

Les changements visuels associés aux migraines

Lashley K. (1941), « Patterns of cerebral integration indicated by scotomas of migraine », *Arch. Neurol. Psychiatry*, 46, p. 331-339.

Le cerveau de la vision

Zeki S. (1993), *A Vision of the Brain*, Oxford/Boston, Blackwell Scientific Publications.

Perte de l'expérience des couleurs

Zeki S. (1990), « A century of cerebral achromatopsia », *Brain*, 113 (Pt 6), p. 1721-1777.

Perte de l'expérience des mouvements

Zeki S. (1991), « Cerebral akinetopsia (visual motion blindness) : A review », *Brain*, 114 (Pt 2), p. 811-824.

La neuropsychologie : effet des lésions cérébrales sur l'esprit

Broks P. (2003), *Into the Silent Land : Travels in neuropsychology*, New York, Grove Press.

Acquérir une habileté motrice sans se souvenir de l'apprentissage

Brooks D. N., Baddeley A. D. (1976), « What can amnesic patients learn ? », *Neuropsychologia*.

La patiente DF

Goodale M. A. & Milner A.D. (2004), *Sight unseen*, Oxford, Oxford University Press.

La vision aveugle

Weiskrantz L. (1990), *Blindsight : A case study and implications*, Oxford, Clarendon Press.

Les hallucinations musicales

Hammeke T. A., McQuillen M. P. & Cohen B.A. (1983), « Musical hallucinations associated with acquired deafness », *J. Neurol. Neurosurg. Psychiatry.*, 46 (6), p. 570-572.

Le syndrome de Charles Bonnet

Ffytche D. H. (2005), « Visual hallucinations and the Charles Bonnet syndrome », *Curr. Psychiatry Rep.*, 7 (3), p. 168-179.

Scanner les hallucinations visuelles

Ffytche D. H., Howard R. J., Brammer M. J., David A., Woodruff P. & Williams S. (1998), « The anatomy of conscious vision : An fMRI study of visual hallucinations », *Nat. Neurosci.*, 1 (8), p. 738-742.

Les hallucinations visuelles dans l'épilepsie

Panayiotololous C. P. (1999), « Elementary visual hallucinations, blindness, and headache in idiopathic occipital epilepsy : differentiation from migraine », *Journal of Neurology, Neurosurgery & Psychiatry*, 66, p. 536-540.

Les hallucinations auditives dans l'épilepsie

Winawer M. R., Ottman R., Hauser A. & Pedley T. A. (2000), « Autosomal dominant partial epilepsy with auditory features : Defining the phenotype », *Neurology*, 54, p. 2173-2176.

Les hallucinations déclenchées par des stimulations du cerveau

Penfield W. & Perot P. (1963), « The brain's record of auditory and visual experience », *Brain*, 86, p. 595-696.

Les hallucinogènes

Huxley A. (1959), *The Doors of Perception & Heaven and Hell*, Harmondsworth, Middlesex, Penguin Books.

Hoffmann A. (1983), *LSD : My problem child* (trad. J. Ott), Los Angeles, J. P. Tarcher.

Similitude des hallucinations visuelles d'origines diverses

Ffytche D. H. & Howard R. J. (1999), « The perceptual consequences of visual loss : "positive" pathologies of vision », *Brain*, 122 (Pt 7), p. 1247-1260.

Des hérissons aux plafonds

Manford M. & Andermann F. (1999), « Complex visual hallucinations », *Brain*, 121, p. 1818-1840.

Surdité et idées de persécutions

Cooper A. F. (1976), « Deafness and psychiatric illness », *Br. J. Psychiatry*, 129, p. 216-226.

Les hallucinations dans la schizophrénie

Trosse G. (1982), *The Life of the Reverend Mr. George Trosse, Late Minister of the Gospel in the City of Exon, Who died January 11th, Written by Himself and Publish'd According to His Order*, Exon, Richard White, 1714 ; repris *in* Petersen D. (éd.), *A Mad People's History of Madness*, Pittsburgh, University of Pittsburgh Press, p. 26-38.

King L. Percy [pseud.] (1940/1964), « Criminal complaints with probable causes (a true account). Bound, circular letter, ca. 1940 », *in* Bert Kaplan (éd.), *The Inner World of Mental Illness*, New York, Harper & Row, p. 134-136.

Réviser sa conception de la réalité

Chadwick P K. (1993), « The stepladder to the impossible : A first hand phenomenological account of a schizo-affective psychotic crisis », *The Journal of Mental Health*, 2, p. 239-250.

CHAPITRE 2
CE QUE NOUS RACONTE UN CERVEAU SAIN

Les inférences inconscientes

Helmholtz H. von (1866), *Handbuch der Physiologischen Optik*, Leipzig, Voss.

La cécité aux changements

Rensink R. A., O'Regan J. K. & Clark J. J. (1997), « To see or not to see : The need for attention to perceive changes in scenes », *Psychological Science*, 8 (5), p. 368-373.

La grande illusion

Noë A. (éd.) (2002), « Is the visual world a grand illusion ? », *Journal of Consciousness Studies*, special issue, 9 (5-6).

La perception subliminale

Marcel A. J. (1983), « Conscious and unconscious perception : an approach to the relations between phenomenal experience and perceptual processes », *Cognit Psychol.*, 15 (2), p. 238-300.

Réagir aux visages effrayés sans en avoir conscience

Kunst-Wilson W. R., Zajonc R. B. (1980), « Affective discrimination of stimuli that cannot be recognized », *Science*, 207 (4430), p. 557-558.

L'amygdale répond aux visages effrayés

Morris J. S., Frith C. D., Perrett D. I., Rowland D., Young A. W., Calder A. J. & Dolan R. J. (1996), « A differential neural response in the human amygdala to fearful and happy facial expressions », *Nature*, 383, p. 812-815.

Détection inconsciente des changements

Beck D. M., Rees G., Frith C. D. & Lavie N. (2001), « Neural correlates of change detection and change blindness », *Nat. Neurosci.*, 4 (6), p. 645-650.

La synesthésie

Baron-Cohen S. & Harrison J. E. (éd.) (1997), *Synaesthesia : Classical and contemporary readings*, Oxford, Blackwell.

Mills C. B., Boteler E. H. & Oliver G. K. (1999), « Digit synaesthesia : A case study using a Stroop-type test », *Cognitive Neuropsychology*, 16, p. 181-191.

Exemples de rêves

Kramer M. (éd.) (1969), *Dream Psychology and the New Biology of Dreaming*, Springfield (Ill.), Charles C. Thomas.

La physiologie du rêve

Hobson J. A. (1988), *The Dreaming Brain*, New York, Basic Books.

Le sommeil paradoxal

Aserinsky E. & Kleitman N. (1953), « Regularly occurring periods of eye motility, and concomitant phenomena, during sleep », *Science*, 118 (3062), p. 273-274.

Récapituler dans ses rêves

Stickgold R., Malia A., Maguire D., Roddenberry D. & O'Connor M. (2000), « Replaying the game : hypnagogic images in normals and amnesics », *Science*, 290 (5490), p. 350-353.

Descartes s'inquiète des rêves

« Mediations on First Philosophy – in which are demonstrated the existence of God and the distinction between the human soul and the body. First Meditation – what can be called into doubt », *in* Cottingham J., Stoothoff R., Murdoch D. (1988), *Descartes Selected Philosophical Writings*. Cambridge University Press.

L'étrange contenu des rêves

Schwartz S. & Maquet P. (2002), « Sleep imaging and the neuro-psychological assessment of dreams », *Trends Cogn. Sci.*, 6 (1), p. 23-30.

La peur en rêve

Revonsuo A. (2003), « The reinterpretation of dreams », *in* Pace-Schott E. F., Solms M., Blagrove M. & Harnad S. (éd.), *Sleep & Dreaming*, Cambridge University Press, p. 85-109.

Recensement des hallucinations

Professor H. Sidgwick (with A. Johnson, F. W. H. Myers, F. Podmore & E. M. Sidgwick) (1894), « Report on the census of hallucinations », *Proceedings of the Society for Psychical Research*, 10, p. 25-422.

Halluciner des chats

Manford M. & Andermann F. (1999), « Complex visual halluciations », *Brain*, 121, p. 1818-1840 (case 3).

CHAPITRE 3
CE QUE LE CERVEAU NOUS DIT DE NOTRE CORPS

L'illusion du bras en caoutchouc

Botvinick M, Cohen J. (1998), « Rubber hands "feel" touch that eyes see », *Nature*, 391, p. 756-756.

Le singe et le râteau

Iriki A., Tanaka M., Iwamura Y. (1996), « Coding of modified body schema during tool use by macaque postcentral neurons », *Neuroreport*, 7 (14), p. 2325-2330.

Inconscience des mouvements de la main

Fourneret P. & Jeannerod M. (1998), « Limited conscious monitoring of motor performance in normal subjects », *Neuropsychologia*, 36 (11), p. 1133-1140.

L'activité cérébrale précédant la volonté

Libet B., Gleason C. A., Wright E. W. & Pearl D. K. (1983), « Time of conscious intention to act in relation to onset of cerebral activity (readiness-potential). The unconscious initiation of a freely voluntary act », *Brain*, 106 (Pt 3), p. 623-642.

Haggard P., Newman C. & Magno E. (1999), « On the perceived time of voluntary actions », *Br. J. Psychol.*, 90 (Pt 2), p. 291-303.

Mouvement sans conscience

Hallett P. E. & Lightstone A. D. (1976), « Saccadic eye movements to flashed targets », *Vision Res.*, 16 (1), p. 107-114.

L'illusion de Roelofs

Roelofs C. (1935), « Optische Localisation », *Arch. Augenheilkunde*, 109, p. 395–415.

Bridgeman B., Peery S., Anand S. (1997), « Interaction of cognitive and sensorimotor maps of visual space », *Percept Psychophys.*, 59 (3), p. 456-469.

Les changements cérébraux chez les oiseaux chanteurs

Nottebohm F. (1981), « A brain for all seasons : Cyclical anatomical changes in song control nuclei of the canary brain », *Science*, 214 (4527), p. 1368-1370.

Un membre fantôme sur le visage

Halligan P. W., Marshall J. C., Wade D. T., Davey J., Morrison D. (1993), « Thumb in cheek ? Sensory reorganization and perceptual plasticity after limb amputation », *Neuroreport.*, 4 (3), p. 233-236.

La femme aux trois bras

McGonigle D. J., Hanninen R., Salenius S., Hari R., Frackowiak R. S., Frith C. D. (2002), « Whose arm is it anyway ? An fMRI case study of supernumerary phantom limb », *Brain*, 125 (Pt 6), p. 1265-1274.

Nier son handicap (anosognosie)

Ramachandran V. S. (1996), « What neurological syndromes can tell us about human nature : Some lessons from phantom limbs, capgras syndrome, and anosognosia », *Cold Spring Harb. Symp. Quant. Biol.*, 61, p. 115-134.

La main anarchique

Marchetti C. & Della Salla S. (1998), « Disentangling the alien and anarchic hand », *Cogn. Neuropsychiat.*, 3, p. 191-208.

La volonté est-elle une illusion ?

Wegner D. M. (2002), *The Illusion of Conscious Will*, Cambridge (Mass.), Bradford Books.

Exécuter à son insu des instructions arbitraires

Varraine E., Bonnard M., Pailhous J. (2002), « The top down and bottom up mechanisms involved in the sudden awareness of low level sensorimotor behavior », *Cogn. Brain Res.*, 13 (3), p. 357-361.

L'amnésie hypnotique

Estabrooks G. H. (1957), *Hypnotism*, New York, E. P. Dutton & Co, p. 189.

Kopelman M. & Morton J. (2001), « Psychogenic amnesias : Functional memory loss », *in* G. Davies & T. Dalgleish (éd.), *Recovered Memories : The Middle Ground*, Chichester, John Wiley, p. 219-246.

L'amorçage verbal dans l'amnésie

Shimamura A. P. (1986), « Priming effects of amnesia : evidence for a dissociable memory function », *Quart. J. Exp. Psychol.*, A. 38 (4), p. 619-644.

DEUXIÈME PARTIE

Comment le cerveau s'y prend

CHAPITRE 4

PROGRESSER PAR ESSAI/ERREUR

Les enfants américains apprennent le chinois par simple exposition

Kuhl P. K., Tsao F. M., Liu H. M. (2003), « Foreign-language experience in infancy : Effects of short-term exposure and social interaction on phonetic learning », *Proc. Natl. Acad. Sci. USA*, 100 (15), p. 9096-9101.

Tout ce que vous voulez savoir sur le rat de laboratoire

Krinke G. J. (éd.) (2000), *The Laboratory Rat (Handbook of Experimental Animals)*, Londres, Academic Press.

Les expériences de Pavlov

Pavlov I. P. (1927), « Lecture II », *Conditioned Reflexes* (trad. G. V. Anrep), Londres, Oxford University Press. On retrouve ce texte sur le site Internet http://psychclassics.yorku.ca/Pavlov/lecture2.htm.

Les expériences de Thorndike

Thorndike E. L. (1911), « An experimental study of associative processes in animals », *Animal Intelligence*, New York, Macmillan. On retrouve ce texte sur le site Internet http://psychclassics.yorku.ca/Thorndike/Animal/chap2.htm.

Comment on acquiert des superstitions

Skinner B. F. (1948), « "Superstition" in the pigeon », *Journal of Experimental Psychology*, 38, p. 168-172. On retrouve ce texte sur le site Internet http://psychclassics.yorku.ca/Skinner/Pigeon.htm.

On apprend mieux sans la conscience

Fletcher P. C., Zafiris O., Frith C. D., Honey R. A. E., Corlett P. R., Zilles K. & Fink G. R. (2005), « On the benefits of not trying : Brain activity and connectivity reflecting the interactions of explicit and implicit sequence learning », *Cerebral Cortex*, 15 (7), p. 1002-1015.

La synapse et plus encore

LeDoux J. (2002), *Synaptic Self : How our brains become who we are*, New York, Viking.

L'autostimulation

Wise R. A. & Rompre P. P. (1989), « Brain dopamine and reward », *Ann. Rev. Psychol.*, 40, p. 191-225.

Comment le cerveau prédit les récompenses

Schultz W. (2001), « Reward signaling by dopamine neurons », *Neuroscientist*, 7 (4), p. 293-302.

Barto A. G. (1995), « Adaptive critic and the basal ganglia », *in* J. C. Houk, J. L. Davis & D. G. Beiser (éd.), *Models of Information Processing in the Basal Ganglia*, Cambridge, MIT Press, p. 215–232.

Schultz W., Dayan P. & Montague P. R. (1997), « A neural substrate of prediction and reward », *Science*, 275, p. 1593-1599.

Comment les abeilles font leurs courses

Montague P. R., Dayan P., Person C., Sejnowski T. J. (1995), « Bee foraging in uncertain environments using predictive Hebbian learning », *Nature*, 377 (6551), 725-728.

Jouer au backgammon

Tesauro G. (1994), « TD-Gammon, a self-teaching backgammon program, Achieves master-level play », *Neural Computation*, 6, Issue 2, p. 215-219.

La préparation automatique des programmes d'action pour attraper les objets de la scène visuelle

Castiello U. (2005), « The neuroscience of grasping », *Nat. Rev. Neurosci.*, 6 (9), p. 726-736.

Conscience et roman

Lodge, D. (2002), *Consciousness and the Novel*, Londres, Secker & Warburg.

Apprendre quelque chose des stimuli invisibles

Morris J. S., Öhman A., Dolan R. J (1998), « Conscious and unconscious emotional learning in the human amygdala », *Nature*, 393, p. 467-470.

Le monde visuel reste stable malgré les mouvements oculaires

Helmholtz H. von (1866), *Handbuch der Physiologischen Optik, Bd. 3*, Leipzig, Voss.

Bridgeman B. Van der Hejiden A. H. C. & Velichkovsky B. M. (1994), « A theory of visual stability across saccadic eye movements », *Behavioral and Brain Sciences*, 17 (2), p. 247-292.

Vous ne pouvez pas vous chatouiller

Weiskrantz L., Elliott J., Darlington C. (1971), « Preliminary observations on tickling oneself », *Nature*, 230 (5296), p. 598-599.

Les autochatouilles n'activent pas le cerveau

Blakemore S. J., Wolpert D. M., Frith C. D. (1990), « Central cancellation of self-produced tickle sensation », *Nat. Neurosci.*, 1 (7), p. 635-640.

Mouvements actifs et passifs

Weiller C., Juptner M., Fellows S., Rijntjes M., Leonhardt G., Kiebel S., Muller S., Diener H. C., Thilmann A. F. (1996), « Brain representation of active and passive movements », *NeuroImage*, 4 (2), p. 105-110.

Apprendre par l'imagination

Yue G., Cole K. J. (1992), « Strength increases from the motor program : comparison of training with maximal voluntary and imagined muscle contractions », *J. Neurophysiol.*, 67 (5), p. 1114-1123.

Modèles directs et inverses

Wolpert D. M., Miall R. C. (1996), « Forward models for physiological motor control », *Neural Netw.*, 9 (8), p. 1265-1279.

Les machines d'Helmholtz

Hinton G. E., Dayan P., Frey B. J., Neal R. M. (1995), « The "wake-sleep" algorithm for unsupervised neural networks », *Science*, 268 (5214), p. 1158-1161.

L'histoire d'IW

Cole J. (1995), *Pride and a Daily Marathon*, Cambridge, The MIT Press.

Jaspers critique la neuropsychologie et la psychanalyse

Jaspers K. (1941/1956), « On my philosophy », *in* W. Kaufman (éd.), *Existentialism from Dostoyevsky to Sartre*, New York, Penguin Books, p. 131-158.

Les schizophrènes peuvent se chatouiller eux-mêmes

Blakemore S. J., Smith J., Steel R., Johnstone C. E., Frith C. D. (2000), « The perception of self-produced sensory stimuli in patients with auditory hallucinations and passivity experiences : evidence for a breakdown in self-monitoring », *Psychol. Med.*, 30 (5), p. 1131-1139.

CHAPITRE 5
NOTRE PERCEPTION DU MONDE EST UN FANTASME QUI COÏNCIDE AVEC LA RÉALITÉ

La doctrine du neurone

Jones E. G. (1994), « The neuron doctrine 1891 », *J. Hist. Neurosci.*, 3 (1), p. 3-20.

Le développement de la théorie de l'information

Hartley R. V. L. (1928), « Transmission of information », *Bell System Technical Journal*, 7, p. 535-563.

Shannon C. E. (1948), « A mathematical theory of communication », *Bell System Technical Journal*, 27, p. 379–423, p. 623–656.

Les neurones comme pourvoyeurs d'information

McCulloch W. & Pitts W. (1943), « A logical calculus of ideas immanent in nervous activity », *Bulletin of Mathematical Biophysics*, 5, p. 115-133.

Le théorème de Bayes

Bayes T. (1763), « An essay towards solving a problem in the doctrine of chances », *Philosophical Transactions of the Royal Society of London*, 53, p. 370-418.

Quand les gens se comportent de façon irrationnelle

Sutherland S. (1992), *Irrationality : The enemy within*, Harmondsworth, Penguin Books.

Quand il n'est pas bon d'être un observateur idéal

Wolfe J. M., Horowitz T. S., Kenner N. M. (2005), « Rare items often missed in visual searches », *Nature*, 26, 435 (7041), p. 439-440.

Construire des modèles du monde

Kersten D., Mamassian P., Yuille A. (2004), « Object perception as Bayesian inference », *Ann. Rev. Psychol.*, 55, p. 271-304.

Évolution de la vision en couleurs

Regan B. C., Julliot C., Simmen B., Vienot F., Charles-Dominique P., Mollon J. D. (2001), « Fruits, foliage and the evolution of primate colour vision », *Philos. Trans. R. Soc. Lond. B. Biol. Sci.*, 356 (1407), p. 229-283.

Ce que les illusions visuelles nous disent de la perception

Gregory R. (1966/1997), *Eye and Brain : The psychology of seeing*, Oxford, Oxford University Press, 5e édition.

Percevoir des masques et des visages creux

Hill H., Bruce V. (1993), « Independent effects of lighting, orientation, and stereopsis on the hollow-face illusion », *Perception*, 22 (8), p. 887-897.

La parallaxe du mouvement (et autres traits élémentaires de la vision)

Gibson J. J. (1950), *The Perception of the Visual World*, Boston, Houghton Mifflin Co.

L'expérience visuelle précoce connecte le cerveau

Hensch T. K. (2005), « Critical period plasticity in local cortical circuits », *Nat. Rev. Neurosci.*, 6 (11), p. 877-888.

L'illusion des couleurs

Lotto R. B., Purves D. (2002), « The empirical basis of color perception », *Conscious Cogn.*, décembre, 11 (4), p. 609-629.

Remplir la tache aveugle

Ramachandran V. S., Gregory R. L. (1991), « Perceptual filling in of artificially induced scotomas in human vision », *Nature*, 25, 350 (6320), p. 699-702.

Voir un A quand on nous montre un B

Jack A. I. (1998), *Perceptual Awareness in Visual masking*, Psychology PhD non publié, UCL (quelle honte).

Le patient qui ne peut pas résister à la vue du lit défait

Lhermitte F. (1986), « Human autonomy and the frontal lobes. II. Patient behavior in complex and social situations : the "environmental dependency syndrome" », *Ann. Neurol.*, 19, p. 335-343.

L'attention active des zones sensorielles avant l'arrivée du stimulus

Kastner S., Ungerleider L. G. (2001), « The neural basis of biased competition in human visual cortex », *Neuropsychologia*, 39 (12), p. 1263-1276.

Un cube de Necker imaginé ne s'inverse pas

Chambers D. & Reisberg D. (1985), « Can mental images be ambiguous ? », *Journal of Experimental Psychology : Human Perception and Performance*, 11 (3), p. 317-328.

CHAPITRE 6

COMMENT LES CERVEAUX FAÇONNENT LES ESPRITS

Herméneutique et sciences cognitives

Gallagher S. (2004), « Hermeneutics and the cognitive sciences », *Journal of Consciousness Studies*, 11 (10-11), p. 162-174.

Le mouvement biologique

Johansson G. (1973), « Visual perception of biological motion and a model for its analysis », *Perception and Psychophysics*, 14, p. 201-211.

Pollick F. E., Lestou V., Ryu J., Cho S. B. (2002), « Estimating the efficiency of recognizing gender and affect from biological motion », *Vision Res.*, 42 (20), p. 2345-2355.

La perception du mouvement biologique chez les enfants

Fox R., McDaniel C. (1982), « The perception of biological motion by human infants », *Science,* 218 (4571), p. 486-487.

La perception du mouvement biologique chez le chat

Blake R. (1993), « Cats perceive biological motion », *Psychol. Sci.*, 4, p. 54-57.

Des balles qui sautent les barrières

Gergely G., Nadasdy Z., Csibra G., Biro S. (1995), « Taking the intentional stance at 12 months of age », *Cognition*, 56 (2), p. 165-193.

La précision dans la détection de la direction du regard

S. M. Anstis *et al.*, « The perception of where a face or television "portrait" is looking », *Am. J. Psychol.*, 82 (1969), p. 474-489.

Utiliser la direction du regard pour lire dans les pensées

Lee K., Eskritt M., Symons L. A., Muir D. (1998), « Children's use of triadic eye gaze information for "mind reading" », *Dev. Psychol.*, 34 (3), p. 525-539.

Les neurones miroirs

Rizzolatti G., Craighero L. (2004), « The mirror-neuron system », *Ann. Rev. Neurosci.*, 27, p. 169-192.

Le syndrome de Gilles de la Tourette

Robertson M. M. (2000), « Tourette syndrome, associated conditions and the complexities of treatment », *Brain*, 123 (Pt 3), p. 425-462.

L'ambiguïté des buts

Searle J. (1984), *Minds, Brains & Science : The 1984 Reith Lectures*, British Broadcasting Corporation (publié par Penguin Books en 1992).

L'imitation des buts

Bekkering H., Wohlschlager A., Gattis M. (2000), « Imitation of gestures in children is goal-directed », *Q. J. Exp. Psychol.*, section A, 53 (1), p. 153-164.

Gergely G., Bekkering H., Kiraly I. (2002), « Rational imitation in preverbal infants », *Nature*, 415 (6873), p. 755.

Les interférences produites par les actions observées

Kilner J. M., Paulignan Y., Blakemore S. J. (2003), « An interference effect of observed biological movement on action », *Curr. Biol.*, 13 (6), 522-525.

Partager le dégoût

Wicker B., Keysers C., Plailly J., Royet J. P., Gallese V., Rizzolatti G. (2003), « Both of us disgusted in My insula : the common neural basis of seeing and feeling disgust », *Neuron*, 40 (3), p. 655-664.

L'effet placebo sur la douleur

Wager T. D., Rilling J. K., Smith E. E., Sokolik A., Casey K. L., Davidson R. J., Kosslyn S. M., Rose R. M., Cohen J. D. (2004), « Placebo-induced changes in FMRI in the anticipation and experience of pain », *Science*, 303 (5661), p. 1162-1167.

L'empathie pour la douleur

Singer T., Seymour B., O'Doherty J., Kaube H., Dolan R. J., Frith C. D. (2004), « Empathy for pain involves the affective but not sensory components of pain », *Science*, 303 (5661), p. 1157-1162.

On sursaute quand on voit une aiguille enfoncée dans la main de quelqu'un

Avenanti A., Bueti D., Galati G., Aglioti S. M. (2005), « Transcranial magnetic stimulation highlights the sensorimotor side of empathy for pain », *Nat. Neurosci.*, 8 (7), p. 955-960.

L'anticipation de la douleur

Ploghaus A., Tracey I., Gati J., Clare S., Menon R., Matthews P. & Rawlins J. (1999), « Dissociating pain from its anticipation in the human brain », *Science*, 284, p. 1979-1981.

La cingulotomie réduit le caractère déplaisant de la douleur mais pas la sensation

Folz E. L., White L. E. (1962), « Pain "relief" by frontal cingulotomy », *J. Neurosurg.*, 19, p. 89-100.

Le cerveau lie les causes aux effets de l'action

Haggard P., Clark S., Kalogeras J. (2002), « Voluntary action and conscious awareness », *Nat. Neurosci.*, 5 (4), p. 382-385.

Lier les causes et les effets des actions d'autrui

Wohlschlager A., Haggard P., Gesierich B., Prinz W. (2003), « The perceived onset time of self- and other-generated actions », *Psychol. Sci.*, 14 (6), p. 586-591.

Illusions d'agentivité

Wegner D. M., Fuller V. A., Sparrow B. (2003), « Clever hands : uncontrolled intelligence in facilitated communication », *J. Pers. Soc. Psychol.*, 85 (1), p. 5-19.

La schizophrénie

Frith C. D. & Johnstone E. C. (2003), *Schizophrenia : A very short introduction*, Oxford, Oxford University Press.

Halluciner un monde mental

Cahill C. & Frith C. D. (1996), « False perceptions or false beliefs ? Hallucinations and delusions in schizophrenia », *in* P. W. Halligan & J. C. Marshall (éd.), *Methods in Madness*, Hove, Psychology press, p. 267-291.

Mellors C. S. (1970), « First-rank symptoms of schizophrenia », *British Journal of Psychiatry*, 117, p. 15-23.

Le principe de l'immunité

Gallagher S. (2000), « Self-reference and schizophrenia : a cognitive model of immunity to error through misidentification », *in* D Zahavi (éd.), *Exploring the Self : Philosophical and psychopathological perspectives on self-experience*, Amsterdam/Philadelphie, John Benjamins.

TROISIÈME PARTIE

La culture et le cerveau

CHAPITRE 7

LA RENCONTRE DES ESPRITS

La poésie chinoise

Graham A. C. (éd.) (1977), *Poems of the Late Tang*, Hamondsworth, Penguin Classics.

Le problème de la traduction

Quine W. V. O. (1960), *Word and Object*, Cambridge (Mass.), MIT Press.

Comment comprend-on l'ironie ?

Sperber D. & Wislon D. (1995), *Relevance : Communication and cognition*, Oxford, Blackwell, 2e édition.

Le problème inverse dans le contrôle moteur

Flash T. & Sejnowski T. J. (2001), « Computational approaches to motor control », *Current Opinions in Neurobiology*, 11, p. 655-662.

Réhabilitation du préjugé

Gadamer H.-G. (1989), *Truth and Method*, trad. angl. J. Weinsheimer & D. G. Marshall, New York, Crossroad, 2e édition (1re édition en anglais, 1975).

Le préjugé chez les enfants

Williams J. E., Best D. L. & Boswell D. A. (1975), « Children's racial attitudes in the early school years », *Child Development*, 46, p. 494-500.

Prédire ce que je vais faire

Repp B. H., Knoblich G. (2004), « Perceiving action identity : How pianists recognize their own performances », *Psychol. Sci.*, septembre, 15 (9), p. 604-609.

Knoblich G., Flach R. (2001), « Predicting the effects of actions : Interactions of perception and action », *Psychol. Sci.*, novembre, 12 (6), p. 467-472.

Contagion : devenir comme une personne âgée

Bargh J. A., Chen M., Burrows L. (1996), « Automaticity of social behavior : Direct effects of trait construct and stereotype-activation on action », *J. Pers. Soc. Psychol.*, 71 (2), p. 230-244.

Le parler bébé

Kuhl P. K. *et al.*, « Cross-language analysis of phonetic units in language addressed to infants », *Science*, 277, 5326, p. 684-686.

Burnham D., Kitamura C., Vollmer-Conna U. (2002), « What's new pussy cat ? On talking to babies and animals », *Science*, 296 (5572), p. 1435.

L'apprentissage par imitation chez les gorilles des montagnes

Byrne R. W., Russon A. E. (1998), « Learning by imitation : A hierarchical approach », *Behavioral & Brain Sciences*, 21, p. 667-721.

Maestripieri D., Ross S. K., Megna N. L. (2002), « Mother-infant interactions in western lowland gorillas (*Gorilla gorilla gorilla*) », *J. Comp. Psychol.*, 116 (3), p. 219-227.

Les bébés savent quand leur mère leur enseigne quelque chose

Bloom P. (2000), *How Children Learn the Meanings of Words*, Cambridge, MIT Press.

Les enfants autistes retiennent les mots idiosyncrasiques

Frith U. (2003), *Autism : Explaining the Enigma*, Oxford, Blackwell Publishing, 2e édition.

Modéliser les états cachés d'autrui

Wolpert D. M., Doya K. & Kawato M. (2003), « A unifying computational framework for motor control and social interaction », *Philos. Trans. R. Soc. Lond. B. Biol. Sci.*, 358 (1431), p. 593-602.

Conditionnement de la peur dans l'amygdale

LeDoux J. E. (2000), « Emotion circuits in the brain », *Ann. Rev. Neurosci.*, 23, p. 155-184.

Conditionner la peur par instruction

Phelps E. A., O'Connor K. J., Gatenby J. C., Gore J. C., Grillon C. & Davis M. (2001), « Activation of the left amygdala to a cognitive representation of fear », *Nat. Neurosci.*, 4 (4), p. 437-441.

Comment les cerveaux lisent dans les pensées

Frith C. D. & U. Frith U. (1999), « Interacting minds : A biological basis », *Science*, 286, p. 1692-1695.

Grèzes J., Frith C. D., Passingham R. E. (2004a), « Inferring false beliefs from the actions of oneself and others : An fMRI study », *NeuroImage*, 21 (2), p. 744-750.

Grèzes J., Frith C. D. & Passingham R. E. (2004b), « Brain mechanisms for inferring deceit in the actions of others », *Journal of Neuroscience*, 24 (24), p. 5500-5505.

L'interprétation des voix dans la schizophrénie

Chadwick P., Birchwood M. (1994), « The omnipotence of voices. A cognitive approach to auditory hallucinations », *Br. J. Psychiatry*, 164 (2), p. 190-201.

L'expérience envahissante de la schizophrénie

MacDonald N. (1960), « Living with schizophrenia », *Canadian Medical Association Journal*, 82, p. 218-221.

Partager les délires (folies à deux)

Mentjox R., Van Houten C. A. G. & Kooiman C. G. (1993), « Induced psychotic disorder : Clinical aspects, theoretical considerations, and some guidelines for treatment », *Comprehensive Psychiatry*, 34 (2), p. 120-126.

ÉPILOGUE
MON CERVEAU ET MOI

Le narrateur et moi

Borges J. L. (1964), « Borges and I », *Labyrinths : Selected Stories and Other Writings,* New York, New Directions, p. 246-247.

La volonté dans le cerveau

Frith C. D., Friston K., Liddle P. F. & Frackowiak R. S. J. (1991), « Willed action and the prefrontal cortex in man : A study with PET », *Proceedings of the Royal Society of London*, série B, *Biological Sciences*, 244 (1311), p. 241-246.

L'effet des lésions frontales sur l'action volontaire

Shallice T. (1988), « The allocation of the processing ressources : Higher-level control », *in From neuropsychology to mental structure,* Cambridge, Cambridge University Press, p. 328-352.

Essayer de satisfaire l'expérimentateur en restant imprévisible

Jahanshahi M., Jenkins I. H., Brown R. G., Marsden C.-D., Passingham R. E., Brooks D. J. (1995), « Self-initiated versus externally triggered movements. I : An investigation using measurement of regional cerebral blood flow with PET and movement-related potentials in normal Parkinson's disease subjects », *Brain,* 118, p. 913-933.

Jenkins I. H., Jahanshahi M., Jueptner M., Passingham R. E., Brooks D. J. (2000), « Self-initiated versus externally triggered movements. II. The effect of movement predictability on regional cerebral blood flow », *Brain,* 123 (Pt 6), p. 1216-1228.

Le rôle de l'expérimentateur dans la volonté des participants

Roepstorff A. & Frith C. (2004), « What's at the top in the top-down control of action ? Script-sharing and "top-top" control of action in cognitive experiments », *Psychol. Res.*, 68 (2-3), p. 189-198.

La première expérience avec deux cerveaux

King-Casas B., Tomlin D., Anen C., Camerer C. F., Quartz S. R., Montague P. R. (2005), « Getting to know you : Reputation and trust in a two-person economic exchange », *Science,* 308 (5718), p. 78-83.

Se débarrasser de l'homoncule

Monsell S. & Driver J. (2000), « Banishing the control homunculus », *in* S. Monsell & J. Driver (éd.), *Control of Cognitive processes : Attention and Performance XVIII*, Cambridge (Mass.), MIT Press, p. 3-32.

Comment l'altruisme peut-il évoluer ? La sélection de parentèle

Dawkins R. (1976), *The Selfish Gene*, Oxford University Press.

Comment l'altruisme peut-il évoluer ? La punition altruiste

Boyd R., Gintis H., Bowles S. & Richerson P. J. (2003), « The evolution of altruistic punishment », *PNAS*, 100 (6), p. 3531-3535.

Les jeux du dictateur et de l'ultimatum

Henrich J., Boyd R., Bowles S., Camerer C., Fehr E. & Gintis H. (2004), *Foundations of Human Sociality : Economic Experiments and Ethnographic Evidence from Fifteen Small-Scale Societies*, Oxford, Oxford University Press.

La punition altruiste augmente la coopération

Fehr E., Gachter S. (2002), « Altruistic punishment in humans », *Nature*, 415 (6868), p. 137-140.

On ne ressent pas d'empathie pour les francs-tireurs

Singer T., Kiebel S. J., Winston J. S., Dolan R. J., Frith C. D. (2004), « Brain responses to the acquired moral status of faces », *Neuron*, février, 19, 41 (4), p. 653-662.

On ressent du plaisir à punir les francs-tireurs

de Quervain D. J., Fischbacher U., Treyer V., Schellhammer M., Schnyder U., Buck A., Fehr E. (2004), « The neural basis of altruistic punishment », *Science*, 305 (5688), p. 1254-1258.

On apprend à détester les francs-tireurs

Singer T., Seymour B., O'Doherty J. P., Stephan K. E., Dolan R. J., Frith C. D. (2006), « Empathic neural responses are modulated by the perceived fairness of others », *Nature*, 439 (7075), p. 466-469.

INDEX

Crédits des illustrations

Cahier hors texte

1 : Merci à Rosalind Ridley.
2 : Merci à Chiara Portas.
3 : Panayyiotopoulos, C. P. (1999), « Elementary visual hallucinations, blindness, and headache in idiopathic occipital epilepsy : Diffenciation from migraine », *Journal of Neurology, Neurosurgery and Psychiatry*, 66 (4), p. 536-540.
4 : D'après Schwartz, S. et Maquet, P. (2002), « Sleep imaging and the neuropsychological assessment of dreams », *Trends in Cognitive Science*, 6 (1), p. 23-30.
5 : Detroit Institute of Arts, 2004. Don de Dexter M. Ferry Jr (46.309), photographie akg-images/Erich Lessing.
6 : R. Beau, Lottolab.
7 : Tate Britain, photographie akg-images/Erich Lessing.

Prologue

1 : University of Wisconsin-Madison Brain Collection, 69-314, http://www.brainmuseum.org, images et spécimens financés par la National Science Foundation et les National Institutes of Health.
2 : Functional Imaging Laboratory ; merci à Chloe Hutton.
3 : Engelien, A., Huber, W., Silbersweig, D., Stern, E., Frith, C. D., Doring, W., Thron, A. et Frackowiak, R. S. (2000), « The neural correlates of "deaf-hearing" in man : Conscious sensory awareness enabled by attentional modulation », *Brain*, 123 (3), p. 532-545.
4 : D'après la figure 11.2 de Zeki, S. (1993), *A Vision of the Brain*, Oxford, Blackwell ; figure E1-3 de Popper K. R. et Eccles, J. C. (1977), *The Self and Its Brain*, Londres, Routledge and Kegan Paul.
6 : Functional Imaging Laboratory ; merci à David Bradbury.
7 : D'après les figures 1 et 3 de Stephan, K. M., Fink, G. R., Passingham, R. E., Silbersweig, D., Ceballos-Baumann, A. O., Frith, C. D., Frackowiak, R. S. (1995), « Functional anatomy of the mental representation of upper extremity movements in healthy subjects », *Journal of Neurophysiology*, 73 (1), p. 373-386.
8 : D'après la figure 3 de O'Craven, K. M. et Kanwisher, N. (2000), « Mental imagery of faces and places activates corresponding stimulus-specific brain regions », *Journal of Cognitive Neuroscience*, 12 (6), p. 1013-1023.

Chapitre 1

1.1 : Pr W. S. Stark, biologie, Université de Saint-Louis, Missouri.
1.2 : Figure 3.3 de Zeki, S. (1993), *op. cit.*
1.3 : D'après la figure 3.7 de Zeki, S. (1993), *op. cit.*
1.4 : D'après Lashley, K. (1941), « Patterns of cerebral integration indicated by scotomas of migraine », *Archives of Neurological Psychiatry*, 46, p. 331-339.
1.5 : Emplacement de la lésion : planche 7 ; données : figure 2.2 de Goodale, M. A. et Milner A. D. (2004), *Sight Unseen*, Oxford, Oxford University Press.
1.6 : D'après Ffytche, D. H., Howard, R. J., Brammer, M. J., David, A., Woodruff, P. et Williams, S. (1998), « The anatomy of conscious vision : An fMRI study of visual hallucinations », *National Neuroscience*, 1 (8), p. 738-742.
1.7 : Cas 2 (p. 613) dans Penfield, W. et Perot, P. (1963), « The brain's record of auditory and visuel experience », *Brain*, 86 (Pt. 4), p. 595-696.
1.8 : Comité Jean Cocteau.

Chapitre 2

2.2 : Ron Rensik : avion, Département de psychologie, Université de Colombie britannique.
2.3 : Visages de Ekman, P. et Friesen, W. V. (1976), *Pictures of Facial Affect*, Palo Alto, CA, Consulting Psychologists Press.
2.4 : Figure 2 de Whalen, P. J., Rauch, S. L., Etcoff, N. L., McInerney, S. C., Lee, M. B. et Jenike, M. A. (1998), « Masked presentations of emotional facial expressions modulate amygdala activity without explicit knowledge », *Journal of Neuroscience*, 18 (1), p. 411-418 ; visages de Ekman, P. et Friesen W. V (1976), *op. cit.* ; Society for Neuroscience, avec le soutien de Stanford University's Highwire Press.
2.5 : D'après Beck, D. M., Rees, G. Frith, C. D. et Lavie, N. (2001), « Neural correlates of change detection and change blindness », *Nature Neuroscience*, 4 (6), p. 645-656.
2.8 : D'après p. 58 de Wittreich, W. J. (1959), « Visual perception and personality », *Scientific American*, 200 (4), p. 56-60.
2.9 : Eric H. Chudler.

Chapitre 3

3.2 : D'après la figure 1c de Obayashi, S., Suhara, T., Kawabe, K., Okauchi, T., Maeda, J., Akine, Y, Onoe, H. et Iriki, A. (2001), « Fonctional brain mapping of monkey tool use », *NeuroImage*, 14 (4), p. 853-861.
3.3 : D'après Libet, B., Gleason, C. A., Wright, E. W. et Pearl, D. K. (1983), « Time of conscious intention to act in relation to onset of cerebral activity (readiness-potential) : The unconscious initiation of a freely voluntary act », *Brain*, 106 (Pt.3), p. 623-642.
3.5 : D'après Bridgeman, B., Peery, S. et Anand, S. (1997), « Interaction of cognitive and sensorimotor maps of visual space », *Perception and Psychophysics*, 59 (3), p. 456-469.
3.6 : D'après Wright, Halligan et Kew, *Wellcome Trust Sci. Art Project*, 1997.
3.7 : D'après McGoninchle, D. J., « The body in question : Phantom phenomena and the view within ».
3.8 : Figure 2 de Halligan, P. W., Marshall, J. C., Wade, D. T., Davey, J. et Morrison, D. (1993), « Thumb in cheek ? Sensory reorganization and perceptual plasticity after limb amputation », *Neuroreport*, 4 (3), p. 233-236.
3.9 : Figure 2 de Hari, R., Hanninen, R., Makinen, T., Jousmaki, V., Forss, N., Seppa, M. et Salonen, O. (1998), « Three hands : Fragmentation of human bodily awareness », *Neuroscience Letters*, 240 (3), p. 131-134.
3.10 : Columbia Pictures, 1964.

Chapitre 4

4.1 : RIA Novosti/Science Photo Library.
4.2 : Robert M. Yerkes Papers, manuscrits et archives, Bibliothèque de l'Université Yale.
4.4 : Figure 3 de Schultz, W. (2001), « Reward signaling by dopamine neurons », *Neuroscientist*, 7 (4), p. 293-302.
4.5 : D'après Bugmann, G. (26-28 mars 1996), Value maps for planning and learning implement in cellular automata, Proceedings of the 2nd International conference on adaptative computing in engineering design and control (ACEDC'96), Plymouth, p. 307-309.
4.6 : D'après Castiello, U. (2005), The neuroscience of grasping, Nature Reviews *Neuroscience*, 6 (9), p. 726-736.

4.7 : D'après les figures de Sarah-Jayne Blakemore pour Blakemore, S. J., Wolpert, D. M. et Frith, C. D. (1990), « Central cancellation of self-produced tickle sensation », *Nature Neuroscience*, 1 (7), p. 635-640.
4.8 : *Hand with Reflecting Sphere*, lithographie de M. C. Escher, 1935.

Chapitre 5
5.1 : Figure 117 de Cajal, S. R. y. (1901), *The Great Unraveled Knot*. (William C. Hall, Département de neurobiologie, Duke University Medical Center.)
5.2 : D'après Livingstone, M. S. (2000), « Is it warm ? Is it real ? Or just low spatial frequency ? », *Science*, 290 (5495), p. 1299.
5.4 : *Carré noir* de K. S. Malevich, début des années 1920, musée de Saint-Pétersbourg.
5.5 : Photographie prise par le professeur Tony O'Hagan, de l'Université de Scheffield.
5.6 : D'après Gesner, C. (1551), *Historia animalium libri I-IV, cum iconibus, Lib. I, De quadrupedibus uiuiparis*, Zurich, C. Froschauer.
5.8 : Pr Richard Gregory, Département de psychologie expérimentale de l'Université de Bristol.
5.10 : Cube de Necker : Necker, L. A. (1832), « Observations on some remarkable optical phenomena seen in Switzerland ; and on an optical phenomenon which occurs on viewing a figure of a crystal or geometrical solid », *The London and Edinburgh Philosophical Magazine and Journal of Science*, 1 (5), p. 329-337 ; visage/vase : Rubin, E. (1958), « Figure and ground », *in* Beardslee, D. et Wertheimer, M. (éd.) et trad. (1915), « Readings in perception », Princeton, NJ, Van Nostrand, p. 35-101 ; épouse/belle-mère : Boring, E. G. (1930), « A new ambiguous figure », *American Journal of Psychology*, 42 (3), p. 444-445. (Dessin original du caricaturiste W. E. Hill reproduit dans le numéro de *Puck* du 6 novembre 1915.)

Chapitre 6
6.2 : D'après les figures 1 et 3 de Gergely, G., Nadasdy, Z., Csibra, G. et Biro, S. (1995), « Taking the international stance at 12 months of age », *Cognition*, 56 (2), p. 165-193.
6.3 : D'après la figure 1b de Lee, K., Eskritt, M., Symons, L. A. et Muir, D. (1998), « Children's use of triadic eye gaze information for "mind reading" », *Developmental Psychology*, 34 (3), p. 525-539.
6.4 : D'après Rizzolatti, G., Fadiga, L., Gallese, V. et Fogassi, L. (1996), « Premotor cortex and the recognition of motor actions », *Cognitive Brain Research*, 3 (2), p. 131-141.
6.5 : Figure 1 de Bekkering, H., Wohlschlager, A. et Gattis, M. (2000), « Imitation of gestures in children is goal-directed », *Quaterly Journal of Experimental Psychology, section A*, 53 (1), p. 153-164.
6.6 : Figure 1 de Gergely, G., Bekkering, H. et Kiraly, I. (2002), « Rational imitation in preverbal infants », *Nature*, 415 (6873), p. 755.
6.7 : Figures 1 et 2 de Kilner, J. M., Paulignan, Y. et Blakemore, S. J. (2003), « An interference effect of observed biological movement on action », *Current Biology*, 13 (6), p. 522-525.
6.8 : Figures 2 et 3 de Singer, T., Seymour, B., O'Doherty, J., Kaube, H., Dolan, R. J. et Frith, C. D. (2004), « Empathy for pain involves the affective but not sensory components of pain », *Science*, 303 (5661), p. 1157-1162.
6.9 : D'après Haggard, P., Clark, S. et Kalogeras, J. (2002), « Voluntary action and conscious awareness », *Nature Neuroscience*, 5 (4), p. 382-385.

Chapitre 7

7.2 : D'après Knoblich, G., Seigerschmidt, E., Flach, R. et Prinz, W. (2002), « Autorship effects in the prediction of handwriting strokes : Evidence for action simulation during action perception », *Quarterly Journal of Experimental Psychology, section A*, 55 (3), p. 1027-1046.

7.3 : Figure 1c de Burnham, D., Kitamura, C. et Vollmer-Conna, U. (2002), « What's new pussy cat ? On talking to babies and animals », *Science*, 296 (5572), p. 1435.

7.5 : Figures 1 et 2a de Morris, J. S., Ohman, A. et Dolan, R. J. (1998), « Conscious and unconscious emotional learning in the human amygdala », *Nature*, 393 (6684), p. 467-470 ; visages d'après Ekman, P. et Friesen, W. V., *op. cit.*

7.6 : Figure 1 de Grèzes, J., Frith, C. D. et Passingham, R. E. (2004a), « Inferring false beliefs from the actions of oneself and others : An fMRI study », *NeuroImage*, 21 (2), p. 744-750 ; données : *ibid.* et Grèzes, J., Frith, C. D. et Passingham, R. E. (2004b), « Brain mechanisms for inferring deceit in the actions of others », *Journal of Neuroscience*, 24 (24), p. 5500-5505.

Épilogue

1 : D'après Frith, C. D., Friston, K., Liddle, P. F. et Frackowiak, R. S. J. (1991), « Willed action and the prefrontal cortex in man. A study with PET », *Proceedings of the Royal Society of London, Series B, Biological Sciences*, 244 (1311), p. 241-246.

2 : D'après King-Casas, B., Tomlin, D., Anen, C., Camerer, C. F., Qartz, S. R. et Montague, P. R. (2005), « Getting to know you : Reputation and trust in a two-person economic exchange », *Science*, 308 (5718), p. 78-83.

3 : *Men in Black*, Columbia Pictures.

4 : Dessin illustrant Fehr, E. et Gächter, S. (2002), « Altruistic punishment in humans », *Nature*, 415 (6868), p. 137-140

TABLE

CHAPITRE 5
NOTRE PERCEPTION DU MONDE EST UN FANTASME QUI COÏNCIDE AVEC LA RÉALITÉ

CHAPITRE 6
COMMENT LES CERVEAUX FAÇONNENT LES ESPRITS

TROISIÈME PARTIE
La culture et le cerveau

CHAPITRE 7
LA RENCONTRE DES ESPRITS

Cet ouvrage a été transcodé et mis en pages
chez Nord Compo (Villeneuve-d'Ascq)

Achevé d'imprimer en décembre 2012 sur rotative numérique Prosper
par l'Imprimerie Sagim à Nanterre (Hauts-de-Seine).

Dépôt légal : novembre 2010
N° d'édition : 7381-2452-2
N° d'impression : 13082

Imprimé en France

L'imprimerie Sagim est titulaire de la marque Imprim'vert® depuis 2004

Comment le cerveau crée notre univers mental